AÏDE-MÉMOIRE MILITAIRE

À L'USAGE

DES OFFICIERS

D'INFANTERIE ET DE CAVALERIE.

Tout exemplaire non revêtu de la signature de l'auteur sera réputé contrefait.

AIDE-MÉMOIRE MILITAIRE

A L'USAGE

DES OFFICIERS

D'INFANTERIE ET DE CAVALERIE

PAR

CH. DE FOUAN,

Capitaine au 46ᵉ d'infanterie de ligne.

PARIS

IMPRIMERIE ET LIBRAIRIE MILITAIRES.

J. DUMAINE, NEVEU ET SUCCESSEUR DE G. LAGUIONIE,

(Maison Anselin)

Rue et passage Dauphine, 36.

1844

Paris.—Impr. de Cosse et J. Dumaine, r. Christine, 2.

ERRATA.

Nota. L'auteur n'ayant pu surveiller lui-même la composition de l'ouvrage, il s'est glissé dans l'impression un certain nombre d'erreurs qu'il faut rectifier de la manière suivante.

—

Pag.	Ligne	Au lieu de	Lisez
— 36	28	ture des rives	ture du fond et des rives.
— Id.	37	bancs d'eau	blancs d'eau.
— 41	23	boiserie	boissellerie.
— 53	22	mentionnées où	mentionnées ou qu'ils auraient rapportées [inexactement.—Sources où.
— 59	10	supérieure	intérieure.
— Id.	11	courante	couvrante.
— 60	10	intérieur	extérieur.
— 74	29	régulièrement	irrégulièrement.
— 76	15	unité.....1.m.00 c.	unité... .1.00.
— 81	1	enferme	enfonce.
— 85	19	gauche (servant de droite)	droit.

Pag.	Ligne	Au lieu de	Lisez
87	9	toucher	tourner.
98	5	0.m.08 c.	0.m.008.
99	10	trou	clou.
103	13	tôle de 0ᵐ25	tôle de 0m.0025.
Id.	23 et suiv.	104	100.
Id.	30	8.50	8.00.
104	24	dessous	dessus.
121	2	toir	tant.
127	16	0m.158	0m.0158.
Id.	25	0m.135	0m.0135.
134	10	0.6029	0.5629.
135	25	gripalme	gr. palme.
137	23	7536.4550	7586, 4550.
139	23	196 last	1/96 last.
140	3	pipa, almuda, alquieri	1/312 pipa, 1/12 almuda, 1/6 alquieri.
Id.	11	1/80 pipe	1 180 pipe.
145	4	100 reis	1000 reis.
Id.	13	depuis 1763	de 1557 à 1763.
149	32	$\dfrac{n(n+1)}{2}\times\dfrac{m+2(m+n-1)}{3}$	$\dfrac{n+1)}{2}\times\dfrac{m+2(m+n-1)}{3}$
150	27	1174	1/174.
151	20	0m.50 à 2m. 00c.	1m.50 à 2m. 00c.
Id.	32	Sibérie	Silésie.
158	1	0.625	0.0625.
Id.	7	0.16	0.016.
163	6	0.m. 35c.	0m.035.
179	37	au-dessus	en deçà.
187	19	repaire	points de repère.
210	10	fossés	fusées.
236	29	20 kil. par jour	40 kil. par jour.
241	38	bassinet, ni cap-	bassinet ni capsule sur la cheminée. On.

AVANT-PROPOS.

Les armes spéciales ont chacune leur aide-mémoire; la cavalerie elle-même, malgré les précieux écrits des La Roche-Aymon, Préval, etc., s'en est donné un, il y a quelques années. Seule, l'infanterie est restée en retard, non pas faute de capacités, hâtons-nous de le dire, mais, il faut l'avouer, autant par découragement que par l'ennui d'un semblable travail. J'ai essayé de combler cette lacune; ai-je réussi? Je ne le crois qu'en partie, bien qu'un service actif dans les trois armes m'ait procuré plus de facilités qu'à tout autre peut-être pour une semblable compilation. Quoiqu'il en soit, voici mon travail; puissent mes camarades l'accueillir favorablement! Je m'estimerai heureux que

quelques-uns d'entre eux voulussent bien m'en signaler les défauts et les omissions ; ce serait me
prouver que j'ai été bien près d'atteindre le but, et
me mettre à même de rendre parfaite (autant que
peut l'être toute compilation) une nouvelle édition
de l'AIDE-MÉMOIRE MILITAIRE, si parfois la première a le bonheur d'être épuisée. Encore quelques
mots avant de quitter ce livre que mes préventions
d'auteur me font sans doute juger avec trop d'in-
dulgence peut-être. Qu'on me pardonne son style
décousu et changeant ; le sujet ne comporte guère
une narration bien suivie, et la lecture de cent auteurs, qui traitent la même matière et vous laissent
chacun un souvenir, rend nécessairement les phrases
saccadées.

Je dois aussi expliquer l'ordre des matières qui,
au premier abord, pourrait paraître indifférent. La
première chose à faire en campagne est de connaître le terrain, de là les *reconnaissances* ; puis,
d'en augmenter les obstacles contre l'ennemi, d'où
la *fortification*, et en second lieu l'*artillerie*.

Détaché et isolé, l'officier, comme le partisan,
doit pouvoir veiller aux soins que réclament les cavaliers qui l'accompagnent, les chevaux qui portent
ses cantines, se monter lui-même, et au besoin remplacer ses pertes; il lui faut donc quelques notions
diverses de *cavalerie* et d'hyppiatrique; enfin, les
renseignements divers, qui ne rentrent dans aucune
des divisions ci-dessus indiquées, viennent compléter la somme des connaissances utiles, pour
qu'un partisan ou chef de parti puisse se suffire à
lui-même, et mener à bonne fin les opérations déli-
cates de la petite guerre, qui terminent l'Aide-
Mémoire sous le titre de *service en campagne*,
comprenant tout ce que le réglement n'a pu dire.

L'ouvrage que je livre aujourd'hui à la publicité
ne s'adresse pas seulement à ceux qui ont appris;
ceux qui veulent apprendre trouveront, dans la
sixième partie, des détails épars dans vingt ouvrages volumineux, et ceux qui désirent se perfec-
tionner rencontreront, dans l'appendice, plus d'un
renseignement utile sur les ouvrages à consulter.

Ceux-ci sont exclusivement relatifs à la petite guerre, car il n'entrait pas dans mon plan de traiter ni la grande tactique ni la stratégie.

Je le répète en terminant cet avant-propos, je recevrai avec le plus grand plaisir les avis et conseils critiques que mes camarades, quels qu'ils soient, voudront bien m'adresser, relativement à l'Aide-Mémoire, et j'en remercie d'avance ceux qui se donneront cette peine.

31 Mars 1844.

AIDE-MÉMOIRE MILITAIRE.

PREMIÈRE PARTIE.

RECONNAISSANCES MILITAIRES.

Points principaux sur lesquels elles doivent porter
(300 *et suiv.*)

1. BOIS ET FORÊTS. Position, étendue, épaisseur, futaie ou taillis, essences, masses, trouées; étendue de celles-ci, à droite et à gauche les bois sont-ils fourrés? peut-on les tourner? sur quel point la trouée est-elle plus large?

Terrain plat ou montueux, routes, chemins, d'où viennent-ils? où vont-ils? nature, qualité; sont-ils assez larges? nécessité ou facilité d'ouvrir de nouvelles routes, sur quelle direction pour n'être pas pris en flanc; comment s'y retrancher, y faire des abatis, utiliser les fourrés existants et ceux qu'on découvrirait par des abatis, en deçà et au-delà y a-t-il des positions hors de la forêt (346)?

Champs cultivés, prés, ravins, direction et profondeur des plus grands, leurs fonds, ruisseaux, marécages, sources, châteaux, villages, etc., intérieurement; à quelle distance de la lisière?

Nota. Un bois d'une médiocre étendue peut favoriser un bon poste. Pour bien reconnaître, il faut faire le tour, examiner les chemins qui en sortent, s'informer de leur direction; les ruisseaux et ravins à leur sortie; s'ils sont considérables, il faut les remonter jusqu'à leur naissance, et noter les chemins qui les coupent, les marécages qu'ils traversent.

2. BRUYÈRES ET HAIES. Pour quelles troupes praticables, sol, nature des broussailles, ravins, ruisseaux, routes, qualités des haies, fortes en bois, avec ou sans fossés.

Nota. Des haies, comme celles de Bretagne, de Normandie, forment de très bons postes, parce qu'elles sont comme autant de parapets d'un excellent profil. Elles sont peu épaisses dans un terrain sablonneux, mais très obstaculeuses dans les terres fortes.

Les bruyères *élevées* sont praticables en tous temps; *basses*, elles sont presque toujours marécageuses. Quand le sable des bruyères est jaune, les chemins en sont toujours bons; s'il est noirâtre ou mêlé de petit sable blanc, les chemins en hiver et dans les temps pluvieux sont impraticables (6).

3. CAMPS. Leur but: 1° pour se porter en avant; points à menacer pour donner le change; 2° pour couvrir un pays; points à défendre; comment augmenter les obstacles du front et des flancs par des batardeaux et des retranchements; comment éviter d'être tourné, et se ménager une retraite sur les derrières : profondeur, champ de bataille, eaux; leurs qualités, abondance, etc.; bois, proximité, etc.; ne jamais avoir à parcourir pour la défense que la corde de l'arc que l'ennemi doit décrire pour attaquer; bien développer les moyens d'établir les subsistances et empêcher qu'elles soient interceptées; se couvrir par des ruisseaux, s'appuyer à des marais, des bois impraticables, etc. (261).

Nota. Dans les climats chauds, les lieux bas, humides et marécageux, les côteaux arides et sablonneux situés au midi sont malsains et désavantageux. Dans les contrées du Nord, il faut préférer les collines exposées au midi, les endroits coupés de pâturages, de bois, de terres labourées, arrosés par des ruisseaux et abreuvés par des fontaines (258 et suivans).

4. CANAUX. Comme pour les rivières (27), communications, nature du terrain, facilité de les saigner ou détourner; écluses, quantité d'eau qu'elles fournissent;

comment les ruiner, les protéger? comment défendre ou empêcher leur navigation? Sont-ils revêtus en maçonneries? y a-t-il des chômages? à quelle époque? etc.

5. CHATEAUX ET CITADELLES. Position, étendue, nombre de fronts; protection qu'ils donnent à la ville ou à la campagne; objet, liaison, fortification actuelle, celle qu'ils peuvent recevoir, défense contre la campagne ou la ville. Souterrains, leurs voûtes, logements, magasins, leur capacité, etc. (Voyez Forts et Villes fortifiées).

6. CHEMINS ET ROUTES. Direction, terme, largeur variable ou constante; sol, pavé, ferré ou battu, pierreux ou sur un terrain couvert de gravier ou de gros sable; en déblai, corniche, remblai. Montées, descentes évaluées en heures de marche, en quelles saisons et pour quelles troupes praticables; arbres, haies; fossés, dimensions; pays, rivières, villes, défilés, etc., qu'ils traversent; ponts et gués à passer, leur nature. Chemins aboutissants, jusqu'où vont-ils? hauteurs qui les dominent (18). Sont-ils en tourniquet? Encaissement, pas dangereux, réparations à faire pour le transport de l'artillerie; creux ou non; longueur et largeur de la voie du pays. Peut-on ouvrir des routes parallèles pour les autres colonnes? quel en serait l'itinéraire? Temps nécessaire aux troupes des diverses armes pour parcourir toutes les distances reconnues (204-211).

Nota. Quatre hommes de front déterminent la largeur ordinaire d'un chemin pour le passage d'une voiture. Les chemins dont le fond est de gros sable, ou de gravier, ou pierreux sont bons en tous temps. Ceux qui traversent des terres fortes, qui sont encaissés, bordés ou serrés par des haies, se dégradent aux moindres pluies. Ceux de ce genre sur les hauteurs sont tenus secs par les vents et bons dans l'arrière-saison : ce sont presque toujours des chemins verts, peu connus, peu fréquentés; il faut les indiquer ainsi que les sentiers : souvent les gens du pays les disent impraticables à cause des fossés, haies et autres obstacles qui les rétrécissent, et on en fait souvent de très bons chemins avec peu de travail. Il faut éviter les chemins creux, les combler, etc., parce qu'une seule voiture brisée arrête toute une colonne (2-11).

7. CLIMAT. Causes physiques qui peuvent influer sur la santé ; qualités de l'air, froid, chaud, humide, sec ; saisons, longueurs des intempéries, moyens de s'en garantir, usages locaux à cet égard. Epidémies périodiques, vents régnants, brouillards, etc., leurs effets (39).

8. COLS ET PASSAGES. Positions, dimensions, praticables pour l'infanterie, la cavalerie ou les voitures ; communications directes entr'eux par les crêtes ou sommités, moyen de les garder, et améliorer, temps nécessaire pour arriver à la plus grande élévation par les routes établies, facilité de s'ouvrir de nouveaux passages (6).

9. CÔTES. Nature, dunes, rochers plats qui en rendent l'abord plus ou moins dangereux, falaises qui en interdisent l'accès ; parties développées et découvertes propres aux descentes ; rentrants offrant des anses et des ports. Pointes, caps propres à recevoir des forts, des batteries pouvant défendre les points accessibles ; îles adjacentes servant d'ouvrages avancés et formant barrière ; bancs de sables, laisses, anses, baies, rades, ports ; nombre de bâtiments qu'ils peuvent recevoir : avantages et inconvénients ; nature des vents nécessaires pour l'entrée et la sortie. Batteries établies pour la défense des mouillages, passes, etc. Retranchements et épaulements pratiqués dans les parties exposées aux descentes ; camps et postes qui doivent couvrir les principaux établissements et l'intérieur du pays : caractère des endroits accessibles, dangers, obstacles, moyens de les augmenter, marées, leur moment plus ou moins favorable à l'approche ; positions les plus avantageuses aux moyens de défense et aux points à défendre. Etat actuel des forts, batteries, corps-de-garde ; bouches à feu qui s'y trouvent. Analyse des divers systèmes de défense donnés, comment les améliorer ? en faire un nouveau ? Quelles forces peuvent fournir, en cas de surprise, les canonniers gardes-côtes

et les populations, en attendant l'arrivée des troupes réglées ; d'où tirer celles-ci ? Variations que les marées apportent dans le cours des rivières près de leur embouchure ; étendue de ces variations, compte exact de l'influence occasionée (27).

10. Défilés. Direction droite ou sinueuse, longueur, largeur fixe ou variable, longueur et largeur de chaque portion, combien d'hommes à pied ou à cheval peuvent y passer de front ? temps nécessaire pour les traverser ; y a-t-il sur les flancs des passages praticables ? pour quelles troupes ? peut-on les tourner ? temps nécessaire. Travaux à faire pour les améliorer, description du terrain en avant et en arrière ; comment les défendre, les passer, les attaquer, postes à occuper pour défendre une retraite, nombre de troupes de différentes armes nécessaire ; comment les disposer (348-349) ?

11. Etangs, Marais, Prairies marécageuses. Cause, tient-elle à un terrain humide ? à des sources qui les nourrissent ? à des débordements de rivières sur un terrain ferme ? Position et dimensions, profondeur d'eau dans les parties qui en sont recouvertes ; comment les traverser ? Chemins, chaussées ; peut-on en établir ou les rétablir ? comment les défendre ? y a-t-il des bouquets de bois ? leur bordure : terrains qui leur succèdent dans toutes les directions ; en quels temps malsains, praticables ? Tourbes qu'ils fournissent ; brouillards qu'ils occasionnent.

Nota. Dans les pays de sables et de bruyères, beaucoup de marais, couverts d'eau en hiver, sont presque secs en été : souvent on y trouve d'anciennes traces de charriots qu'il faut suivre et sonder. Les prairies marécageuses paraissent quelquefois praticables en été, mais ne supporteraient pas une colonne, surtout de cavalerie : examinez-les avec soin et défiez-vous de celles dont l'herbe est haute et serrée, de celles où il y a des parties de mousses d'un vert jaunâtre, des touffes d'herbes d'un vert plus éclatant que les autres ; car elles sont impraticables pour la cavalerie et même pour l'infanterie en temps de pluie.

12. FONTAINES , SOURCES. Qualités et nature des eaux ; facilité d'y puiser, d'y abreuver les chevaux; quantité d'eau qu'elles fournissent, proximité du camp ; est-on maître de la source dans tout son cours (169) ?

13. FORTS ET FORTINS. Position ; fortification permanente, passagère, rasante, fichante, naturelle, artificielle, ancienne, nouvelle, revêtue, demi-revêtue, en maçonnerie, brique, gazon, fascines, etc. (40 et suivans). Tours crénelées, percées de meurtrières, à machicoulis ; fossés secs, pleins d'eau, leurs dimensions, nature du fond, portes et pont-levis, herses, réduits, etc. Point d'attaque, terrain environnant , favorable ou non ; défense, moyen d'y ajouter rapidement ; état et nature des chemins aboutissants (6), position par rapport aux débouchés de l'ennemi ; bâtiments, magasins , souterrains ; sont-ils à l'épreuve? peut-on tendre une inondation ? puits, citernes, fontaines : peut-on les tourner et passer outre sans danger? sont-ils pourvus de troupes, vivres et munitions? combien de temps et de troupes pour l'attaque (23) ?

14. GUÉS. Rives, forme, nature, niveau à l'entrée et à la sortie ; position dans des coudes, sinuosités, etc. Point de repère qui les indiquent, points des environs pouvant donner le change à l'ennemi ; fonds, abords, débouchés, hauteur et rapidité de l'eau ; direction, largeur, moyens de les rompre. Peuvent-ils devenir tout-à-coup impraticables (317-318-319) ?

Nota. Dans les pays montueux les gués sont souvent embarrassés de grosses pierres : ils sont incommodes pour les chevaux et impraticables pour les voitures. Ceux dont le fond est de gravier sont les meilleurs ; on les trouve presque toujours ainsi dans les plaines cultivées. Dans les pays de sables et de bruyères , le fond est ordinairement un sable mouvant ou un gravier fin, fond dangereux parce que, si on y fait passer beaucoup de chevaux , le sable se délaie et est entraîné par l'eau ; par suite le gué se creuse et les derniers passent à la nage (439).

15. HAMEAUX ET MAISONS ISOLÉES. Disposition des

fermes, terrain qu'elles occupent ensemble ; constructi n
en moëllons, briques, terre, bois, etc. Toiture en ardoi , ,
tuiles, paille, etc. Portes et fenêtres, quantité et dimensions, épaisseur des murs ; s'il y a des grilles en fer aux
fenêtres, pièces et leur communication entr'elles ; haies,
bois qui les entourent ; ressources qu'elles présentent,
chemins qui y conduisent, comment les mettre en état
de défense ? Matériaux, vivres, munitions, hommes et
temps nécessaires pour cet objet ; point d'attaque avec ou
sans artillerie ; secours qu'elles peuvent procurer (23-401
et suivans).

16. INONDATIONS. Profondeur, étendue, niveau de la
retenue, construction des digues, jeu des écluses, leur
effet plus ou moins prompt, temps nécessaire pour les
tendre, quantité d'eau qu'elles peuvent fournir ; comment s'en emparer, les défendre, les détruire, empêcher
ou retarder leur effet ; comment saigner l'inondation ;
où faut-il élever des digues pour l'assurer (78) ?

17. LACS. Situation, largeur, profondeur, nature de
leur fond ; la plus grande profondeur est-elle au milieu
ou sur les bords? dimensions approximatives de leur
bassin ; rivières qui les traversent, qui en sortent sans
qu'ils en reçoivent visiblement aucune, qui s'y perdent
sans qu'il en sorte aucune. Principaux phénomènes qui
caractérisent ces fleuves ou rivières ; sont-ils sujets à des
flux et reflux ? leur navigation ; moyen de l'améliorer,
rives et terrain avoisinant (27).

Nota. Ordinairement la profondeur est au milieu ; dans
le cas contraire, le rivage est habituellement coupé à pic à
une grande hauteur, au point où elle se trouve.

18. MONTAGNES. Chaînes principales qui servent d'enceinte à un pays, rameaux qui en défendent ou en favorisent les issues, leur direction d'après la boussole, hauteurs relatives de leurs parties, leur configuration, limite
des neiges, à quelle époque les passages sont-ils ouverts
ou fermés (8). Si les chaînes sont assez étendues pour
former un plan de défense, indiquez les communications ;

abatis, points où il faut élever des redoutes (60 et suiv.), chemins à détruire et autres moyens d'y arrêter l'ennemi. Positions, pentes, revers, nature, forme, crêtes, cols (8); comment arriver au sommet ; forme du terrain, bois (1), rochers nus? fertilité, pâturages, fourrages, vivres, habitations, châteaux (5), villages (33), hameaux, fermes ou censes (15), villes, routes (6), sentiers, ruisseaux, ravins, positions propres aux camps ; comment et pourquoi les occuper, les traverser, empêcher l'ennemi de le faire ou le déposter? est-elle commandée?

Nota. Les montagnes qui ne sont que des plaines élevées sont plus difficiles à observer, parce que les formes du terrain sont moins prononcées ; elles exigent encore plus de détails.

Dans les hautes montagnes, les chemins sont fort rares ; les vallées sont seules habitées et praticables. Aussi en connaissant bien ces vallées, leurs abords, leurs débouchés, les cols ou passages connus, on sera dispensé de parcourir les montagnes ailleurs que par les chemins et sentiers. Il y a peu de crêtes de montagnes où il n'y ait des chemins frayés sur toute la longueur; ces chemins sont peu pratiqués, peu connus et souvent très utiles.

19. PAYS MONTUEUX. Comme pour les montagnes.

Nota. En partie cultivés et en partie boisés, ce sont les plus difficiles à reconnaître comme il faut : on doit donner alors les plus grands détails à cause des positions.

Outre ce qui vient d'être dit ci-dessus, il faut d'abord reconnaître la partie la plus élevée d'où reversent les ravins et les eaux de droite et de gauche, et dont on marque la naissance ; puis on suit les principaux ravins, ruisseaux, rivières, chemins aussi loin que possible, en marquant avec soin les ravins et ruisseaux confluens de droite et de gauche, et les embranchements.

Quand deux vallées ou deux rivières courent parallèlement l'une à l'autre à peu près et à deux ou trois lieues de distance, l'entre-deux est ordinairement une montagne dont les pentes sont sillonnées de chemins creux et de ravins,

Fig. 1.

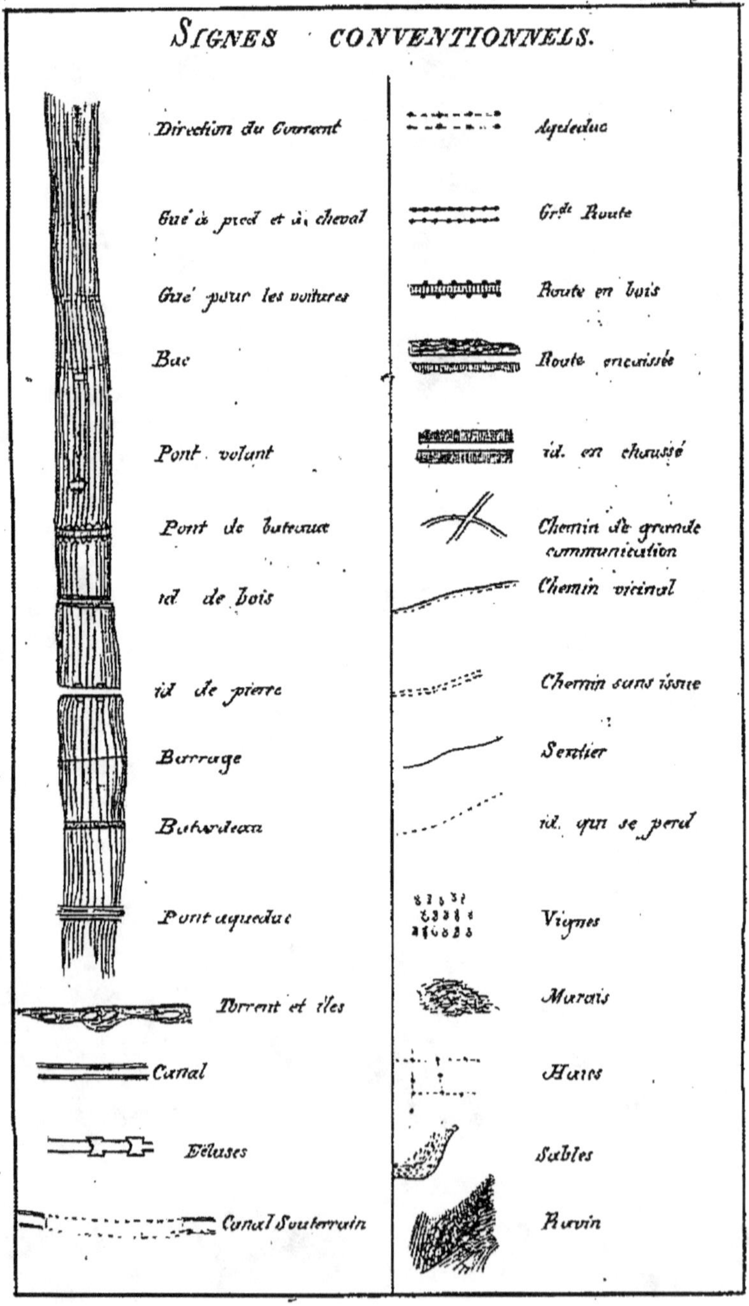

SIGNES CONVENTIONNELS.

Direction du Courrent — Aqueduc

Gué à pied et à cheval — Grde Route

Gué pour les voitures — Route en bois

Bac — Route encaissée

Pont volant — id. en chaussé

Pont de bateaux — Chemin de grande communication

id de bois — Chemin vicinal

id de pierre — Chemin sans issue

Barrage — Sentier

Batardeau — id. qui se perd

Pont aqueduc — Vignes

Torrent et îles — Marais

Canal — Haies

Écluses — Sables

Canal Souterrain — Ravin

mais dont la crête est praticable sur toute sa longueur. Il faut alors bien reconnaître cette crête jusqu'à la jonction des vallées, car elle offrira un chemin plus commode que les côtés. Quant aux routes, il y a des vallons coupés par tant de sinuosités, de ruisseaux allant de l'un à l'autre côté, qu'ils sont impraticables aux troupes à cause de la multiplicité des ponts qu'il faudrait établir.

Quelques ravins ont des débouchés faciles, leur fond est en rampe douce et en prairie sèche, du moins en été; ils peuvent servir de route à une colonne. Il faut bien les reconnaître, noter le travail à faire pour les rendre praticables pour telle ou telle arme, à quels chemins ils aboutissent et surtout comment en garder les débouchés contre l'ennemi.

20. PAYS PLATS. Très coupés, s'ils sont fertiles. — Haies, fossés, villages, maisons, ruisseaux, canaux, marécages, chemins, rivières, ponts, terrains découverts, libres, où l'on peut camper, leur étendue, etc. (1 et suiv.)

21. PLAINES. 1° Découvertes : rivières, ruisseaux, villes, villages, chemins principaux, positions, enfin tout ce qui peut faire obstacle comme haies, fossés, canaux, marais, landes marécageuses, châteaux, propriétés entourées de murs; étendue, culture, produits, etc. (20).

2° Boisées et partie cultivées : il faut plus de détails et reconnaître les bois grands et petits, leur qualité, étendue, etc.

3° Montueuses : accidents de terrain qui peuvent être utilisés pour s'appuyer ou se couvrir; chemins et sentiers presque toujours creux aux approchés des villes, villages, etc. (19).

22. PONTS. Position, utilité, communication, construction, dimensions, matières, bois, pierre, etc. Solidité, peuvent-ils soutenir l'artillerie? comment les détruire, les rétablir, le plus avantageusement eu égard aux rives, au courant, à la largeur, à l'encaissement. aux gués, etc. de la rivière, et aux chemins pavés, ferrés, battus, en chaussées, creux, etc. y aboutissants. La rive dominante; comment en fortifier la tête? Dans les

villes et villages, détaillez les rues en deçà et au delà, leurs abords, débouchés, pays en avant, etc., ponts volants, à traille ; bacs, etc. Comment les défendre et les attaquer ? (10, 112 et suiv.)

23. POSTES. Sol, terrain environnant, chemins y aboutissants, secours qu'ils peuvent espérer ; configuration et force des ouvrages qui les défendent ; force et nature des troupes de défense, armes vivres et munitions dont elles sont pourvues ; caractère du chef, manière dont se fait le service, heures où l'on relève les gardes et sentinelles, où se font les rondes et patrouilles, leurs parcours etc., dispositions des soldats pour le chef ; nombre d'habitants, leur caractère, leur confiance dans la troupe qui les défend. Le poste est-il commandé par une hauteur ? à quelle distance ? son élévation et celle du poste, si ce dernier est sur une hauteur ? nature de la rampe, vue du poste sur celle-ci et la campagne ; points environnants qui peuvent masquer des embuscades, inondations ; quels sont les chemins les plus courts et les meilleurs ? les mieux gardés ? proximité de l'armée ; angles à attaquer de préférence, hauteur et épaisseur des parapets, leur revêtement, leurs talus ; dimensions des fossés, glacis ; secours que les divers ouvrages se prêtent mutuellement ; quel est le plus fort et le plus faible ? comment les réduits ont été fortifiés ? crénelés, palissadés, couverts de tambours ? abatis ; sont-ils serrés, liés entr'eux ; dominés, sur un ou plusieurs rangs, enterrés, couverts d'un avant-glacis, défendus par un parapet ? comment les défend-t-on ? comment les attaquer, les brûler, les détruire ? (6, 10, 13, 15, 24, 33, 40 et suiv. 269, 272, 273, 276, 282 et suiv.)

24. PROFILS. Leurs détails (40), parties qui peuvent cacher l'infanterie, la cavalerie, l'artillerie. Montées et descentes évaluées en heure de marche, etc.

25. QUARTIERS D'HIVER. Moyens d'assurer les communications entre tous les quartiers d'hiver d'une ar-

mée; villes pouvant servir de magasins; fortifications à élever pour éviter les surprises et tenir en sureté pendant quelques jours. Travaux à faire dans chaque quartier, sur les rivières, marais, etc., en forts, redoutes, etc., pour assurer les communications que peuvent rompre ces obstacles. (266 et suiv.)

Nota. Il ne faut pas qu'ils couvrent une trop grande étendue de pays, afin que les troupes soient à portée de se secourir réciproquement, et de se rassembler sur un champ de bataille avant que l'ennemi puisse tenter de les enlever séparément.

26. RAVINS. Nature du terrain, rochers, terres, cailloux mouvants, sables, etc. Peut-on réduire en tallus faciles les escarpements? Faut-il craindre les orages, fontes des neiges, éboulements? (19)

27. RIVIÈRES. D'où viennent-elles? où vont-elles? sources, leur position, nature des pays où elles se trouvent; est-il à nous ou à l'ennemi? quel secours en tirer avant et pendant la guerre? Qualité des eaux, leur cours, leur embouchure, leur lit, variations auxquelles il est sujet; encaissement, courants, nature des rives, positions militaires; fonds vaseux ou couverts de graviers, etc.; marées, jusqu'où elles remontent, niveau des hautes et basses eaux; remous dangereux, gouffres, leur emplacement; gèlent-elles? époque, force et débâcle des glaces; affluents, sont-ils navigables? comment les utiliser pour les passages? barrages, écluses, digues, épis, leur objet; résultat de leur destruction, leur défense; largeur, profondeur et vitesse du courant, (169) bords, chemins, sentiers vers les points favorables aux passages. Moulins, hauteur de l'eau depuis le réservoir supérieur, toutes les vannes étant fermées; ce qui reste de hauteur d'eau entre les deux réservoirs les vannes étant levées; temps que l'eau met à s'écouler; cette manœuvre rend-elle la rivière guéable? ponts, bacs, gués; (14) crues, époques, effets. (199)

Navigation; depuis quel endroit? interruption, partie,

à la voile, passages difficiles, précautions à prendre chemins de halage pour les chevaux ou les hommes, sont-ils interrompus? vont-ils d'une rive à l'autre? bras qu'il faut suivre, arches de ponts sous lesquelles il faut passer; bateaux en usage, nombre, forme, dimensions, solidité, tonnage, tirant d'eau. Iles habitées, boisées, cultivées, en bruyères; etc., grandeur, escarpement, commandement, bas fonds. Coudes, sinuosités, presqu'îles, leur forme, peut-on y jeter des ponts? Montagnes, collines, rideaux qui les bordent; commandement, pente, forme, distance aux bords. Places fortes, villes, bourgs sur la rivière; importance, forces, ressources. Routes, chemins aboutissants : ravins aboutissants aux rives, les remonter pour voir s'ils sont praticables : bras ou confluents d'autres rivières à portée et au-dessus des ponts. Positions paralllèles ou perpendiculaires au cours sur l'une et l'autre rive. (315 316).

Nota. Les rivières, qui se divisent en plusieurs bras et forment des îles, sont sujettes à changer le lit principal de leur cours à chaque crue, ce qui peut, d'une année à l'autre, rendre toutes les reconnaissances inutiles. Les rivières qui sortent de hautes montagnes où la neige ne fond pas tout-à-fait vers le milieu de l'été, ont presque toutes deux crues périodiques par an : 1° en mars ou avril, à la fonte des grandes neiges; 2° en juillet ou août, quand le reste est fondu par les grandes chaleurs. Celles qui se forment successivement et dans des pays unis et peu élevés, n'ont de crues extraordinaires qu'en hiver, et en général dans le temps des grandes pluies. Il faut, en décrivant la rivière, y joindre l'itinéraire de trois à quatre colonnes pour une armée qui longerait ses bords et le faire avec grand soin.

28. Ruisseaux. Ainsi que les rivières médiocres, les gros ruisseaux exigent presqu'autant de détails que les grandes rivières; il faut même les sonder avec plus de soin et plus fréquemment. Si l'eau trop rapide fait soupçonner peu de profondeur, on n'a pas besoin de chercher les points favorables pour l'établissement des ponts. Il

faut bien en connaître tous les passages fréquentés ou praticables. Leur direction, leur cours, leur lit variable ou non, qualité et quantité des eaux, (169) crues, dessèchement, prés et marais qu'ils traversent, moulins qui sont sur leurs bords (mêmes détails que pour les rivières). Largeur du vallon, collines, rideaux, etc. qui les bordent, côté dominant, ruisseaux encaissés, ravins, etc. qui tombent dans le vallon, leurs distances entr'eux; peut-on y appuyer ses flancs? etc. (199)

29. TERRES. Incultes, cultivées; productions, fertilité, temps des diverses récoltes. Nombre d'hectolitres de froment, seigle, orge, avoine pommes de terre et autres grains qu'elles produisent, déduction faite de ce qu'il faut pour la nourriture des habitants et les semailles. Quantité de foin, trèfle, etc. par hectare.

30. VALLONS ET VALLÉES. Leur étendue, boisés, cultivés, peuplés, coupés, rivières, ruisseaux et ravins; chemins et sentiers; facilité pour la marche des troupes; importance des hauteurs, etc.

31. VERGERS. Emplacement, étendue; à quoi tiennent-ils? sont-ils très couverts? haies vives, murs, fossés, gazons, etc. qui les enclosent. Natures d'arbres, leur utilité; faut-il les garder ou en chasser l'ennemi? comment les défendre et les attaquer, etc. (33)

32. VIGNES. Terrains en sillons, leur profondeur; en échalas, arbres qui les soutiennent; haies, fossés, murs en pierre sèche ou en maçonnerie qui les entourent : comment les attaquer, les défendre? La cavalerie et l'artillerie peuvent-elles y passer?

33. VILLAGES ET BOURGS. Situation, nombre de feux; nature des terres; qualité et quantité des récoltes, marchés, les environs qui y viennent; bêtes de somme, troupeaux, bœufs, volailles, fours, qualité des eaux; comment sont bâties les maisons, granges et bergeries? Position de l'église, du cimetière, murs, buissons, fossés qui les enclosent; moulins, murs, fossés, haies, gazonnade qui entourent les villages; chemins y aboutissants;

peut-on s'y retrancher? comment? château, (5) ses moyens de défense; ressources statistiques en hommes, ouvriers, denrées, etc. (23, 406 et suiv.)

Nota. Les bourgs et villages ne sont ordinairement susceptibles de défense que lorsqu'ils dominent une plaine, ou sont sur le bord d'une rivière.

34. VILLES FORTIFIÉES. Leur rapport avec le mouvement des armées, sur leur terrain. Positions respectives et enchaînement réciproque soit en première; soit en deuxième ligne; secours et assistance qu'elles peuvent donner ou recevoir en cas d insulte ou de siège; comment diriger ces secours suivant la direction des attaques? comment y introduire des vivres, troupes, munitions? peut-on les faire servir d'entrepôt principal? peut-on y établir des hôpitaux? Peuvent-elles être facilement endommagées ou brûlées par un attaquant? Rivières, fortifications, (voir Forts et Fortins) force de chaque front; environs jusqu'à portée de canon. Forme de l'investissement, (466) postes à lier aux lignes de circonvallation; comment fortifier les lignes d'après le terrain, les positions et les moyens que l'on a? Communication à établir entre les quartiers; comment les couper? (406 et suiv.) Avantages que le terrain offre entre les lignes et les glacis pour s'opposer aux travaux de l'assiégeant. (466 et suiv.)

35. VILLES OUVERTES. Situation, construction, population, commerce, denrées, secours en hommes, chevaux, etc., places publiques, bâtiments considérables, défense dont elles sont susceptibles; murs d'enceinte, maisons adossées à ces murs, tours, fossés secs, marécageux ou plein d'eau, portes, jardins environnants, chemins y aboutissant; moyen de les défendre (406 et suiv.)

Tableau Statistique

DES RESSOURCES QUE PRÉSENTENT LES VILLES, BOURGS, VILLAGES DE

NOTA. On place à la fin une colonne pour les observations relatives aux chiffres contenus dans les autres colonnes.

DÉSIGNATION DES OBJETS.	Canton de			
	Ville de	Bourg de	Village de	Hameau de
Population totale........................				
Garde nationale { sédentaire et mobile.....				
mobile.................				
sapeurs pompiers.......				
cavalerie..............				
artillerie.............				
Nombre d'hommes de 20 à 27 ans en état de porter les armes.......................				
Nombre de feux......................				
Nombre de châteaux et grandes fermes.....				
Ressources pour le logement. { Nombre d'hommes { au moins.				
qu'on peut loger.. { au plus...				
Nombre de chevaux { au moins.				
qu'on peut loger.. { au plus...				
Prix de la journée { d'un homme..........				
d'un cheval...........				
d'une voiture..........				
Moyens de transport. { charrettes.................				
charriots et voitures { à 2 colliers.......				
à 4 colliers.......				
barques...................				
bateaux...................				
nacelles..................				
bacs. { Nombre qu'ils peuvent contenir...... { hommes				
chevaux.				
voitures.				

DÉSIGNATION DES OBJETS.				Canton de			
				Ville de	Bourg de	Village de	Hameau de
Ressources pour la boulangerie.	moulins	à vent............					
		à eau............					
		quantité de d'hect. qu'ils peuvent moudre en 24 h......					
	fours	banaux..........					
		particuliers......					
		quantité de kilogr. qu'ils peuvent cuire en 24 h.........					
Manufactures et usines.	Filatures de coton.	Nombre.............					
		Produit annuel en matières..............					
		Ouvriers employés...					
	Papeteries.	Nombre.............					
		Prod. annuel en rames					
		Ouvriers employés...					
	Moulins à huile.	Nombre.............					
		Produits annuels { en huile... en tourteaux....					
		Ouvriers employés...					
	Fabrique de drap.	Nombre.............					
		Produit annuel en mètres...............					
		Ouvriers employés...					
	Fabrique de toile.	Nombre.............					
		Prod. annuel en mètres					
		Ouvriers empolyés...					
	Tanneries.	Nombre.............					
		Ouvriers employés...					
	Corderies.	Nombre.............					
		Ouvriers employés...					
	Grandes forges.	Nombre de hauts fourneaux.............					
		Prod. annuel de fonte.					
		Ouvriers employés...					

DÉSIGNATION DES OBJETS.			Canton de			
			Ville de	Bourg	Village de	Hameau de
Manufac- tures et usines. (*suite.*)	Scieries hydrau- liques.	Nombre............				
		Produit annuel en ma- tières............				
		Ouvriers employés....				
Carrières de pierres.		Nombre............				
		Ouvriers employés..........				
		Quintaux métriques extraits an- nuellement............				
Montant des quatre contributions..........						
Revenu territorial en francs.............						
Nomb. d'ann. que compr. l'assolem.t des terres.						
Étendue en hectares		de tout le territoire...........				
		appartenant à l'Etat ou à la com- mune seuls................				
		d'étangs et marais...........				
		de la superficie bâtie........				
Richesses commu- nales.	Culture des terres (étendues partielles hectares.)	Terres labourables.				
		Bois............				
		Prairies...........				
		Friches...........				
		Landes...........				
		Pâtures				
	Produit des récoltes annuelles (en hecto- litres.)	Blé ou froment....				
		Seigle............				
		Orge.............				
		Avoine...........				
		Sarrazin..........				
		Maïs............				
		Pommes de terre...				
		Autres grains......				
		Cidres............				
		Vins.............				
	Idem (en quintaux métriques)	Paille de froment..				
		Foin.............				
		Trèfle............				
		Luzerne..........				
		Autres fourrages ...				

DÉSIGNATION DES OBJETS.			Canton de			
			Ville de	Bourg de	Village de	Hameau de
Richesses communales. (Suite.)	Animaux domestiques.	Chevaux.........				
		Jumens..........				
		Mulets..........				
		Anes............				
		Taureaux........				
		Bœufs..........				
		Vaches..........				
		Moutons........				
		Chèvres........				
		Cochons........				
		Poulains........				
Classement de la population mâle.	Ouvriers d'administration.	Boulangers.......				
		Bouchers........				
		Tailleurs........				
		Cordonniers......				
		Selliers bourreliers.				
	Ouvriers en fer.	Armuriers........				
		Taillandiers.......				
		Serruriers........				
		Forgerons........				
		Maréchaux-ferrants.				
	Ouvriers en bois.	Charpentiers......				
		Charrons........				
		Menuisiers.......				
		Tonneliers........				
		Bûcherons........				
	Professions non classées.	Médecins.........				
		Chirurgiens.......				
		Pharmaciens......				
		Vétérinaires......				
		Maquignons.......				
		Bateliers.........				
		Laboureurs.......				
		Couvreurs........				
		Maçons..........				
		Cabaretiers.......				

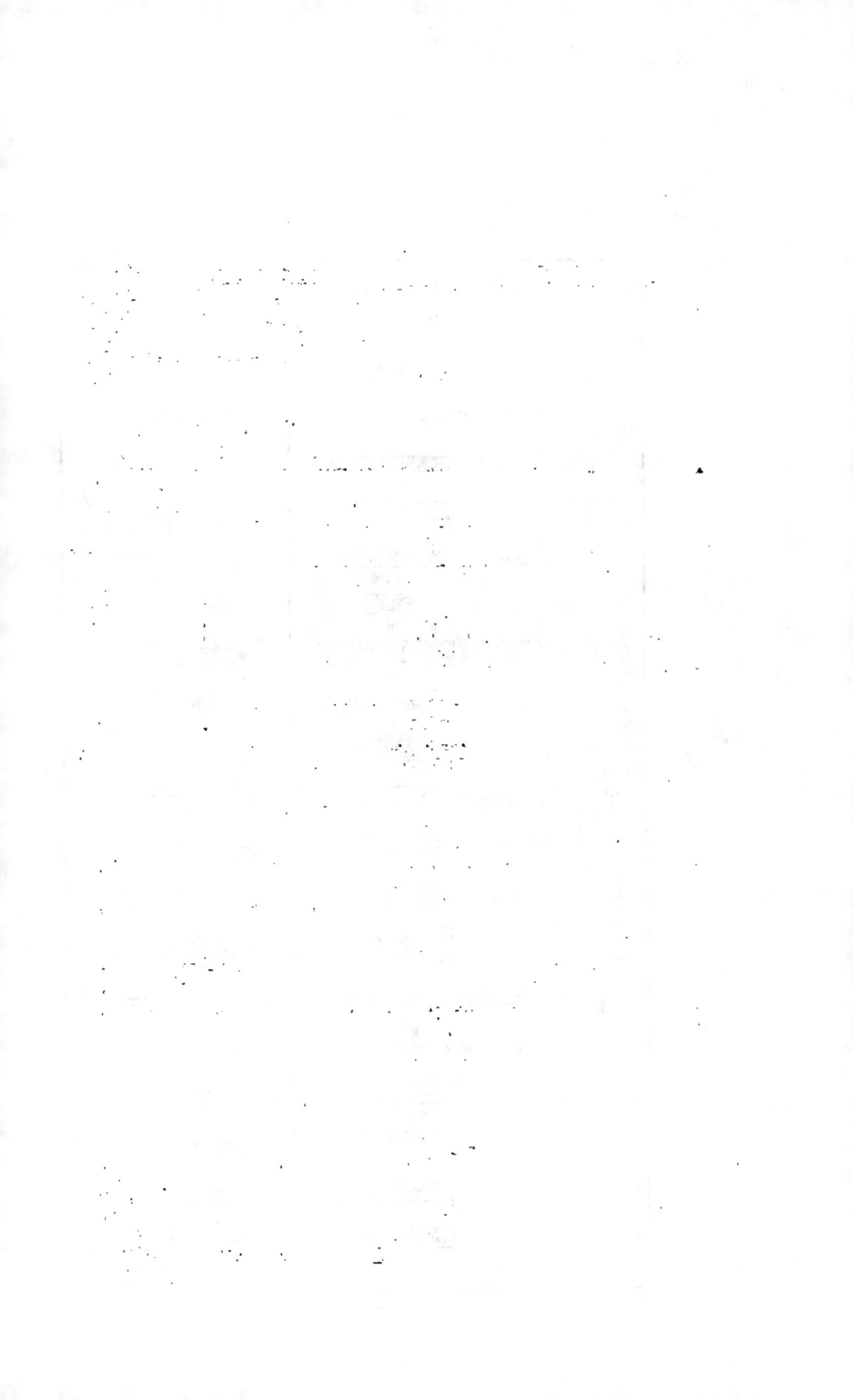

Fig. 5.

SIGNES CONVENTIONNELS.

pour les dessins des champs de bataille.

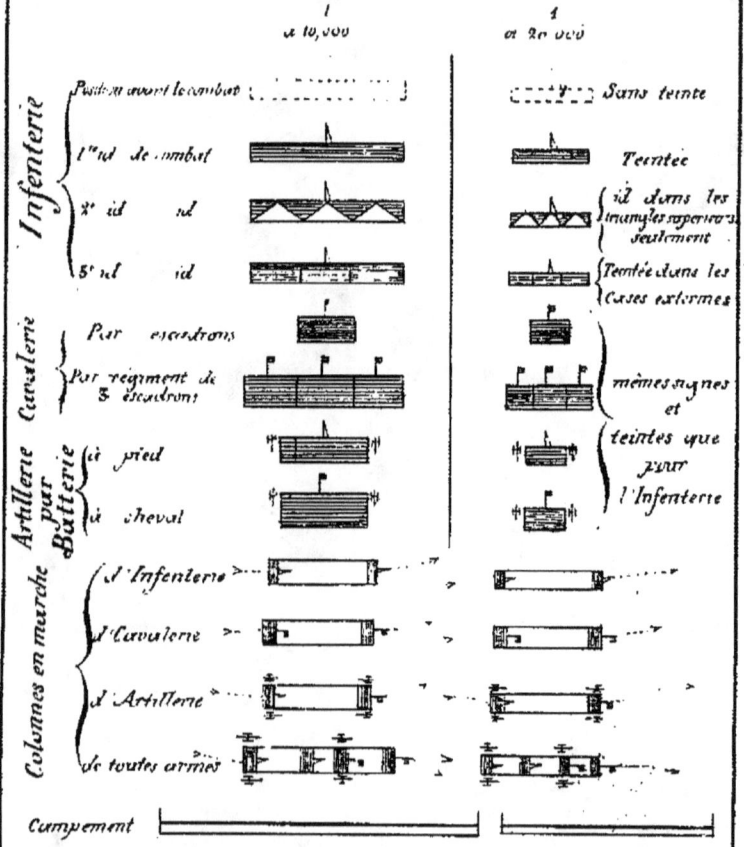

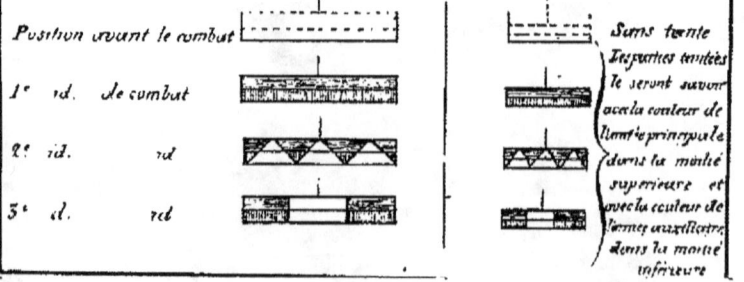

Troupes auxiliaires d'une même nation servant dans les deux armées

Fig. 2.

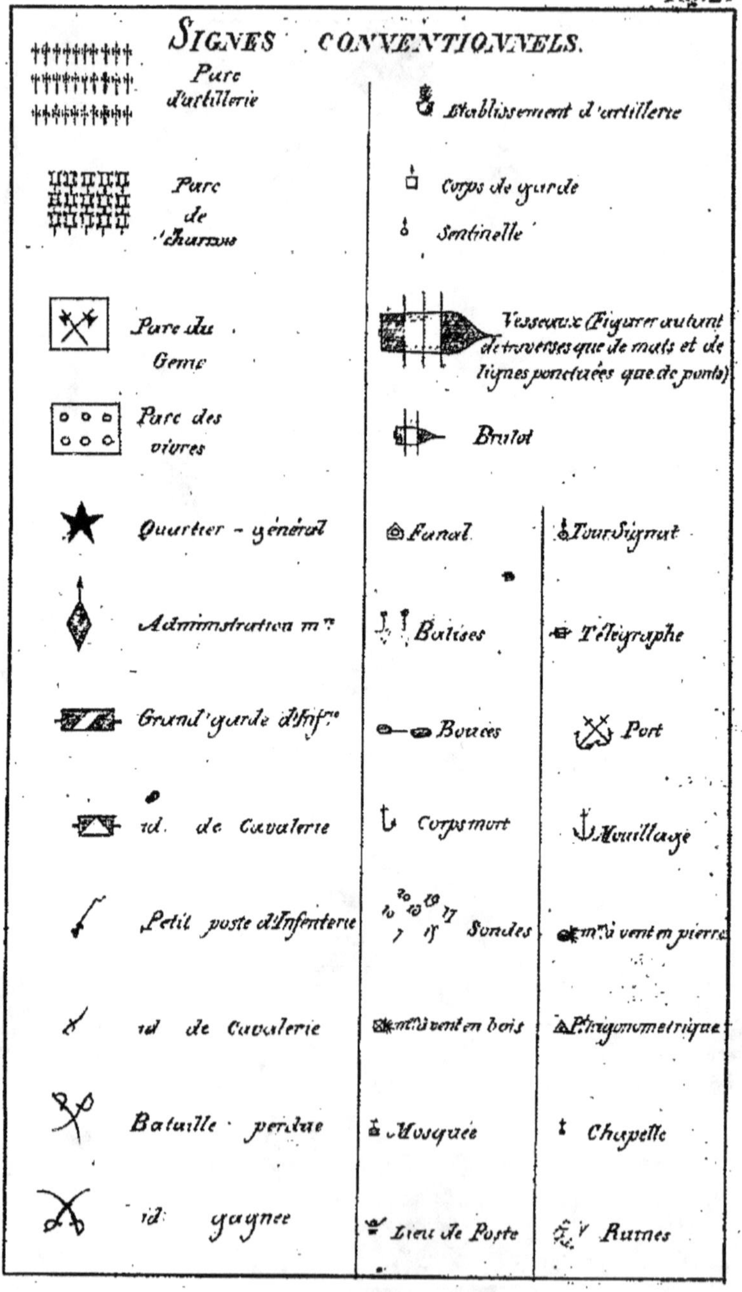

SIGNES CONVENTIONNELS.

✚✚✚✚✚✚✚ Parc d'artillerie	Établissement d'artillerie
Parc de chariots	Corps de garde
	Sentinelle
Parc du Génie	Vesseaux (Figurer autant de traverses que de mats et de lignes ponctuées que de ponts)
Parc des vivres	Brulot
★ Quartier-général	Fanal / Tour Signal
Administration m.re	Balises / Télégraphe
Grand'garde d'Inf.rie	Bouées / Port
id. de Cavalerie	Corpsmort / Mouillage
Petit poste d'Infanterie	Sondes / m.n à vent en pierre
id. de Cavalerie	m.n à vent en bois / Trigonométrique
Bataille perdue	Mosquée / Chapelle
id. gagnée	Lieu de Poste / V. Ruines

DÉSIGNATION DES OBJETS.	Canton de			
	Ville de	Bourg de	Village de	Hameau de
Classement de la population mâle. (Suite.) — Professions non classées. (Suite.) — Epiciers......... / Autres professions.. / Sans professions... / Mendians.......				

37. SIGNES CONVENTIONNELS.

Dans les cartes et plans de batailles, les troupes sont distinguées par les couleurs suivantes : *France*, le tricolore ; *Angleterre*, le rouge vermillon ; *Autriche et ancien empire Germanique*, l'orange brun ; *Nouvelle Confédération Germanique*, l'orange brillant, *Russie*, le vert ; *Prusse*, le noir ; *Espagne*, le brun chocolat ; *Suisse*, le rouge amaranthe ; *Sardaigne*, le jaune de chrôme serin ; *Naples*, le rose, *émigrés français*, le blanc bleuâtre etc. Ces couleurs se disposent comme l'indique la planche ci-contre. Pl. 1. Si les troupes ont franchi les limites du plan, il faut indiquer la direction qu'elles ont prises, en les représentant marchant en retraite près du cadre. Si elles ont, dans la même affaire, pris plus de trois positions différentes, il faut alors, pour éviter la confusion, employer les mêmes signes dans un second plan semblable au premier et y indiquer les quatrième cinquième etc. positions : (voir les planches ci-contre). Pl. 2, 3.

Tableau

DES CARACTÈRES ET HAUTEURS DES ÉCRITURES
AUX ÉCHELLES LES PLUS USITÉES.

Nota. Les hauteurs des lettres sont exprimées en déci-millimètres : C veut dire capitale, r, romaine, D ou d, droite, P ou p, penchée.

NOMS DES OBJETS A ÉCRIRE.	Caractères.	Echelles à			
		$\frac{1}{5,000}$	$\frac{1}{10,000}$	$\frac{1}{20,000}$	$\frac{1}{40,000}$
Abbayes......................	r. p.	32	15	12	10
Aqueducs...................	r. d.	15	18	12	10
Arbres de remarque...........	Ital.	12	8	6	5
Auberges....................	id.	15	10	10	8
Avenues	r. d.	24	15	12	10
Bacs........................	Ital.	15	10	10	8
Baies.......................	C. D.	120	40	35	30
Bancs de sable { grands...........	r. d.	60	25	20	15
{ petits............	r. p.	40	20	15	12
Bastions....................	r. d.	38	»	»	»
Batailles	Ital.	18	12	9	7
Batardeaux.................	id.	9	6	5	»
Batteries...................	id.	15	10	10	8
Bois { grands	C. P.	75	35	25	20
{ ordinaires	r. d.	60	30	22	18
{ petits................	id.	40	25	20	15
Broussailles.................	r. p.	40	20	20	12
Bornes......................	Ital.	12	10	10	8
Bourgades...................	r. d.	70	35	25	20
Bourgs.....................	C P.	70	35	25	20
Bruyères et landes............	r. d.	40	25	20	15
Camps......................	id.	40	20	15	12
Canaux { grands................	C. P.	45	30	25	20
{ ordinaires.............	r. d.	36	20	18	15
Caps { grands................	C. P.	75	35	30	25
{ ordinaires.............	r. d.	60	20	15	12
Carrefours dans les forêts........	Ital.	40	10	10	8
Carrières....................	id.	9	8	6	5

NOMS DES OBJETS A ECRIRE.	Caractères.	Echelles à			
		$\frac{1}{5,000}$	$\frac{1}{10,000}$	$\frac{1}{20,000}$	$\frac{1}{40,000}$
Casernes................	r. p.	20	»	»	»
Cavaliers................	r. d.	20	»	»	»
Chapelles................	Ital.	15	10	10	8
Châteaux { forts............	r. d.	40	20	15	12
Châteaux { de plaisance........	id.	30	15	12	10
Chaumières.............	Ital.	12	8	6	5
Chaussées..............	r. d.	30	18	15	12
Chemins................	Ital.	18	15	12	10
Cimetières..............	id.	12	10	10	8
Circonvallation (lignes de)......	id.	18	12	9	7
Citadelles..............	C. P.	75	35	25	20
Cols...................	r. d.	40	25	20	15
Commanderies...........	id.	30	20	15	12
Corps de garde..........	Ital.	12	»	»	10
Coteaux, côtes, côtières........	r. p.	30	15	12	10
Couvents...............	id.	30	15	12	10
Croix..................	Ital.	12	10	10	8
Digues.................	r. d.	30	20	18	12
Dunes { grandes..........	C. P.	75	35	30	25
Dunes { petites...........	r. p.	30	15	12	10
Ecluses................	Ital.	12	10	10	8
Embouchures { d'un fleuve ou d'une grande rivière...	C. P.	»	35	30	25
Embouchures { d'une rivière ordin.	r. d.	»	18	15	12
Etangs { grands.............	C. P.	75	35	30	25
Etangs { moyens............	r. d.	40	20	18	15
Etangs { petits.............	Ital.	18	15	12	10
Fabriques..............	r. p.	15	10	10	8
Faubourgs..............	C. P.	60	30	25	20
Fermes................	Ital.	18	10	10	8
Flaques d'eau...........	id.	15	10	7	6
Fleuves................	C. P	60	30	25	20
Fondrières.............	Ital.	12	10	10	8
Fontaines..............	id.	12	10	10	8
Forêts { grandes..........	C. D.	150	60	50	35
Forêts { petits...........	id.	75	50	40	30
Forges et fonderies...........	Ital.	21	10	10	8
Forts.................	r. d.	60	25	20	15
Fossés................	Ital.	9	6	5	»

NOMS DES OBJETS À ECRIRE.	Caractères.	Echelles à			
		1 5,000.	1 10,000.	1 20,000.	1 40,000.
Fours à chaux et à plâtre........	Ital.	12	10	10	8
Glaciers....................	r. d.	46	20	15	12
Glacis....................	Ital.	9	»	»	»
Golfes { grands.............	C. D.	100	60	50	45
Golfes { moyens.............	C. P.	65	40	30	25
Golfes { ordinaires..........	r. d.	40	20	15	12
Gués.....................	Ital.	19	10	10	8
Hameaux..................	r. p.	40	20	15	12
Hermitages................	Ital.	12	10	10	8
Iles en mer { grandes.........	C. D.	»	60	50	45
Iles en mer { moyennes........	C. P.	»	45	40	35
Iles en mer { petites.........	r. d.	»	20	15	12
Iles de rivière.............	r. p.	40	20	18	15
Inondations...............	id.	20	14	10	8
Lacs { grands..............	C. D.	90	35	30	25
Lacs { moyens.............	C. P.	60	30	25	20
Lacs { petits sur les montagnes...	r. d.	18	15	12	10
Lazarets..................	id.	30	20	15	12
Lieux dits................	r. p	40	20	15	12
Maisons { isolées...........	Ital.	15	10	10	8
Maisons { de campagne.......	r. p.	15	10	10	8
Manufactures..............	Ital.	12	10	10	8
Marais...................	r. p.	40	25	20	15
Moulins à eau ou à vent.......	Ital.	12	10	10	8
Monts ou sommets..........	r. d.	30	20	18	15
Montagnes { grandes chaînes...	C. D.	»	60	50	40
Montagnes { chaînes secondaires..	C. P.	»	50	40	30
Montagnes { isolées { grandes...	C. P.	60	30	25	20
Montagnes { isolées { petites...	r. d.	40	20	18	15
Parcs de châteaux { grands.....	r. p.	40	25	20	15
Parcs de châteaux { petits.....	Ital.	20	12	10	8
Passages et défilés..........	id.	15	10	7	6
Ponts....................	id.	12	10	10	8
Portes et barrières..........	r. d.	24	15	12	10
Ports....................	id.	30	15	12	10
Postes militaires............	Ital.	12	8	6	5
Poteaux { indicateurs........	id.	»	10	10	8
Poteaux { de limites.........	id.	»	10	10	8
Prairies..................	r. p.	40	20	15	12

NOMS DES OBJETS A ÉCRIRE.	Caractères.	Echelles à			
		1/5,000.	1/10,000.	1/20,000.	1/40,000.
Rades.	C. P.	75	35	30	25
Bavins.	Ital.	12	10	10	8
Redoutes.	r. d.	15	20	15	12
Retranchements.	r p.	18	15	12	10
Rigoles..	Ital.	»	10	10	8
Rivières { grandes..	r. d.	50	25	20	15
{ ordinaires.	r. p.	30	18	14	10
Rochers { en masses..	r. d.	36	20	15	12
{ isolés.	Ital.	12	8	6	5
Routes { première classe..	r. d.	36	20	18	15
{ deuxième classe.	r. p.	30	15	12	10
{ troisième classe.	Ital.	28	15	12	10
Ruines. Caractères penchés et même haut. que les obj. qui les indiquent.					
Ruisseaux..	id.	20	15	12	10
Salines.	r. p.	25	20	18	15
Scie ies..	Ital.	12	10	10	8
Sentiers.	id.	18	15	12	10
Signaux.	id.	12	10	10	8
Sources { de rivières.	r. d.	20	14	10	7
{ de fontaines.	Ital.	12	8	6	5
Souterrains..	id.	10	8	6	5
Télégraphes	id.	16	10	10	8
Tombeaux.	id.	16	10	10	8
Torrents.	id.	15	10	10	8
Tombières.	r. p.	»	25	20	15
Tours.	Ital.	15	10	10	8
Tranchées.	id.	15	10	7	6
Tuileries.	id.	12	10	10	8
Usines.	id.	22	10	10	8
Vallées.	C. P.	»	40	30	25
Vallons { grands.	r. d.	75	50	38	30
{ ordinaires..	r. p.	40	25	20	15
Verreries.	Ital.	20	10	10	8
Villages { grands.	r. d.	60	30	25	20
{ ordinaires	id.	45	25	20	15
Villes { premier ordre..	C. D.	150	70	55	50
{ deuxième ordre..	id.	120	60	50	40
{ troisième ordre.	id.	90	45	35	25

NOMS DES OBJETS A ECRIRE.	Caractères.	Echelles à			
		$\frac{1}{5,000.}$	$\frac{1}{10,000.}$	$\frac{1}{20,000.}$	$\frac{1}{40,000.}$
DIVISIONS TERRITORIALES.					
Communes — — — — — — —	r. d.	»	40	30	24
Cantons —..—..—..—..—..—..—	C. D.	»	80	60	48
Arrondissements..+...—...+...—	id.	»	120	90	72
Départ. et prov. +...+...+...+...	id.	»	170	132	106

TABLEAU DES MATIÈRES

Qui doivent être traitées dans les Mémoires (1 et suiv.)

-o⊛o-

Titre du Mémoire à écrire en tête de la Ire page :

MÉMOIRE descriptif et militaire sur le terrain reconnu par Monsieur le (grade et nom de l'officier), compris dans les cantons de   arrondissement de département de   et faisant partie de l'ancienne province de

═══

Nota. — On écrira en tête de chaque chapitre son titre, et en marge les sous-titres de chaque article.

◄—●⊛●—►

CHAPITRE PREMIER.

Description physique.

Position géographique du Terrain reconnu.

Limites approximatives entre lesquelles le terrain reconnu est compris. — Latitude, longitude et latitude du lieu le plus important du terrain. — Versant général dans l'Océan, dans la Manche ou dans la Méditerranée. —Dans le bassin de premier ordre auquel le terrain appartient.

3

Configuration générale du terrain.

Aspect général du terrain montueux ou en plaine, — couvert ou découvert, — d'un accès facile ou coupé d'obstacles, de haies, de fossés, de murs de clôture, d'escarpemens, de rochers, etc., — couvert de bruyères, — sec ou marécageux.

Dans un pays maritime : forme de la côte : Dunes ou Falaises, leur hauteur, leur étendue, si elles sont rongées par la mer ou si leur forme reste intacte. — Estran : marécageux, sablonneux ou couvert de galets. — Plage unie ou semée de rescifs. — Anses, Baies, Rades, ports naturels, Hàvres, points d'abordage pour la navigation maritime ou fluviale : avantages qu'ils offrent à la navigation. — Travaux de main d'homme destinés à arrêter les envahissemens de la mer. — Tirant d'eau au-delà du quelles bâtimens ne peuvent entrer dans l'un ou l'autre port. — Bancs et barres qui se trouvent sur la côte et à l'embouchure des rivières navigables. — Décrire cette embouchure, signaler les difficultés de l'entrée des bâtimens en rivière et de leur sortie, soit par l'effet des obstacles du terrain, soit par l'action des vents ou celle des marées. Faire connaître si les barres sont mobiles et si le passage est moins praticable dans une saison que dans d'autres.

Bassins et lignes de partage. Orographie.

Des Bassins fluviales ou côtiers. — Désignation de celui ou de ceux dans lesquels se trouve le terrain reconnu. — Ordre auxquels les Bassins appartiennent (1).

Des chaînes de montagnes et de leurs ramifications : chaînes principales secondaires — leur direction — aperçu

---

(1) Le bassin de premier ordre étant déjà indiqué dans le premier article de ce chapitre, on y renverra, s'il y a lieu. Dans les autres cas, on mentionnera ici les bassins d'un ordre inférieur, mais en ne désignant comme tels que ceux dont le Thalweg est occupé par une rivière. Les bassins des ruisseaux ne seront décrits qu'à l'article : VALLÉES, VALLONS, etc.

descriptif. — Noms et côtes de hauteur des monts et des lieux les plus marquans.

Des chainons, des contreforts, rameaux, appendices, etc. — Des chaînes de collines ou hauteurs d'un ordre inférieur. — Description de ces montagnes ou collines par chaîne ou par groupe. — Plateaux couronnant les hauteurs : indiquer par aperçu leur forme et leur étendue. — Lorsque le terrain ne renferme que des hauteurs d'un ordre secondaire ou inférieur, indiquer à quelle chaîne ces hauteurs se rattachent, en dedans ou en dehors de la feuille.

Des lignes de partage : leur direction — si elles sont de 1er, 2me ou 3me ordre. — Points remarquables où elles passent ; ceux où elles se rattachent à la ligne de 1er ordre. — Côtes des points les plus élevés — si elles traversent des plateaux ou des sommités plus ou moins prononcées.

Vallées, Vallons, Ravins, Gorges. — Leurs longueur et largeur ; hauteur des berges et inclinaison de leurs pentes. — Grands accidents du terrain qui détruisent leur régularité ou qui gênent la circulation ; mamelons ou escarpemens qui resserrent ou barrent les Vallées, Forêts, Lacs, Marais, etc.

Plaines unies, ondulées, entrecoupées de Mamelons, de Rideaux, de Landes, de Marais, etc.

Iles maritimes ou fluviales. — Leur longueur et largeur ; montueuses, plates, marécageuses ou couvertes de sables. — Boisées, cultivées ou en friche — habitées ou non. — Ports ou ancrages. — Les décrire comme le terrain de terre ferme, lorsqu'elles sont importantes. — Iles flottantes.

Hydrographie.

Cours d'eau du terrain reconnu. — Lieux où ils prennent leur source. — Direction générale du cours. — Villes principales où passe le fleuve ou la rivière. — Longueur totale du cours d'eau. — Lieu de son embouchure ou confluent. — Affluents les plus remarquables.

Sur le terrain reconnu : si le cours est en ligne droite ou sinueuse. — Largeur et profondeur à l'état ordinaire ou normal, dans les hautes et les basses eaux. — Etiage des fleuves et rivières. Si à cette limite le cours d'eau est guéable; variations de son lit. — Lieux où le fleuve ou rivière se divise; importance des bras. — Encaissement du cours d'eau. — Pente par kilomètre. Signaler les changemens de niveau, les chûtes, les cascades et les barrages naturels. — Vitesse du courant par kilomètre. — Crues périodiques ou accidentelles; causes qui les produisent; époques auxquelles elles ont lieu généralement; leur hauteur au-dessus de l'étiage. — Inondations : jusqu'où elles s'étendent dans la vallée; signaler les plus remarquables et les lieux qui en ont le plus souffert. — Travaux exécutés pour prévenir leur ravage. Digues, écluses; etc. Idem pour l'industrie. — Particularités remarquables sur les inondations et leurs effets. — Nature du fond : Roche, Gravier, Sable, Vase. — Nature des rives : en roche, sable, gravier, terrain fangeux. — Plates, en pente douce, escarpées, verticales, creuses. — Leur hauteur au-dessus des eaux normales. — Couvertes de pierres, de bois, de prairies, de roseaux, les bords seulement plantés. — Commandement constant ou alternatif d'une rive sur l'autre.

Pour les ruisseaux, on se bornera aux données principales suivant leur importance.

Canaux : Leur désignation et lieux où ils aboutissent. *(On portera les détails descriptifs au troisième Chapitre.)*

Lacs : Leur longueur, largeur et profondeur. — Nature des rives. — S'il y a des parties guéables. — S'ils peuvent être traversés en bateau ou s'ils sont propres à la navigation; dans ce cas en faire connaître les particularités. — S'ils sont poissonneux.

Etangs : naturels ou artificiels. — Permanens ou non. — Facilité de les vider. — Si le fond serait praticable pour des troupes. — Produits qu'on en tire par la pêche, par la culture. — Leur influence sur la santé des habitans.

Marais : formés par des courans d'eau ou par des sources. — Ayant des ~~bancs~~ d'eau ou seulement un terrain vaseux. — Leur étendue. — S'ils sont traversés par des

chemins découverts ou cachés.—Facilité de les dessécher.
—Tourbières: leur étendue —si elles sont praticables —
si elles sont exploitées et les produits qu'on en retire.

Flaques d'eau, Mares : Usage qu'en font les habitans
— si elles influent sur la salubrité.

Fontaines et Sources : Si elles sont nombreuses, abon-
dantes — si elles donnent de l'eau potable, saline, bour-
beuse, etc.—Désigner les principales.—Leur température
quand elle diffère sensiblement de celle de l'atmosphère.
—Usage qu'en font les habitans.— Particularités remarquables. -- Fontaines jaillissantes, intermittentes, etc.

Citernes, Puits : ordinaires, naturels. — Signaler les
contrées où, à défaut de courans d'eau, on a dû recourir
à ces moyens—s'ils suffisent aux moyens des habitans.—
Puits artésiens : Leur profondeur, abondance et qualités
de leurs eaux. — Gouffres.

Nature du sol. Géognosie.

De la nature du sol : à la surface du terrain , à différentes profondeurs. —Grottes, Cavernes : Leur étendue ,
usage qu'on en fait ou qu'on en pourrait faire.—Accidens
remarquables du même genre : Courans d'eau, lac, souterrains , etc. — Composition de la terre végétale , son
épaisseur sur les différentes parties du terrain.

Volcans : Parties de la feuille occupées par des terrains
volcaniques. — Cratères : leur situation , leur hauteur,
leur forme. —Scories, laves, basaltes, etc.

Minerais de toute espèce : Exploités ou non.— Mines ,
Houillières : Leur profondeur et leur importance ; qualités des produits.—Carrières de marbre, de pierres, de
chaux, de plâtre. —Sablières, Nitrières.—Indiquer celles
qui sont exploitées. — Qualités de ces matériaux.

Sources d'eau thermale, minérale : Nature et qualités
de leurs eaux. — De l'usage qu'on en fait.

Sel gemme, Sources salées, Marais salans.

Aérographie.

Climat : Chaud, froid, sec, humide. Hauteur moyenne

du baromètre. — Température dans les diverses saisons.
—Maximum de chaleur, de froid, température moyenne.

Nombre annuel de jours pluvieux, quantité moyenne
de pluie par année.— Durée de la neige sur le sol, rivières qui gèlent et à quelle température.

Vents régnans : Brouillards. — Propriétés de l'air et
des eaux relativement à la santé des hommes et des ani-.
maux. — Maladies endémiques. — Causes d'insalubrité,
moyens d'y remédier. — Faits météorologiques intéres-
sans : Orages violens et fréquens, grêle, trombe, etc. —
Plantes qui caractérisent le climat : Le seigle; le blé, la
vigne, l'oranger, la cochenille, etc. — Forêts en bois ré-
sineux, à feuillages, etc.

Marées : Particularités importantes relatives aux marées. — Limites des marées dans les ports et dans les rivières.

CHAPITRE II.

Statistique.

Divisions politiques et administratives.

Ancienne province dont le terrain faisait partie avant
1789. — Départemens, arrondissemens électoraux, communaux, Cantons, désignation des communes (1). — Divisions et sudbivisions militaires : Légion de gendarmerie.
Artillerie.—Génie.—Dépôt de remonte, de recrutement.
— Ressort de Cour royale. — Directions et bureaux de
poste.— Ponts-et-chaussées; Mines. — Conservation des
Forêts.—Haras. — Direction et bureaux de douanes. —
Circonscriptions ecclésiastiques : Diocèse, Consistoires.—
Circonscription académique, etc.—Pour la marine : Pré-
fecture maritime, Arrondissemens, Quartiers.

---

(1) Il est important de rapporter ici les noms de toutes les communes du terrain reconnu, à moins qu'ils ne soient tous dans le tableau
statistique ; dans ce cas seulement, on y renverrait.

Population.

Population totale par canton. — Répartition de la population entre les villes et les campagnes, entre l'agriculture et l'industrie, entre les pays de montagnes et les pays de plaines, etc.

Si la population est croissante ou décroissante.—Comparaison du nombre existant avec celui d'une époque antérieure.— Cause de ce mouvement. — Nombre d'habitans par myriamètre carré. — Recrutement : nombre d'hommes recensés *(par canton)* comparé à celui de la population. — Nombre d'hommes déclarés bons pour le service comparé à celui des hommes examinés par le conseil de révision, taille moyenne des hommes soumis au recrutement. — S'ils sont plus ou moins propres aux armes spéciales (*Cavalerie, artillerie ou train*).

Stature, constitution physique, caractère, mœurs, manière de vivre et costume des habitans.

Dissemblance et homogénéité entre les habitans. — Sympathies ou aversions. — Leur aptitude ou leur goût pour la guerre, les arts, les sciences, le commerce ou l'agriculture. — Migrations d'ouvriers pour l'agriculture ou l'industrie ; se portant dans d'autres contrées ou venant des pays voisins : étendue et durée de ces migrations.

Langage.

Langues, dialectes, patois. — Parties de la population qui les parlent. — Orthographe usuelle des noms de lieux; leur prononciation quand elle diffère du langage ordinaire; leur étymologie. — Mots caractéristiques qui se trouvent dans le langage de la contrée; citer des exemples.

eligions.

Religions et sectes diverses. — Rapport de la population des unes avec celle des autres. — Leurs dispositions réciproques.

Instruction publique.

Degré d'instruction des diverses classes de la population. — Rapport du nombre des individus qui savent lire, écrire et compter à la population totale. Ecoles de toute espèce. — Bibliothèques publiques. — Facultés académiques. — Sociétés savantes.

Edifices publics et objets d'Art.

Des édifices publics et des objets d'Art. — Eglises ou temples, châteaux, hospices, maisons de ville ou d'administration diverses, Colléges, Séminaires, Musées, Bibliothèques, Prisons, Bourse, Halle. Phares, etc. Maisons ou bâtimens remarquables, soit par leur constructions, soit sous le rapport historique. — Faire connaître leur destination, leur capacité et ce qu'ils ont qui les distingue. — Objets d'art estimés.

Autres ouvrages de main d'homme.

Habitations diverses. Maisons de plaisance, Fermes, Métairies, etc. — Indiquer en général leur forme, leur capacité, leur construction en pierres, en briques, en pisé, en bois, etc. — Couvertes en tuile, en chaume, etc.

Ressources pour le logement des Troupes.

Aperçu des ressources pour le logement des troupes, hommes et chevaux ; — pour les troupes en marche, en cantonnement ; — dans les bâtiments militaires, dans les autres établissements publics et chez les particuliers. — Grands bâtiments propres à réunir un certain nombre d'hommes ou de chevaux. — Dire si le pays ne contient que de petites habitations (1).

Matériaux de construction.

Des matériaux de construction employés dans le pays : marbres, pierres de taille, moëllons, briques, pisé, etc. — Bois de charpente et autres. — Métaux. — Indiquer d'où ils sont tirés.

_____

(1) Les ressources pour le logement seront calculées de manière à ce que ceux qui occupent les bâtimens ne soient pas obligés de les évacuer.

Agriculture.

Etat de l'agriculture dans le pays : Aperçu général de sa situation ; progrès ou décadence. — Qualités du sol : Dire si le terrain est plus particulièrement propre à produire du blé, du seigle ou de l'avoine ; pour la vigne, les prairies, les bois, etc.— Grandes ou petites exploitations. — Méthodes de culture ; par des chevaux, des bœufs ou à la bêche. — Rotation des récoltes : assolemens usités dans le pays ; prairies artificielles, variétés des cultures. — Rapport de la récolte à la semence. — Produit par hectare des terres labourables, des vignes, des vergers, des prairies ; indiquer les produits divers : chanvre, lin, plantes oléagineuses, betteraves, garence, tabac, etc. — Rapport des produits à la consommation.

Bois et forêts.

Forêts royales. — Bois communaux et particuliers. — Quelles essences y dominent.—Hautes futaies, bois taillis. — Aménagement. — Aperçu de l'étendue des forêts et de leur état : fourrés, clairières, terrain cultivé, prairies, étangs, habitations, etc. qu'elles renferment.—Praticables ou non pour les troupes, pour l'artillerie. — Coupées de routes, de chemins, de tranchées. — Bois propres à la marine, à la construction des maisons, à la ~~boiserie~~. *boissellerie*

Bestiaux et économie rurale.

Des bestiaux : races de chevaux, leurs qualités ; si ces races sont en progrès ou en décadence. — Nombre approximatif, par canton, des chevaux propres au service militaire : chevaux de selle, de trait. — Haras. — Lorsqu'il y a un dépôt de remonte, chevaux qu'il fournit annuellement en moyenne.—Mulets, ânes.—Race bovine ; si elle est nombreuse relativement à la population et aux besoins de l'agriculture ; ses qualités. — Bêtes à laine : races existantes ; si elles sont nombreuses : leurs qualités. — Chèvres seulement dans les pays où il y en a des troupeaux.

Produits de basse-cour, de chasse, de pêche qui entrent dans le commerce : volailles, porcs, gibier, poissons. —Beurre, œufs.—Laiteries, fromageries, ruches, huiles, fruits, etc.

Industrie.

De l'industrie : moulins à bras, à vent, à eau, à la vapeur, ceux dits à l'anglaise : leur situation et leurs produits. — Indiquer les autres moulins : à huile, à tan, à foulon, etc.— Papeteries, leurs produits.— Fabrication : à la main, à la mécanique. — Usines pour la fonte et le travail des matériaux. — Salines. — Fabriques d'étoffes de laine, de coton, de toile, de soie, chapelleries, corderies, tanneries.—Fabriques de porcelaines, de faïence, de poteries, de briques, tuiles, etc. — Leur importance, nombre d'ouvriers qu'elles emploient. — Fabrication : à la main, avec des chevaux, par l'eau, à la vapeur.— Produits annuels en nature. — Chômage.

Mesures locales dans le lieu principal du terrain reconnu : linéaires, agraires, de poids.—Leur rapport avec le système métrique.

Commerce.

Du commerce : produits agricoles, industriels, — de consommation, d'importation, d'exportation, de transit. — Entrepôts.—Foires et marchés : de grains, de bestiaux, etc.; à quelles époques ils se tiennent, leur importance.

Statistique particulière.

De la statistique des chefs-lieux de département, d'arrondissement, des places fortes, des villes de garnison ou maritimes et de toutes celles ayant au moins 3,000 âmes de population. — Situation : avantages de la position du lieu pour sa destination comme place forte, centre d'industrie, de commerce, etc.; comme port de mer, sur une rivière, à un nœud de route, dans un pays fertile, etc. — Sa distance aux villes importantes les plus voisines.

—Aspect de ses bâtimens en général : leur forme, mode de construction, ressources qu'ils peuvent offrir pour le logement des troupes et les établissemens militaires. — Fermée ou non : forme de l'enceinte, fortification ancienne ou moderne, mur d'octroi ou mur de clôture, etc. — Autorités diverses qui y siégent. — Détails sur la population, les établissemens publics de toute espèce, la distribution des eaux à l'usage des habitans, pour l'industrie et le commerce. — Hommes célèbres du pays. — Origine ou lieu et changemens importans qu'il a éprouvés jusqu'à nos jours.

La statistique particulière des places fortes sera plus détaillée que pour les villes ouvertes : ainsi quel système de fortification y est appliqué, le nombre des fronts, s'il y a des dehors (*demi-lunes, chemins couverts, contregardes*, etc.), des ouvrages détachés, leur forme et leur importance; si la place est protégée par une rivière, des inondations, des marais, des escarpements, etc. Indiquer les bâtimens à l'épreuve, les casemates; enfin les ressources qu'offrent les bâtimens militaires, et au besoin les établissemens publics pour le logement des troupes, les hôpitaux et les magasins. (*Voir au chapitre* IV, *page* 48.)

Application des ressources locales au service des troupes.

Facilités ou obstacles de la part de l'administration ou des habitans pour appliquer avec promptitude les ressources du pays aux besoins des troupes, soit en marche, soit en cantonnement. — En quoi consistent les revenus communaux.

Garde nationale.

Organisation de la garde nationale en légions, bataillons, escadrons, compagnies ou fractions de compagnies d'infanterie, de cavalerie, d'artillerie, de pompiers. — Force, par canton, de la garde nationale mobile. —Nombre d'hommes appartenant à la réserve de l'armée. —Armement au compte de l'État, des communes, des particuliers ; sa situation, son entretien ; habillement. — Degré d'instruction militaire. — Appui que prêterait au besoin la population armée.

CHAPITRE III.

Communications.

EXPOSÉ SOMMAIRE DU SYSTÈME GÉNÉRAL DES COMMUNICATIONS.

Routes royales. Route de.......... à.......... N°.

Détails pour chaque route royale : classe. — Direction générale. — Largeur. — Si elle est pavée, ferrée à la Mac-Adam, ou à l'ancienne manière. — En terrain naturel. — Bordée d'arbres, de haies, de fossés, de murs, de jalons. — Pentes d'enrayage et autres accidens. — Défilés. — Facilités ou obstacles pour les charrois. — Distance du terrain reconnu aux villes importantes les plus rapprochées. — Comment fréquentée : relais de poste, voitures publiques, roulage. — Moyens qu'offrent les localités pour améliorer ou détruire les routes. — Parties de routes établies sur des voies romaines.

Routes départementales. Route de........ à........ N°.

Des routes départementales : détails comme pour les précédentes, suivant leur importance.

Chemins vicinaux de grande communication.

Indiquer, par leurs aboutissans, les chemins vicinaux de grande communication qui passent sur le terrain reconnu. — Communes principales qu'ils mettent en communication. — Largeur de ces chemins. — S'ils sont ferrés, ou en terrain naturel, leur état d'entretien. — S'ils sont propres aux charrois en toutes saisons. — Accidens du terrain qu'ils traversent : escarpemens, forêts, gués, défilés, chemins creux, chemins en rampes, mauvais pas, etc.

Chemins communaux.

Des chemins communaux : il y en a de plusieurs sortes (1); faire connaître ceux qui dominent dans la contrée.
—S'ils sont praticables aux voitures, ou seulement aux bêtes de somme.—S'ils sont praticables en toutes saisons.
—Comment ils sont entretenus.

Des sentiers ou chemins non classés : signaler les plus fréquentés et ceux qui pourraient avoir de l'importance dans les opérations militaires.

Chemins de fer.

Des chemins de fer commencés ou livrés au public : leur direction. — Lignes simples, doubles. — Villes où ils aboutissent. — Distances qu'ils parcourent. — Pentes

---

(1) Les chemins non compris dans les désignations précédentes puvent être classés de la manière suivante :

1° Ceux qui vont d'une commune à une autre, sans être chemin de grande communication ;

2° Ceux qui font communiquer entre elles les différentes parties d'une même commune ;

3° Les chemins ou avenues qui servent de communication entre les lieux habités et les routes ;

4° Les chemins d'exploitation, ouverts dans une certaine étendue pour les transports dans les champs, les prairies, les vignes, etc. ; la plupart se perdent dans les terres ;

5° Les chemins de montagnes ne sont, en grande partie, propes que pour les bêtes de somme ; i's répondent, pour leur destination, aux espèces précédentes ;

6° Les chemins de bois : les uns traversent les forêts, les autres sont des chemins de coupe ou d'exploitation qui n'ont qu'une issue. Ce qui est particulièrement à remarquer dans les chemins de bois, ce sont les carrefours ou étoiles, et s'ils sont toujours praticables ;

7° Les chemins de marais : dans les grands marais couverts de joncs, il existe des chemins cachés qui ont de l'importance, ils méritent d'autant plus d'attention qu'ils sont souvent ignorés d'une partie des habitans ;

8° Les sentiers : la plupart ne servent qu'aux piétons et pour raccourcir une distance ; il en est qui acquièrent quelquefois de l'importance, quoiqu'ils soient souvent effacés ou qu'ils changent de direction de temps à autre.

qu'ils suivent. — Obstacles qu'ils traversent : rivières, montagnes, forêts, etc.—Temps désignés pour le voyage. —Mode de construction : sur le sol , sur voûte ou viaducs, souterrains.-- Objet du chemin, pour le transport des voyageurs, d'objets de commerce, à l'usage des usines ou des manufactures. — Influence de chacun de ces chemins sur les opérations militaires faisant le sujet du chapitre IV du mémoire.—Chemins de fer projetés.

Lignes télégraphiques.

Direction des lignes télégraphiques. — Villes principales où elles aboutissent— stations télégraphiques existantes sur le terrain reconnu.—Lignes projetées.

Navigation des rivières et canaux-rivières.

Détail sur chacune des rivières navigables. — Limites et étendue de la partie flottable , navigable. — Ports ou gares. — Embarras ou accidens du terrain qui gênent la navigation. — Travaux d'art et d'entretien pour la canalisation de la rivière : digues , écluses, sas, pertuis, barrages, déversoirs, etc., curage, réparations. — Durée annuelle du chômage.

Nombre, dimensions et tirant d'eau des bateaux—chargement mesuré par tonneau : des bateaux naviguant par le halage, à la voile, à la vapeur. — Evaluation du transport annuel des voyageurs, des denrées et marchandises agricoles, industrielles, indigènes, étrangères.

Canaux.

Détail sur chaque canal passant par le terrain reconnu : nom et aboutissans du canal ; à point de partage, latéral à des rivières de communication entre deux voies navigables, etc. — De grande ou de petite navigation — sa longueur — sa destination et son importance. — Lieux principaux où il passe — sa largeur à la surface des vives eaux. — Nature du pays qu'il traverse — pente générale. — Rivières ou autres eaux qui l'alimentent. -- Travaux plus ou moins considérables qu'a exigé la construction du canal : digues ou percées, écluses, sas, etc. — Distances entre les écluses ou sas, ou longueur des biefs.— Hauteur de chute aux écluses.

. Nombre, dimensions et tirant d'eau des bateaux employés sur le canal. — Leur chargement mesuré par tonneau. — Nature habituelle du chargement: voyageurs, denrées ou marchandises agricoles, industrielles, indigènes, étrangères.

Ponts, bacs et autres moyens de passage des rivières et canaux.

Des moyens de passages des rivières et canaux existant sur le terrain reconnu. — Considérations générales sur les avantages qu'offrent ces points de passage pour la défense.—Points existants : leur emplacement ; leur longueur; largeur de passage ; leur construction : en pierre, en bois, en fer ; ponts suspendus à une ou plusieurs arches ; pour les voitures, pour les piétons seulement ; à péage.—Passerelles. — Ponceaux.— Etat d'entretien du pont. — Moyens de réparations qu'offrent les localités. — Comment les détruire.

Bacs, ponts volants : durée de la traversée — Nombre d'hommes, de chevaux et de voitures qu'ils peuvent porter.

Gués : s'ils sont permanens ou mobiles. — Leur direction perpendiculaire ou oblique au courant. — Qualité de leur fond : roche, gravier, sable fixe ou mouvant. — Leur longueur et largeur — s'ils sont propres au passage de l'Artillerie, de la Cavalerie, de l'Infanterie seulement. — Moyens de les rendre impraticables.

Emplacemens convenables pour des ponts militaires, de bateaux, de chevalets, etc. — Longueur que ces ponts auraient. — Facilités des abords.

Marine.

Dans les ports: établissemens de la marine royale lorsqu'il n'y aura pas de statistique particulière du lieu. —

Bâtimens de la marine royale. — Nombre et tonnage des bâtimens du commerce, des bâtimens qui entrent et sortent annuellement. — Nombre d'individus faisant partie de l'inscription maritime. — Evaluation des marins attachés au commerce de long cours, au cabotage, à la pêche.

CHAPITRE IV.

Considérations militaires.

Considérations générales.

Observations générales, sous le point de vue militaire, sur la zône des frontières, lorsque le terrain reconnu y sera compris ou en sera peu éloigné, et, dans l'intérieur, sur les rapports de cette zône avec les lignes de défense principales couvrant le terrain reconnu et les points de concentration où concourraient plusieurs lignes d'opérations. — Quand le terrain reconnu se trouvera en arrière de cette zône, on prendra, pour base du travail, ou pour point de départ, la ligne défensive la plus rapprochée et en avant de ce terrain. — Aperçu descriptif du terrain sur lequel s'exécuteraient les opérations militaires dont on fera mention dans le IVme chapitre du mémoire. — Avantages ou inconvéniens, pour la défense du territoire, de cette disposition générale du terrain.

Lignes d'invasion ou grandes lignes d'opérations et lignes accessoires de l'ennemi. — Lignes de retraite de l'armée défensive et toutes autres communications dont on ferait usage dans les opérations militaires. — Lignes de défense naturelles ou artificielles, que la nature des lieux permettrait d'opposer à une invasion : Rivières profondes ou peu guéables, montagnes, forêts, défilés, places fortes, etc. — Distances entre les points principaux.

Direction que prendrait l'invasion d'après le but probable de l'ennemi, l'ensemble des communications, les obstacles du terrain et ceux qu'on peut lui opposer.

Système de défense ou moyens proposés par l'officier

d'après la nature du terrain, les communications et les opérations militaires que comporterait le terrain reconnu. — Aperçu de la composition et de la disposition générale des troupes dans ce même système.

Les contrées d'un accès difficile, telles que dans les pays montueux ou accidentés, ceux couverts de forêts, de bocages, ceux enfin qui offrent de nombreux défilés, étant propres à la guerre de chicane, on fera un aperçu de l'organisation d'une guerre de partisans proportionnée à l'importance des lignes d'opérations auxquelles le terrain appartient. — Indiquer l'étendue de la contrée dans laquelle cette guerre pourrait s'exécuter. — Les villes, bourgs ou villages et même les lieux non habités où plusieurs routes et chemins de grandes communications se croisent pourraient servir de points de ralliement ou d'appui à des détachemens ou à des corps de partisans ; les chemins qui unissent ces nœuds de routes entr'eux, et la distance qui les sépare. — L'influence que les opérations de ces corps auraient sur les mouvemens ou les communications de l'ennemi. — Le plus ou moins de facilités que l'on trouverait dans le pays pour l'organisation de ces corps ou pour les seconder dans leurs opérations, tant par l'esprit belliqueux ou le dévouement des habitans que par les ressources que le pays fournirait en hommes, chevaux, vivres, moyens de transport, etc. — Indiquer les parties du terrain reconnu propre aux embuscades, aux surprises et ceux reconnus convenables pour l'établissement de postes retranchés. Les Officiers se borneront à des considérations générales pour l'ensemble de la contrée ; mais ils entreront dans tous les détails pour ce qui concerne leur terrain.

Une grande invasion qui pénétrerait à l'intérieur du royaume exigerait le rassemblement des réserves et même des levées en masses, et l'emploi de toutes les ressources du pays à l'usage des armées (*l'armement, l'équipement, les munitions de tout genre et les moyens de transports.*) Les grands centres de communications, de l'administration ou du commerce et les places fortifiées

4

sout les points naturels de concentration ou les dépôts des hommes et des choses. — On signalera ceux de ces points existants sur le terrain reconnu, ou le point sur lequel ce terrain doit fournir. — Les contrées environnantes (*par Arrondissement*) qui auraient à y verser leurs ressources, en hommes et approvisionnemens. — Donner un aperçu de l'étendue des ressources qui se réuniraient sur chaque point de concentration. — Indiquer enfin les lignes et les positions défensives qui pourraient être alimentées ou renforcées par ces dépôts.

Quand le terrain reconnu sera à proximité ou dans un bassin côtier, on aura égard, dans l'étude du système de défense, aux attaques maritimes et aux débarquemens qui pourraient s'effectuer à portée de ce terrain.

Position de..........

Positions pour un Corps d'Armée, pour une division, pour un détachement plus ou moins considérable, couvertes par ces obstacles naturels ou à retrancher. — Positions de combat, places de campagne, camps retranchés, postes divers, etc. — Détails sur les positions que renferme le terrain reconnu, leur rôle dans la défense générale. — Distance à toutes les places voisines et aux lignes d'invasion. — Description de chaque position, considérée sous le rapport militaire. — Etendue du front et de la profondeur. — Obstacles couvrant le front et les flancs. — Indication et facilité des communications et des diverses lignes de retraite. — Minimum et dispositions des troupes de toutes armes nécessaires à la défense de chaque position. Ouvrages à élever pour en augmenter les moyens de défense. — Lieux propres à mettre les parcs en sûreté. — Parti qu'on peut tirer des villes, villages, châteaux, églises, cimetières, fermes, etc., pour la défense et pour former des dépôts. — Lieux d'où on pourra tirer les vivres et les fourrages, l'eau et le bois.

Lorsque le terrain reconnu contiendra une place forte et maritime, on complétera dans cet article ce qui aura été exposé dans la statistique particulière en appliquant sur la position sur laquelle elle est assise les considérations indiquées ci-dessus qui s'y rapportent; ajoutant des observations sur les avantages ou les inconvéniens de la disposition et de la construction des ouvrages, et sur le flanquement, le défilement et la force ou capacité de ces ouvrages avec leur état d'entretien, indiquer le front ou les fronts d'attaque, et enfin donner un aperçu descriptif des environs pour faire ressortir les difficultés que l'ennemi aurait à entreprendre le siège. — Pour les places maritimes, on signalera par la description des abords si la place où les établissemens de la marine seraient exposés aux effets d'un bombardement ou d'un incendie par les bateaux à vapeur ou les fusées. — Faire connaître si les localités permettraient, par quelques dispositions qu'on indiquerait, de tenir les bâtimens ennemis assez éloignés pour n'en avoir rien à craindre.

Sur les côtes, indiquer les points où l'on pourrait effectuer les débarquemens. — Dispositions à faire pour s'y opposer. — Positions à occuper pour arrêter l'ennemi qui aurait débarqué.

Considérations sur les mouvemens de retraite (1).
Retraite de.......... à..........

Lorsqu'on aura à reconnaître des communications sur lesquelles on jugera que l'ennemi peut s'engager, on pourra supposer un corps en retraite devant un ennemi supérieur en forces, et on indiquera avec tous les détails proportionnés à leur importance, toutes les positions où l'on pourrait arrêter ou retarder la marche de l'ennemi; on donnera un aperçu des mouvemens principaux pour se retirer d'un point sur un autre et du temps que tiendra chaque disposition, dans l'hypothèse que l'on aura établie.

_____

(1) Ou sur toute autre question posée.

Considérations sur le terrain reconnu, en cas de retour offensif.

Le terrain reconnu sera envisagé par un simple aperçu, sous le rapport de l'offensive, c'est-à-dire, quels seraient ses avantages ou ses inconvéniens pour les opérations en cas de retour offensif.—Facilités qu'on aurait à se porter sur les flancs, et à déborder la marche des corps ennemis en retraite.

CHAPITRE V.

Historique.

SECTION PREMIÈRE.

HISTOIRE GÉNÉRALE.

Evénemens politiques.

Aperçu des principaux événemens politiques survenus depuis les temps anciens jusqu'à nos jours, dans la contrée où le terrain reconnu est situé : origine des lieux marquans ou de la population actuelle, lorsque le mémoire n'aura point de statistique particulière ; passage de la contrée sous différens gouvernemens ou dominations, grands désastres qu'elle a éprouvés, événemens dont elle a été le théâtre, hommes célèbres qui ont influé sur le sort du pays.

SECTION DEUXIÈME.

ARCHÉOLOGIE.

Monumens historiques.

Monumens fixes de chacune des époques gauloise, grecque, romaine, chrétienne. — Monumens meubles. — Chaque époque divisée en trois classes : Monumens religieux, monumens militaires, monumens civils.

Villes ou villages, châteaux forts, camps anciens, temples, etc., leur emplacement. — leur description. — Vestiges qui en restent. — Autorités d'après lesquelles on aura fait la description : Historiens, traditions du pays, etc.

Voies romaines.

Des voies romaines qui passent par le terrain reconnu. — Lignes qu'elles parcourent, leurs aboutissans et leurs ramifications. — Vestiges qui en restent. — Nature des matériaux.

Documens et Matériaux historiques.

Des documens et matériaux historiques existans dans les Musées et les Bibliothèques publiques et particulières : Ouvrages imprimés, manuscrits, dessins, gravure et sculpture qui ne sont pas généralement connus.

SECTION TROISIÈME.

HISTOIRE MILITAIRE.

Evénemens militaires.

Relation des événemens militaires remarquables à différentes époques et dont le terrain reconnu aura été le théâtre, tels que batailles, combats, siéges, etc., suivant l'ordre chronologique. — Circonstances que les historiens généralement connus n'auraient pas mentionnées où ~~les renseignemens auraient été prisés.~~ *qu'ils auraient rapportés inexactement. — Sources où les renseignemens auraient été puisés.*

TABLE DES MATIÈRES.

—◉◉—

CHAPITRE PREMIER.

Description physique.

CHAPITRE II.

Statistique.

---

(1) Lorsque chaque sujet à traiter se subdivisera et exigera des développements, on fera des sous-titres à chaque subdivision ou à chaque article.

CHAPITRE III.

Communications.

Date.

Signature de l'Officier :

*Le Chef d'Escadron, chargé du bureau
des Mémoires,*

Signé : CHATELAIN.

Approuvé :

*Le Pair de France, Lieutenant-Général,
Directeur du Dépôt gén^{al}. de la Guerre,*

Signé : PELET.

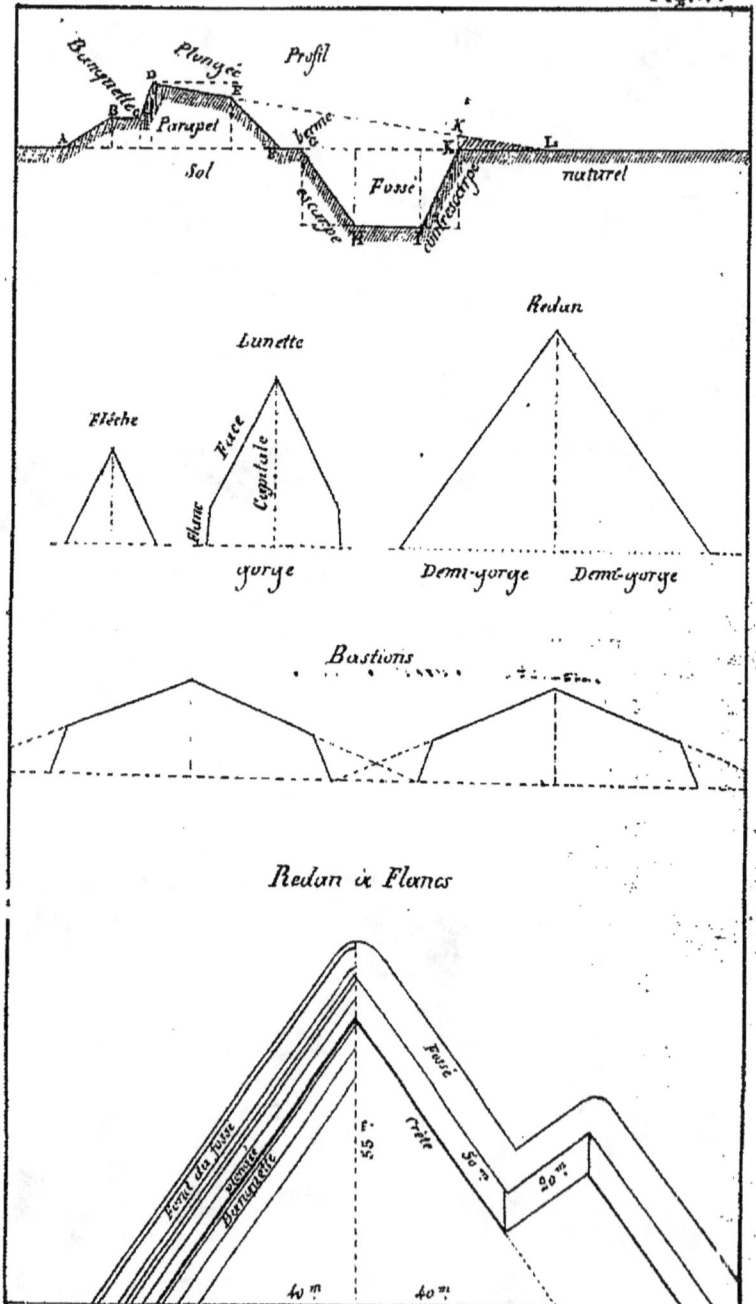

Fig. 4.

Banquette — Plongée — Profil

D — E

B — Parapet

A — berme

Sol — Escarpe — Fossé — Contrescarpe — naturel — K — K — L

Flèche

Lunette

Redan

Face — Capitale

Flanc

gorge

Demi-gorge — Demi-gorge

Bastions

Redan à Flancs

Pied du Talus — Crête Banquette — Crête — Fossé

5.5 — 50 — 20

40ᵐ — 40ᵐ

DEUXIÈME PARTIE.

FORTIFICATIONS.

40. 1er §. PROFIL.

Il se compose d'un *talus de banquette* A B (voir la planche ci-contre), pl. 4, *d'une banquette* B C, *d'un talus intérieur* C D, *d'une plongée* D E, *d'un talus extérieur* E F, formant le parapet; *d'une berme* F G et d'un fossé comprenant un *talus d'escarpe* G H, *un fond* H I et un *talus de contrescarpe* I K; quelquefois on y ajoute *un glacis* K L. Le point D s'appelle aussi *crête intérieure*, et le point E, *crête extérieure*. La ligne passant par la crête ~~supérieure~~ s'appelle aussi *ligne de feu, magistrale, ligne* ~~courante~~. *couvrante.*

Voici les dimensions des diverses parties de ce profil :

Le *talus de banquette* a 2 de base sur 1 de hauteur.

La *banquette* se place à 1 m. 30 c. de la crête, et a 0 m. 60 c. de large pour un rang de fusiliers, 1 m. 20 c. pour deux et jamais plus de 1 m. 50 c.

Le *talus intérieur* a 1 de base sur 3 de hauteur ou 0 m. 43 c. sur 1 m. 30 c., puisque la hauteur est constante.

La *crête* doit être au moins à 2 m. du sol; ordinairement on lui donne 2 m. 50 c. de relief; celui-ci ne doit pas excéder 4 m., à cause de la difficulté d'exécution.

L'*epaisseur du parapet* proprement dit, c'est-à-dire la distance horizontale entre les deux crêtes varie suivant les calibres auxquels on doit résister (109).

41. Or, comme il faut donner au parapet un peu plus

de moitié en sus de l'épaisseur pénétrée, on donne habituellement au parapet, entre les deux crêtes, suivant son objet, savoir :

Contre le fusil..	0 m. 65 c. à 1 m.	Contre le 12.	4 m.
Contre le 4. . . .	2	Contre le 16.	} 6
Contre le 8. . . .	3	Contre le 24.	}

L'nclinaison de la plongée varie de 1/4 à 1/6, d'après la condition rigoureuse de ne jamais passer à plus de 1 m. au-dessus de la contrescarpe et du pied du glacis.

42. Le *talus intérieur* varie d'inclinaison suivant le talus naturel des terres ; ainsi on lui donne :

1° Dans les terres légères (mêlées de sable et cailloux), 2 de h^r sur 3 de b^{se}.
2° Dans les terres moyennes. . . . . 1 — 1 —
3° Dans les terres fortes. . . . . 3 — 2 —
4° Dans l'argile et les rocailles. . . . . . . 3 — 1 —
5° Dans le sable. . . . . 1 — 2 1/2 et 3.

La *berme* se supprime dans les terres fortes et l'argile ; dans les autres cas, elle varie de 0 m. 40 c. à 1 m. ; ordinairement on lui donne 0 m. 50 c.

Le *talus d'escarpe* a pour base les 2/3 du talus naturel des terres indiquées ci-dessus.

Le *talus de contrescarpe* a pour base la moitié de ce talus.

Le *fond du fossé* varie donc de largeur suivant les terres (le défilement le fait aussi varier (70-71).

Le *fossé* ne doit pas avoir moins de 2 m. de profondeur ni plus de 4 m. Sa largeur (entre le sommet de la contrescarpe et la berme) doit être au moins de 4 m. Elle se calcule de manière à ce que le fossé fournisse les terres nécessaires au parapet et au glacis (70) ; toutefois, on peut négliger celui-ci dans le calcul, le *foissonnement* y pourvoyant habituellement (70).

L'inclinaison du glacis est habituellement celle de la plongée ; celui-ci ne se construit pas toujours dans son prolongement, soit que le glacis commence à la contrescarpe, soit qu'il en soit à 2 ou 3 d^e.

43. Dans aucun tracé *l'angle de défense* ne doit être aigu ; il varie de 90 à 120 d^e. Les *lignes de défense* ne

doivent jamais excéder la portée moyenne du fusil, c'est-à-dire 180 m. : ordinairement on donne de 120 à 160 m. quand c'est l'artillerie seule qui doit les défendre, on leur donne de 5 à 600 m. *au plus.*

Pour que la défense d'un ouvrage soit bien assurée, il faut, autant que possible, qu'elle ait lieu sur deux rangs et avec une réserve de 1/6. Les 5/6 restants sont répartis sur les banquettes de manière à ce qu'il y ait dans tous les cas au moins un fusilier par mètre courant de ligne de feu.

OUVRAGES OUVERTS A LA GORGE.

44. 1° SIMPLES. La *flèche* se compose de deux faces (fig. 5) formant un angle de 60 à 80 d⁶ et longues de 15 à 30 m. Cet ouvrage est peu employé; on lui préfère le redan qui n'en diffère que par les dimensions plus grandes.

45. La *lunette* a 2 faces de 30 à 60 m. chaque et 2 flancs de 12 à 15 m. On l'emploie principalement pour les têtes de ponts, digues, défilés, etc.

46. Le *redan* est simple ou à flancs.

Simple, il a les dimensions suivantes :

Capitale de 28 à 55 m. ; ouverture à la gorge de 40 à 80 m.; faces de 35 à 68 m. à flancs, on lui donne les dimensious suivantes ordinairement :

Capitale, 55 m.; — gorge, 80 m.; — face, la demi-portée de fusil, de 50 à 60 m.; — flanc perpendiculaire à la face, 15 à 20 m. ; à l'extrémité du flanc, la face se trace parallèlement à la grande, c'est-à-dire perpendiculairement au flanc, courant vers la ligne de görge.

On emploie les redans pour les têtes de ponts, avenues, digues, défilés, etc. On palissade ordinairement (77) la gorge, de crainte des surprises.

47. Le *bastion* est une lunette de grande dimension dont les faces ont 50 à 70 m. de long et les flancs de 25 à 30 m. On ne les emploie pas isolés, mais formant partie d'un système *dit bastionné*, l'angle saillant et très ouvert et se détermine comme il sera dit ci-après (53).

48. La *tenaille* se compose de deux faces égales, for-

mant un angle rentrant sur un côté de 60 m. de longueur (voir la planche ci-contre).

49. La *cremaillère* est une tenaille dont les deux faces sont inégales et assujetties à la condition d'être perpendiculaires entr'elles. Aussi, dans ce cas, on donne jusqu'à 120 m. de distance entre les deux extrémités des faces de cette tenaille (48).

50. La *queue d'hironde simple* est une tenaille à laquelle on a ajouté deux branches terminées à une certaine distance en arrière de l'angle rentrant et formant ainsi une gorge (48).

51. *La queue d'hironde double* ou *bonnet de prêtre* se compose de deux tenailles contiguës, terminées par deux longues branches comme ci-dessus (50) pl. 6.

52. La *tête tenaillée* se compose d'une suite de tenailles construites sur les faces de demi-polygones égales à 60 m., et de telle sorte que l'angle saillant formé par les deux tenailles adjacentes soit d'au moins 60° (48).

53. La *tête bastionnée* se construit ordinairement sur les deux côtés contigus d'un carré ou d'un hexagone et a les dimensions proportionnelles suivantes :

Côté du polygone, 160 à 240 m.

Longueur de la perpendiculaire abaissée du milieu de ce côté, 1/8 à 1/6.

Les lignes de défense étant dirigées sur le pied de la perpendiculaire, on donne à la courtine (parallèle au côté) 55 à 80 m. au plus. De la sorte, en menant les flancs perpendiculairement aux lignes de défense, on a des angles saillants de plus de 60° et des flancs de plus de 15 m. (Voir la planche ci-contre).

Ces divers ouvrages s'emploient ordinairement concurremment avec les redans, principalement pour les têtes de pont. (Voir la planche ci-contre).

54. L'*ouvrage à cornes* est une queue d'hironde simple dont la tenaille est remplacée par une demi-tête bastionnée couverte ordinairement d'un redan (53).

55. L'*ouvrage à couronne* est une tête bastionnée flanquée de redans.

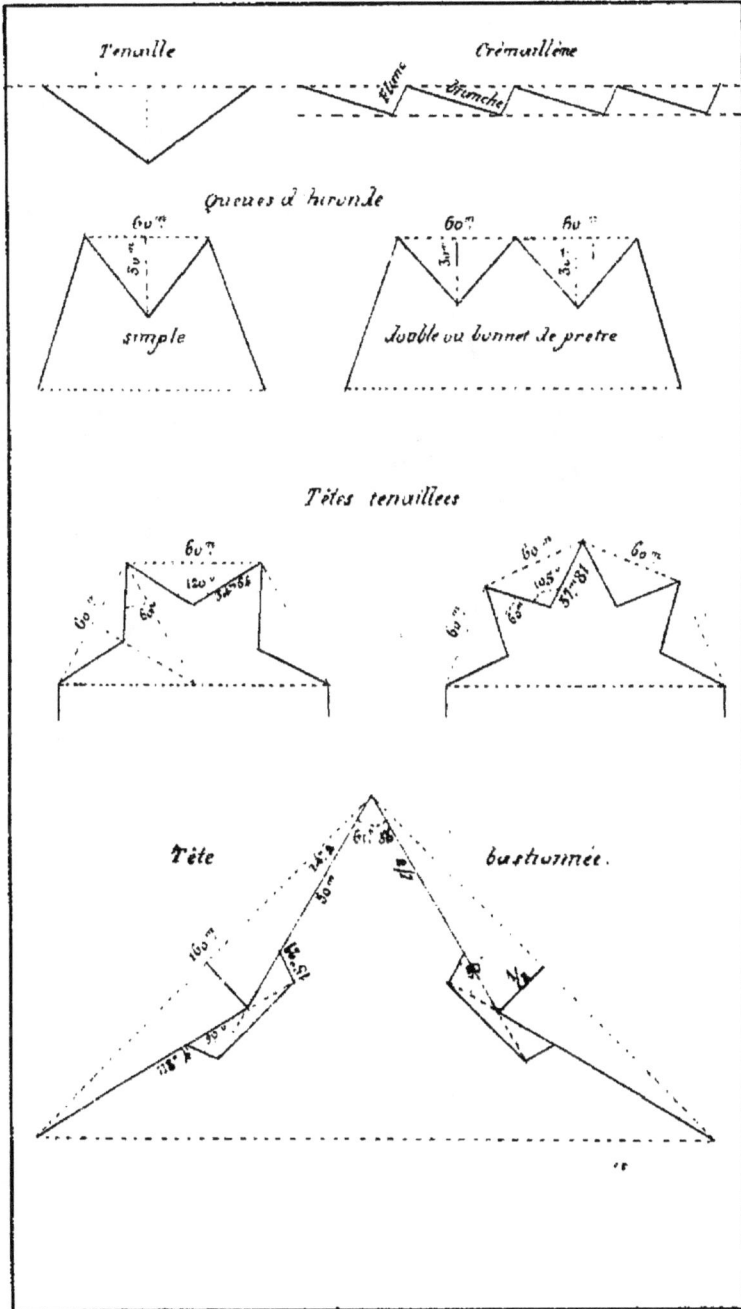

Fig. 5.

Fig. 6.

TETES DE PONTS.

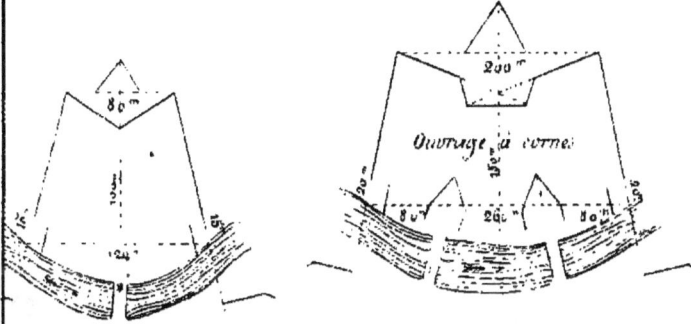

Echelle de 0.0010 pour 1.^m pour les ouvrages à cornes et à couronne.

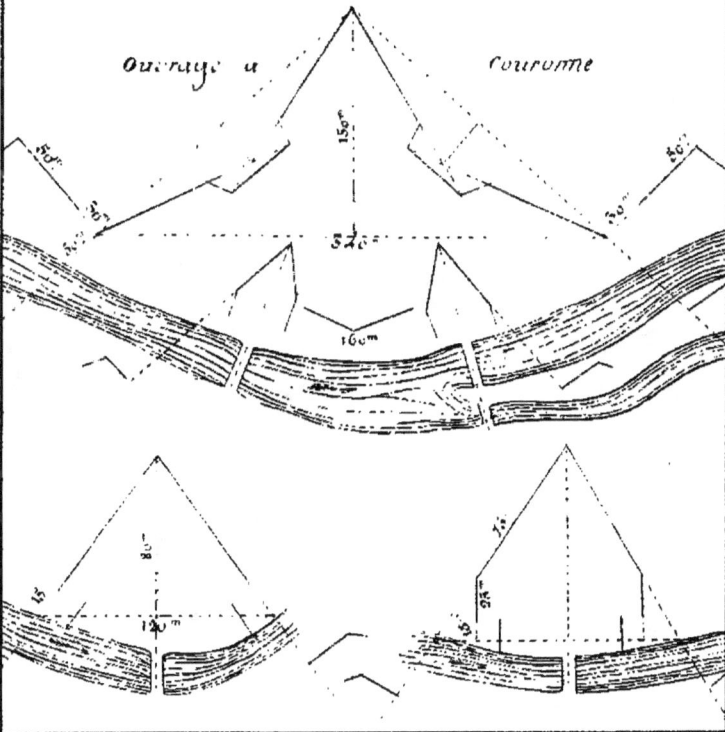

Ouvrage à

Couronne

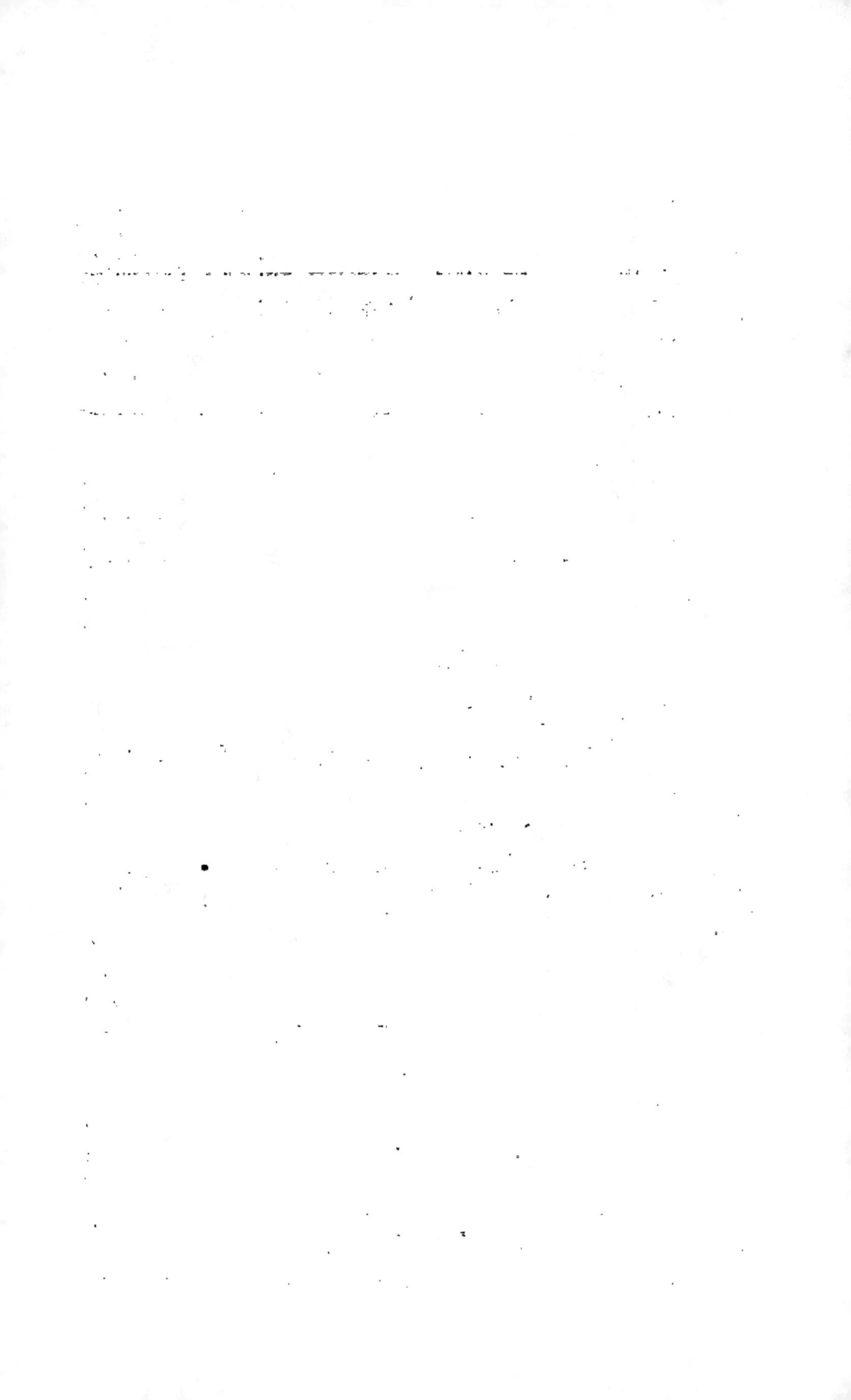

Fig. 7.

LIGNES CONTINUES.

1ᵉ à redans et courtines droites.

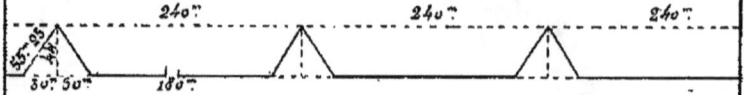

2ᵉ à redans et à courtines rentrantes brisées.

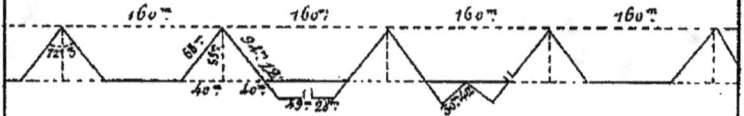

3ᵉ à redans et courtines brisées.   4ᵉ à tenailles.

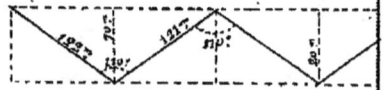

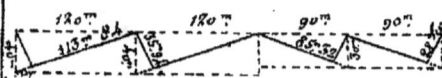

5ᵉ à Crémaillères.   6ᵉ bastionnées.

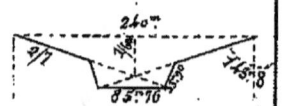

7ᵉ composées.

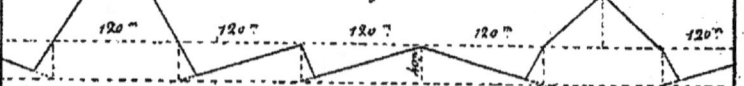

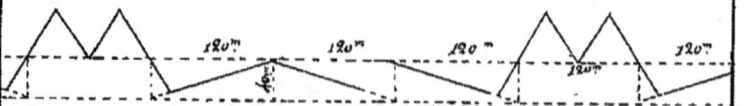

Echelle à 0,001 pour 10 mètres.

Fig. 8.

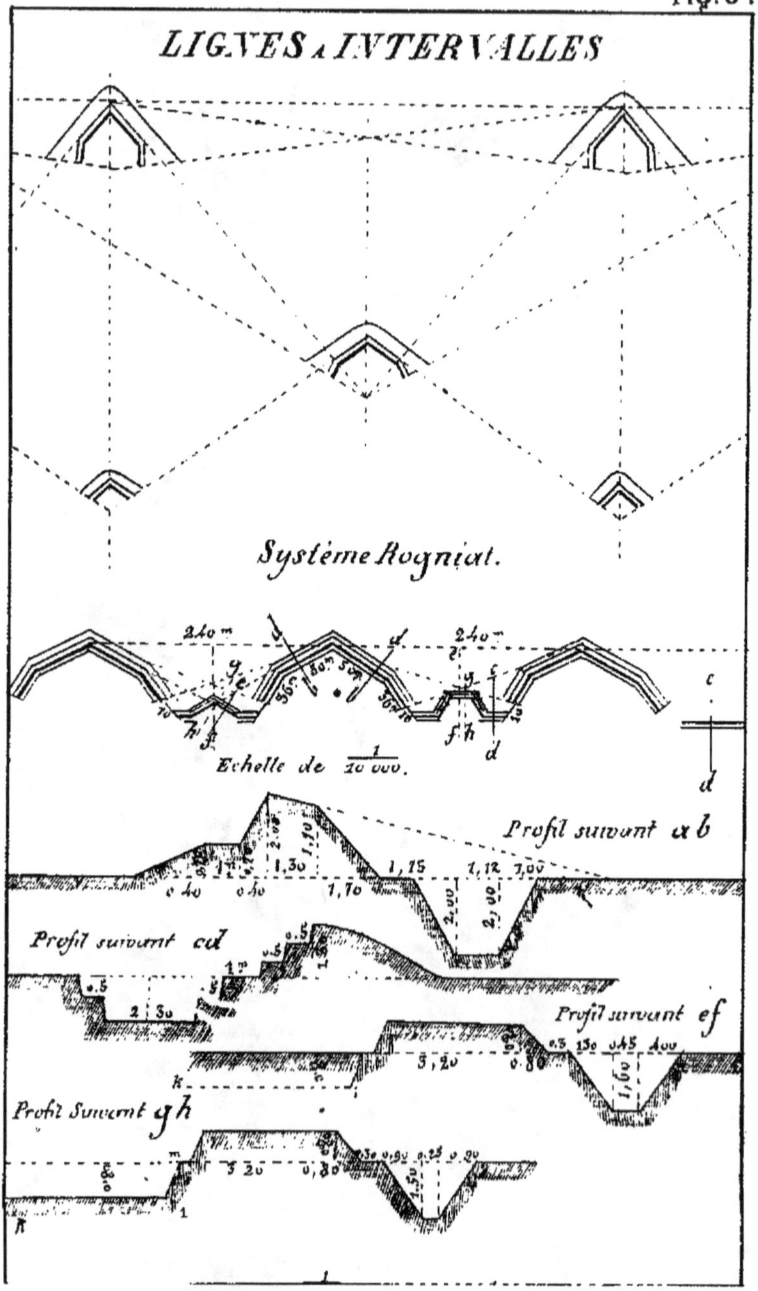

LIGNES A INTERVALLES

Système Rogniat.

Echelle de $\frac{1}{10\,000}$.

Profil suivant *ab*

Profil suivant *cd*

Profil suivant *ef*

Profil suivant *gh*

Les figures ci-jointes indiquent les diverses manières de couvrir une tête de pont et les diverses dimensions principales.

56. DÉVELOPPES ou LIGNES. Les lignes sont *continues* ou *à intervalles*; dans l'un et l'autre cas, elles sont composées de divers ouvrages simples et d'après divers systèmes. Les lignes sont dites continues lorsque le parapet se développe sans interruption sur toute leur étendue. Celles dites à intervalles se composent soit d'ouvrges détachés placés sur plusieurs lignes, soit d'une suite de bastions reliés entr'eux par des courtines et redans. Ce dernier système est celui proposé par le général Rogniat (59). Pl. 7 et 8.

57. Les *lignes continues*, ainsi qu'il est facile de le voir à l'inspection de la planche ci-contre, se composent soit de redans, soit de tenailles, soit de bastions, etc., réunis par des lignes droites dites courtines, soit de crémaillères. Elles ont le grave inconvénient d'être exclusivement défensives et de devenir inutiles dès qu'elles ont été forcées sur un seul point.

58. Les *lignes à intervalles*, au contraire, sont construites de telle manière qu'un seul ouvrage est défendu par plusieurs autres et que la prise d'un seul est à peu près insignifiante puisque, pour pouvoir en rester maître, il faut prendre ceux qui le défendent: ce qui permet de tenir longtemps l'ennemi en échec et sous le coup des retours offensifs que facilitent les intervalles. Ces lignes se composent soit de redoutes carrées (60), soit de redans ou lunettes, soit de tous ces ouvrages réunis. La planche ci-jointe donne la disposition des lignes à intervalles.

59. *Le système Rogniat* offre sur ces dernières l'avantage d'une construction plus rapide et par conséqnent plus appropriée à la guerre. Il se compose de lignes bastionnées, à batteries détachées et placées dans des redans à pan coupé, lesquels sont réunis aux bastions adjacents par des courtines dont le profil est celui dit *défranchissement* (Voir la planche); on laisse 10 m. d'intervalle entre cellesci et les flancs des bastions.

Les redans étant à barbettes de 80 c. de hauteur (puisqu'on les arme avec des pièces de campagne), on creuse
de chaque côté de celles-ci un fossé de 1 m. de profondeur, 3 m. de longueur et 1 m. 30 c. de largeur, afin de
pouvoir y pratiquer un gradin pour les cantonniers ; devant ces tranchées on donne au fossé du redan une plus
faible dimension. En faisant le calcul du déblai ou remblai (70), on trouve que le 1er s'élève par mètre courant à
7 m. cubes 550 dont 4 m. 990 pour le bastion et 2 m.
560 c. pour la batterie du'redan ; le remblai s'élève par
mètre courant à 8 m. 455 pour le bastion et la batterie
(savoir 5 m. 580 pour le bastion et 2 m. 875 pour la
batterie). Les terres nécessaires à la courtine sont fournies par la tranchée intérieure ainsi que l'indique le profil. 436 travailleurs (344 pour les deux demi-bastions,
92 pour la courtine et son redan) peuvent en une nuit
construire le front bastionné à la Rogniat sur une longueur de 240 m. couvrant une étendue d'environ 2 bataillons. Il faut relever les travailleurs toutes les deux
heures (73, 74, 75).

OUVRAGES FERMÉS.

60. Les ouvrages fermés comprennent les redoutes et
fortins ou forts de campagne.

1° REDOUTES. Généralement on n'emploie que les carrées. Leurs dimensions sont assujetties à deux conditions
principales : 1° contenir tous les défenseurs ; 2° avoir au
moins un fusilier par mètre courant de parapet: d'après
ces données, les redoutes ont des dimensions qui varient
de 14 à 32 m. de côté. Au-delà de 32 m. la capacité intérieure acquiert un développement inutile. Pour celle-
ci, on estime qu'il faut 1 m. carré de surface par homme,
35 à 40 par pièce de campagne (y compris l'avant-train
et le caisson) et 12 à 15 par magasin à poudre pour 3 à 4
bouches à feu, si on ne le fait pas dans une traverse (69).
Le profil varie suivant le calibre auquel on veut résister
(40). Une redoute de 14 m. peut contenir 65 h. pour sa
défense sur un rang, avec 8 h. de réserve. Celle de 32 m.

peut recevoir 320 h., dont 64 de réserve et avoir 3 pièces en batterie à barbette (64), chaque pièce occupant 5 m. de parapet. De 14 à 21 m. on ne peut avoir qu'un rang de défenseurs et une réserve; de 21 à 25 m., deux rangs et une réserve; au-dessus de 25 m., 3 rangs et une réserve.

61. Si on appelle x le côté de la redoute et y la distance horizontale entre la crête et le pied du talus de banquette (distance qui varie suivant la largeur et la hauteur de la banquette au-dessus du sol), le côté du carré intérieur sera évidemment $x - 2y$ et $(x - 2y)$, 2 exprimera la surface intérieure disponible et par suite le nombre de troupes et d'artillerie qu'on peut y enfermer. Ordinairement $2y$ varie de 6 à 8 m. sur un terrain horizontal. Si on appelle t le nombre de troupes dont on peut disposer, a celui des pièces, et par conséquent $40\,a$ le nombre de mètres carrés occupé par chaque bouche à feu, le côté de la redoute sera $x = \sqrt{(t + 40\,a)} + 6$ ou 8 suivant que la défense doit être sur un ou deux rangs.

62. 2° FORTINS. On les divise en forts étoilés, à demi-bastions et à bastions. Les *forts étoilés* consistent en une suite de tenailles dont la réunion forme des angles rentrants et saillants à côtés égaux. Le meilleur tracé est celui à 8 pointes que l'on construit sur les côtés d'un carré : on divise chaque côté en deux et sur chaque milieu on construit un triangle équilatéral dont on prolonge les côtés jusqu'à ce qu'ils rencontrent ceux des angles de 30° tracés de chaque côté des diagonales, de telle sorte que la pointe, au coin du carré, forme un angle total de 60°.

Les *forts à demi-bastions* ne doivent jamais être employés, nous ne les citons que pour les proscrire à cause de leur défectuosité.

Les *forts à bastions* sont les meilleurs de tous, en général on les construit sur les côtés d'un carré ou d'un pentagone (53). Souvent on brise la courtine, soit en saillie, soit en retrait; le meilleur mode est de la briser en saillie en 3 parties égales; la courtine se compose alors d'une partie parallèle à la direction primitive et de deux parties dans le prolongement des lignes de défense ou des faces.

63. Souvent on place dans les forts un réduit dont on dispose les faces de manière à prolonger la défense ; ainsi dans le carré on les place perpendiculaires aux capitales. Sa capacité doit être suffisante pour recevoir seulement le tiers de la garnison. L'impossibilité où l'assaillant est d'attaquer sur le champ le réduit avec de l'artillerie, fait donner à ce dernier un profil seulement contre les feux de mousqueterie ; souvent on se contente d'un blockhaus (82).

BATTERIES.

64. Quand on arme les ouvrages de campagne, les pièces se placent en batterie soit à barbette, soit à embrasure.

Pour construire une *barbette* (ordinairement placée au saillant), il faut d'abord établir un pan coupé de 4 à 5 m. perpendiculairement à la capitale, prendre 6 m. sur celle-ci à partir du pan coupé, et de ce point mener deux lignes perpendiculaires à la ligne de feu de chacun des deux côtés adjacens. Ces deux lignes sont les limites du terre-plein nécessaire à la pièce. Si celle-ci se place perpendiculairement à la face, on laisse un espace de 5 m. sur la crête et 6 m. de profondeur également ; les talus se font à 45° et la rampe (de 3 à 4 m. de large) à une inclinaison qui varie de 1/4 à 1/8. Le sol de la barbette est ordinairement de 0 m. 80 c. à 0 m. 90 c. au-dessous de la crête.

65. Dans les *embrasures*, chacune est formée *de deux joues et d'un glacis*, le bord intérieur s'appelle *genouillère*, fixé à peu près invariablement à 1 m. au-dessus du sol de la banquette. L'ouverture intérieure est limitée par deux lignes parallèles, distantes de 0 m. 60 c. à 0 m. 80 c. La forme du reste de l'embrasure varie suivant que celle-ci est droite ou oblique. Dans le premier cas, la directrice étant perpendiculaire à l'épaulement, les deux

joues sont d'égale longueur ; dans le second elles sont inégales. Pour construire sur le terrain l'embrasure droite, à partir de la genouillère, on prend sur la directrice une longueur de 6 m.; au point obtenu ainsi, on prend de chaque côté (sur une ligne perpendiculaire) 1 m. 50 c. et on a les limites du bord extérieur de l'embrasure, et celles du glacis sont données par les lignes qui, partant de ces nouveaux points, iraient joindre les extrémités correspondantes de la genouillère. Puis, à partir du point où le plan vertical passant par le côté inférieur de chaque joue couperait la crête extérieure du parapet, on porte une longueur égale au tiers de la hauteur de celle-ci au-dessus du glacis de l'embrasure, tracé parallèlement à la plongée : si on joint les deux points ainsi obtenus aux deux bords supérieurs correspondants de l'embrasure, on a l'intersection de la plongée avec la surface gauche formant chaque joue.

Lorsque le parapet n'a pas 6 m. d'épaisseur, on donne au bord extérieur la moitié de l'épaisseur.

Dans le cas de l'embrasure oblique, la constrction est la même, à la seule différence que la longueur de 6 m. se porte à partir de la place que doit occuper le heurtoir (66).

Dans les ouvrages qui reçoivent de l'artillerie, les passages doivent avoir 3 m. 35 c. et la barrière (77) 2 m. 40 seulement.

66. PLATE-FORMES. Ordinairement les pièces se placent sur des plate-formes en bois; mais, comme le temps manque souvent en campagne, on emploie de préférence la plate-forme dite *à la Prussienne:* pour cela on dame fortement le sol sur une étendue de 5 m. de large et 6 dé long (64), puis perpendiculairement à la directrice et le plus près possible de l'épaulement on place un *heurtoir* de 0 m. 22 c. d'équarrissage, 2 m. de long, et enterré seulement de 0 m. 135 c., on place ensuite 3 *gîtes* de 0 m 15 c. d'équarrissage sur 2 m. 60 c. de long, enterrés de manière à effleurer le sol; on les met le premier à 1 m. 40. c., le deuxième à 2 m. 40 c., et le troisième à

4 m. 20 c. du heurtoir. Sur ces gites, on place un madrier de 4 m. 50 c. de long, 0 m. 32 c. de large et 0 m. 50 c. d'épaisseur, incliné de $\frac{1}{24}$ vers l'épaulement, sous chaque roue ; ces deux madriers touchent le heurtoir, dépassent le 3ᵉ gîte et sont espacés de 1 m. 60 c. Au milieu, on place (à partir du premier gîte qu'ils dépassent de 0 m. 30 c.) deux madriers sous les deux flasques (ces madriers sont jointifs pour les pièces nouveau modèle); ils dépassent le 3ᵉ gîte de 1 m. 40 c. et reposent à cette distance sur un morceau de gîte placé perpendiculairement à la directrice.

DÉFILEMENT.

67. Lorsqu'un ouvrage est dominé, il faut en défiler l'intérieur, opération souvent compliquée en théorie, mais extrêmement simple en pratique dans la fortification passagère, où l'on n'a presque toujours à se défiler que d'un seul point. Pour cette opération, il suffit de déterminer le *plan de site*, c'est-à-dire le plan au-dessus duquel le relief doit avoir 2 m. à 2 m. 50 c. de hauteur (40), le dessous étant comblé. On se place à 20 m. en arrière de la ligne de gorge ou du point intérieur à défiler (c'est le pied de la banquette de la face opposée), on plante deux piquets et à quelques centimètres du sol, on place une règle horizontalement fixée aux piquets, on se couche à plat-ventre et on vise, à l'aide du bord supérieur de la règle, la hauteur dominante, après avoir d'abord tracé la projection de la ligne de feu de l'ouvrage. Un aide tient un piquet verticalement planté sur celle-ci et marque le point où le rayon visuel rencontre le piquet. On en plante ainsi au moins un par milieu de face et un à chaque angle, et on répète pour chacun la même opération. Puis, on joint les piquets deux à deux par une règle droite ou à défaut une ficelle, et on voit si celle-ci arrase bien la hauteur dominante visée. Cela fait, on prend au-dessus le point de la crête et on construit les profils (40 et suivans) en lattes ou piquets devant chacun (les profils des angles sont dirigés suivant les capitales),

on réunit les profils deux à deux et les lignes tracées par les règles ou ficelles sont celles d'intersections des diverses parties de l'ouvrage.

68. TRAVERSES. Si le relief est trop considérable, on coupe l'ouvrage par une traverse partant de la ligne de crête, de telle sorte que cette traverse, sous laquelle on réserve un passage au besoin, couvre les défenseurs de la face opposée et les garantisse des feux de revers dont l'ennemi pourrait les assaillir de la hauteur dominante. On utilise encore ces traverses en y construisant les *magasins à poudre*.

69. Ceux-ci varient de dimension suivant le nombre de pièces. On les calcule de sorte qu'ils puissent contenir les coffrets et caisses d'artillerie : les coffrets ont 1 m. 20 c. de large sur 0 m. 60 c. de long et 0 m. 60 c. de hauteur. Quand on ne met pas le magasin dans une traverse, on le creuse de 1 m. à 1 m. 50 c.; on met quatre poteaux supportant des solives qu'on recouvre de madriers, dépassant d'environ 0 m. 40 c. l'entrée et supportant de la terre; au pied de la rampe qui y descend, on creuse un petit *puisard* pour recevoir l'eau qui coulerait le long de la rampe : celle-ci vaut mieux que des marches.

70. DÉBLAI ET REMBLAI. Ce calcul s'effectue encore d'une manière très simple dans ce principe que les terres du fossé doivent suffire au volume du parapet. Ainsi, on fait un calcul pour chaque point où l'on a construit un profil (67), on évalue la surface de celui-ci et elle doit être égale à celle du trapèze que forme le fossé, pour le milieu des faces (42) auprès des angles, on évalue également un profil perpendiculaire à la face. Ainsi, on peut se donner d'avance soit la largeur, soit la profondeur du fossé. Remarquez qu'en outre les terres acquièrent un certain développement et occupent plus de place après être remblayées qu'avant leur extraction ; cette différence s'appelle *foissonnement* : il est des terres qui vont jusqu'à 1/3 d'augmentation, mais ordinairement celle-ci varie de 1/8 à 1/10. En damant les terres, le foissonne-

ment diminue sensiblement. Terme moyen, il est de 1/9°. (42).

Si on appelle S la surface du profil (celle-ci est formée 1° du triangle dont le talus de banquette est l'hypoténuse ; 2° du rectangle dont les côtés sont la largeur et la hauteur de la banquette ; 3° du trapèze dont les deux bases sont les hauteurs de la barquette et de la crête intérieure, et la hauteur la distance horizontale entre ces deux hauteurs ; 4° du trapèze dont les deux bases sont les hauteurs des deux crêtes, et la hauteur la distance horizontale entr'elles ou épaisseur du parquet ; 5° du triangle dont le talus extérieur est l'hypoténuse) (40), si l exprime la largeur du fossé en haut, l' la largeur en bas (42), h la profondeur et f le foissonnement, on aura

$$S = \frac{l + l'}{2} H - F.$$ Cette formule renferme les éléments nécessaires au calcul du déblai au remblai. On marque ensuite sur le terrain, aux points profilés (67), les bords supérieurs du fossé et les pieds des talus d'escarpes et de contrescarpe ; on joint les points par des cordeaux et il n'y a plus qu'à disposer les ateliers.

71. Il faut remarquer : 1° que dans les rentrans, le fossé doit être élargi pour donner les terres nécessaires, à moins du voisinage d'un saillant ; 2° qu'aux saillants le fossé donne plus qu'il ne faut : alors on emploie l'excédent aux rentrants voisins, aux barbettes ou à la construction d'un glacis. Il est souvent utile de ne tenir aucun compte du foissonnement, parce qu'alors on emploie les terres à un glacis qui doit être parallèle à la plongée ; sinon il ne doit pas être à son extrémité à plus de 0 m. 50 c. du prolongement de la plongée qui ne passe pas à plus d'un mètre au-dessus de la crête du glacis.

72. Lorsqu'il y a des traverses, on leur donne 2 m. au sommet, on leur donne 1/3 d'inclinaison au-dessous du plan de site (67) et 1/2 au-dessus. Si elles se dirigent sur la capitale, où est une barbette, on brise la traverse et on la prolonge le long de la barbette, sinon on se contente de laisser la communication libre entre les deux

faces latérales. On en tire les terres d'un petit fossé au pied de la traverse ou en creusant un peu le terre-plein de l'ouvrage. Il faut aussi chercher le point le plus bas du sol pour y diriger *l'écoulement des eaux* et ménager sous la face un petit *aqueduc.* Pour ce dernier, on place des piquets de mètre en mètre perpendiculairement à la face; le fond et les faces se font avec des fascines piquetées et le dessus avec des traverses reposant sur les piquets et recouvertes de fascines supportant les terres.

73. On calcule qu'il faut 4 hommes par atelier de 1 m. 50 c. à 2 m. de largeur. Ils sont disposés de sorte que le parapet s'élève et s'achève en même temps que le fossé se creuse. On compte sur les 8 hommes des deux ateliers, savoir: 2 piocheurs, 5 pelleteurs et 1 dameur pour les terres fortes; 1 piocheur, 6 pelleteurs et 1 un dameur pour les terres moyennes; 7 pelleteurs et 1 dameur pour les terres légères.

74. Le fossé doit se creuser par bancs en ménageant les talus; on laisse alors des gradins que l'on enlève à la fin du travail. Ceux-ci sont espacés de 0 m. 65 c. à 1 m. 60 c. suivant les terres; leur largeur varie suivant l'inclinaison de leurs talus (42). On dame très bien les terres par la méthode allemande, qui consiste à faire marcher des hommes sur chaque couche de remblai. Pour le transport de celui-ci, on emploie au besoin les paniers, hottes, sacs à terre, brouettes, etc.

75. On calcule que l'on déblaie, terme moyen, 4 m. cube par atelier et par jour de 8 à 10 heures de travail : quand les hommes sont payés à la tâche, ils font jusqu'au quadruple d'ouvrage.

REVÊTEMENTS.

76. Ils se font de diverses manières: ordinairement on les fait en terres fortes, gazons, fascines, claies, gabions, etc. (ce dernier moyen est peu usité en campagne, on emploie souvent avec lui et quelquefois seules des pierres sèches jusqu'à 0 m. 50 c. de la crête).

1° TERRES FORTES. On donne un peu plus de saillie intérieure au parapet dont l'épaisseur s'augmente de

0 m. 08 c., on dame par lit et on enlève avec une pelle carrée la couche de 0 m. 08 c. excédente. Il est utile de mêler à la terre du foin haché; on peut aussi employer des terres battues entre deux planches.

2° *Gazons*. On les coupe par tranches dans les prairies avec une pelle carrée, de sorte qu'ils aient, une fois recoupés, 0 m. 25 c. de large sur 0 m. 32 c. de long et 0 m. 08 c. à 0 m. 10 c. d'épaisseur. Il en faut environ 16 pour 1 m. 30 c. de haut et 50 par mètre carré (comme on en casse souvent il faut compter sur 55). On les place par lits, l'herbe en dessous et on les pique avec des chevilles en bois grosses de 0 m. 015 mil. et longues de 0 m. 20 c. environ. En 10 heures, 3 hommes enlèvent 1400 gazons, 2 hommes (dont un gazonneur et un aide) font 5 à 6 m. courants par jour. On commence ce revêtement dès que le remblai est arrivé à hauteur de banquette : il faut 2 arcs de prairie pour fournir 1?00 gazons.

3° Fascines. Elles ont 2 à 3 m. de long pour 0 m. 22 c. de diamètre; le premier rang doit être à moitié enterré. Chaque fascine est piquetée de manière à ce que le piquet traverse la fascine inférieure. Il faut 6 à 7 fascines pour former la hauteur du parapet; on a soin de les poser de manière que la boucle de la *hart* de la fascine soit du côté du parapet et par conséquent contre la terre. Quand on fait un grand revêtement, tel que celui d'un talus extérieur, on se sert de *harts de retrait* fixées dans le parapet à de forts piquets et venant entourer ceux qui assujettissent les fascines. Les piquets ont de 0 m. 80 c. à 1 m. de long et 0 m. 14 c. à 0 m. 16 c. de circonférence. Un piquet pèse de 1 k. à 1 k. 25 et une fascine 7 à 10 k. En supposant le bois coupé, un atelier de 3 hommes fait 10 mètres courant de fascines en une heure, sinon il faut le double de temps, y compris celui de la coupe des fascines, pour laquelle il faut du bois de moins de 20 ans. Un atelier de 3 hommes revêtit 4 mètres courant par heure ; 4 hommes dans le même temps posent 20 m. courant de fascines ou 4 m. carrés de revêtements.

4° CLAIES. On emploie soit des claies faites à l'avance soit un clayonnage fait sur place; ce dernier moyen est plus usité. Pour cela on prend des piquets de 2 m. de long, on les met à 0 m. 30 c. l'un de l'autre ; ils ont 0 m. 04 c. de diamètre et sont enfoncés à coups de masses dans la direction des talus. Pour un clayonnage de 14 m. carrés, ou 10 m. courant du parapet, il faut 30 piquets, la valeur de bois de 12 fascines, et de plus un travail de 5 heures d'un atelier de 3 hommes. 2 hommes seuls font par jour 30 à 40 m. courant de revêtement.

77. DÉFENSES ACCESSOIRES. Elles sont nombreuses et longues à établir, aussi finit-on par elles, lorsqu'on craint de manquer de temps, les principales sont :

1° Les *Fraises*. On les met sur la berme, inclinées ordinairement de haut en bas, entrant de 1 m. 30 c. dans le parapet et dépassant de 1 m. 30 c. la berme (qui a 0 m. 40 c.) Pour les placer, il faut des fossés de plus de 2 m. de profondeur : on attend que le parapet soit achevé, on relève les terres et on place les fraises; de cette manière les travailleurs ne les détachent pas en marchant dessus (74). Elles exigent 2 *lambourdes* ou *semelles* de 0 m. 20 c. de largeur sur 0 m. 10 c. d'épaisseur; la première est percée à la tarière pour recevoir la cheville qui fixe la fraise, qui est prismatique et repose sur une de ses faces; la deuxième lambourde se place à l'extrémité qui entre dans le parapet, elle est entaillée à mi-bois pour recevoir la fraise, placée en-dessus et chevillée comme la première lambourde qui est placée sur la berme sous la fraise. En 8 heures, deux hommes placent 6 mètres de fraise.

2° Les *Palissades*. Elles ont 2 m. 60 c. à 3 m. de long et sont prismatiques (ou en rondins, si ce sont des bois de sapins); on les dispose d'abord vers le point où elles doivent être, on les appointe et on les perce de trous pour les chevilles, on les pose dans une tranchée de 0 m. 80 c. de profondeur, en commençant par les deux directrices, on les espace de 0 m. 03 c. et on remblaie après avoir fixé un *liteau* à 1 m. 30 c. au-dessus du sol.

Il faut deux charpentiers pour percer, appointer et fixer 40 palissades par jour, plus un manœuvre pour combler les tranchées. On compte 5 palissades environ par mètre. (Voir la planche ci-contre).

3° Les *Palanques*. Ce sont de grosses palissades enfoncées de 1 m. 30 c., sans liteau, et dépassant de 2 m. 30 c.; les intervalles sont masqués par des bouts de rondins qui s'élèvent jusqu'à 1 m. 30 c. environ au-dessus du sol.

4° Les *Tambours*. On les construit en palanques et souvent on y ajoute une sorte d'auvent intérieur. Ces trois dernières défenses se percent de créneaux de 0 m. 30 c. de haut sur 0 m. 06 c. et 0 m. 20 c. d'ouverture intérieurement et extérieurement (83,402).

5° Les *Abatis*. Ce sont des arbres d'au moins 0 m. 15 c. de diamètre dont on ne laisse que les grosses branches aiguisées. Ils se placent enlacés, liés ensemble et arrêtés par des piquets enfoncés dans le sol; les pointes, quelquefois ferrées, se tournent vers l'ennemi, leur meilleure position est derrière un avant-glacis (42).

6° Les *chevaux de frise*. Ce sont des poutrelles de 0 m. 15 c. à 0 m. 26 c. d'équarrissage, elles sont percées de trous distants de 0 m. 15 c. et traversées par des lances de 3 m. ferrées aux extrémités et placées perpendiculairement à chaque face alternativement.

7° Les *barrières*. Elles sont à un ou deux battants comme l'indique la figure.

8° Les *Petits piquets* de 0 m. 50 c. à 0 m. 60 c. de long, placés ~~irrégulièrement~~ régulièrement à 0 m. 30 c. d'intervalle et ne dépassant le sol que de 0 m. 20 c. à 0 m. 30 c. inégalement; ils sont aiguisés à l'extrémité et on les place soit sur le glacis soit dans le fossé; dans le premier cas, il en faut 40 à 50 par mètre carré, 4 hommes font 100 piquets en une heure et demie et 4 autres les enfoncent dans le même temps.

9° Les *chaussetrapes*: ce sont 4 pointes de fer de 0 m. 15 c. de long disposées de telle sorte qu'il y a toujours une pointe en l'air, n'importe comment elles tom-

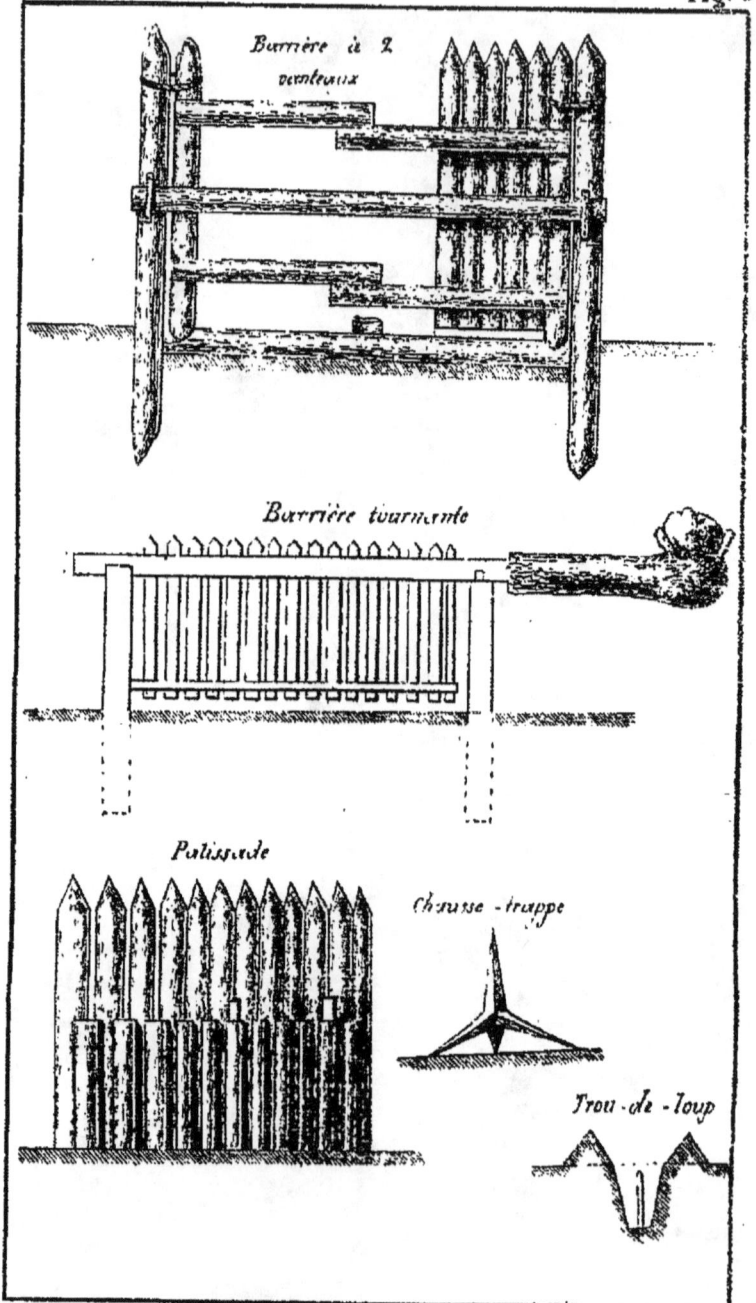

Fig. 9

Barrière à 2
vanteaux

Barrière tournante

Palissade

Chausse-trappe

Trou-de-loup

bent : on les emploie semées et disposées comme les petits piquets : ce moyen est excellent ; l'ennemi ne peut le voir que lorsque les premiers hommes en ont été blessés, et pour les franchir, il faut ou les couvrir de fascines ou les balayer avec des branchages. (414 et suiv.)

10° Les *trous de loup ;* on les place en quinconce sur 3 rangs à 3 m. 20 c. de centre en centre ; ils ont 2 m. de diamètre en haut, 0 m. 80 c. au bas, et 1 m. 20 c. de profondeur ; au centre est placé un piquet aigu qui ne s'élève pas à plus de 1 m. 50 c. du fond. Les terres déblayées exhaussent le sol et forment des rebords ou *lèvres* dont le diamètre est de 3 m. Ces trous sont fort utiles dans les inondations. En terrain sec, il est impossible de les franchir en troupe sans les avoir comblés. (414 et suiv.)

11° Les *inondations :* il leur faut au moins 1 m. 60 c. de profondeur : on construit les digues comme les parapets et on veille aux revêtements, ordinairement en gazons ; il faut qu'elles ne puissent être détruites facilement ni l'inondation saignée et détournée aisément (16).

78. 12° Les *fougasses :* on appelle ainsi de petits fourneaux de mines placés de 1 m. 50 c. à 3 m. de profondeur. On creuse un puits de cette profondeur et de 0 m. 65 c. de large ; au fond, dans un des côtés, on établit la boîte cubique (dont le contenu en poudre varie suivant les terres et l'effet à produire) et on rejette par dessus et on dame la terre extraite. On place les fougasses de 10 à 20 m. en avant des obstacles qui forcent l'ennemi à s'arrêter (77).

79. L'expérience ayant prouvé que, pour enlever un mètre cube de terre ordinaire, il fallait 0 k. 793 g. de poudre, on est arrivé à établir les deux tables suivantes :

1° *Charges en terre ordinaire.*

à 1 m. 00 c. de prof., il faut	1 k. 45 g.	de poud. dans une caisse cubique de	0 m. 113 c. de côté
1 20 —	2 51	—	0 140 —
1 40 —	3 99	—	0 163 —
1 60 —	5 95	—	0 187 —
1 80 —	8 48	—	0 210 —

2	00	—	11	63	—	0	234	—
2	20	—	15	47	—	0	257	—
2	40	—	20	09	—	0	280	—
2	60	—	25	54	—	0	304	—
2	80	—	31	90	—	0	327	—
3	00	—	39	24	—	0	350	—
3	20	—	47	62	—	0	374	—
3	40	—	57	12	—	0	397	—
3	60	—	67	50	—	0	420	—
3	80	—	79	74	—	0	444	—
4	00	—	93	00	—	0	467	—

2° Rapports des charges suivant les terres et les maçonneries.

Terre ordinaire (sable et gravier mêlés à la grosse terre) prise pour
    unité. 1 00
Terre commune. 1 12
Sable fort. 1 25
  — humide. 1 31
Terre mêlée de rocailles. 1 41
Argile mêlé de tuf. 1 55
Terre grasse mêlée de cailloux. 1 69
Roc. 2 25
Maçonnerie humide. 1 30
  — médiocre. 1 66
  — nouvelle très bonne. 2 25
  — vieille id. 2 50
  — romaine. 2 90

80. On emploie aussi, mais rarement, des *fougasses de bombes* dont les fusées viennent aboutir à un sac de poudre placé au centre. Mais les plus avantageuses sont celles *de pierres* perfectionnées par le général Fleury. On fait une excavation en forme de pyramide quadrangulaire tronquée. La face du côté de l'ouvrage est inclinée à 22° 1/2 et revêtue en gazons (76). Dans le fond, on place une caisse de 20 à 30 k. de poudre, recouverte par un plateau en bois perpendiculairement à l'axe de la pyramide. Le dessus se charge de grosses pierres, de ferrailles en gros morceaux, etc., et on recouvre de terre. On peut ainsi projeter 3 à 4 m. cubes de pierres jusqu'à 100 m. Des expériences, faites à Metz en 1830, ont établi qu'une caisse de 25 à 30 k. enterrée de 2 m. 50 à 3 m.

0·0 c., projetait un bloc de 1,000 k. jusqu'à 3 et 400 m. presque sans aucune déviation.

81. Comme la poudre est quelquefois enterrée long-temps à l'avance, on la met dans une caisse double, la première goudronnée extérieurement et la seconde des deux côtés ; on les calfeutre et on bouche soigneusement le point de réunion du saucisson destiné à communiquer le feu.

Pour faire éclater la fougasse, on emploie un *auget* en planches contenant un *saucisson ou boudin de toile* d'environ 0 m. 02 c. de diamètre et renfermant la poudre. L'auget remonte le long du puits jusqu'à 1 m. à 1 m. 50 c. du sol, et le suit parallèlement dans une tranchée : il repose en outre sur des piquets et est entouré de cail-loutages qui, laissant filtrer l'eau, le garantissent de l'hu-midité. Si l'on veut faire jouer séparément les fougasses, on peut placer jusqu'à 3 augets dans la même tranchée, pourvu qu'il y ait 0 m. 30 c. de terre battue entre cha-cun. Quand on en a le temps, on fait suivre à l'auget la contrescarpe pour l'amener dans l'ouvrage par sa gorge ou sa barrière.

82. BLOCKHAUS. On appelle ainsi des constructions en bois, percées de créneaux et dans lesquelles les hommes peuvent être logés ; ce sont des corps-de-garde défensifs. Si le blockhaus doit être rectangulaire et ne contenir qu'un rang de troupes, il suffit de lui donner 3 m. de large, puisque le lit de camp n'a que 2 m. de long ; lors-que le blockhaus a 2 lits de camp, on place des poteaux au centre pour partager la portée des blindes, et les lits de camp sont tête à tête. On forme les blockhaus de pièces de bois jointives, équarries sur les deux faces de contact au moins et ayant 0 m. 20 c. à 0 m. 30 c. d'équarrissage. On les assemble sur une semelle portant une rainure pour recevoir les tenons des poteaux montants. De plus, elles sont reliées entr'elles par des *chapeaux* sur lesquels on pose des *blindes* qui dépassent de 1 m. de chaque côté et ont de 20 à 0 m. 25 c. d'équarrissage ; si celles-ci sont jointives, on en recouvre les joints avec de la mousse ou

du fumier pour empêcher les terres légères de passer à travers ; si on les place à 0 m. 08 c. l'une de l'autre, on les recouvre de madriers jointifs assujettis soit par des clous soit par des chevilles ; on recouvre les joints de mousse ou de gazon, et on met par dessus des terres ayant au centre 1 m. 50 c. d'épaisseur et 1 m. au-dessus des faces du blockhaus ; le talus est à 45° à partir du prolongement de la face jusqu'à l'extrémité des blindes. Quand on veut rendre le blockhaus plus sain ou en prolonger la durée, on goudronne une ou deux fois le dessus des blindes. Parfois, au lieu de terre, on recouvre le blindage de fascines, de tuiles, de planches, etc. Dans ces deux derniers cas, on établit ordinairement une toiture (90).

83. Pour rendre le blockhaus défensif, on y perce des créneaux de deux en deux poteaux, la petite ouverture ayant 0 m. 07 c. et la grande les 2/3 de la largeur des pièces de bois. De plus, on l'entoure d'un fossé à fond de cuve avec palissades, ayant 2 m. de large sur 3 de profondeur. Les terres sont relevées jusqu'à hauteur des créneaux, et on met devant la porte un pont-levis de deux planches qu'on retire à volonté.

Les blockhaus ne doivent jamais être exposés aux coups de l'artillerie, et on les place d'habitude à la gorge des ouvrages parce que le bord supérieur des blindages arrête les coups plongeants. Souvent même on les enterre de un mètre. Les Allemands les construisent par assises de pièces de bois superposées. Les créneaux sont horizontaux et formés par des tasseaux.

En Afrique, les blockhaus n'ont que 0 m. 12 c. à 0 m. 13 c. d'épaisseur en chêne (109). On les fait à deux étages : le premier est en saillie de 1 m. 20 c. en tous sens, et a des créneaux ou machicoulis pour défendre le pied du rez-de-chaussée ; on y rentre par une porte placée à l'étage supérieur et à l'aide d'une échelle mobile ; la communication entre les deux étages a lieu aussi par une échelle. On les emploie fréquemment comme réduits.

CASTRAMETATION.

Elle a pour principe d'observer l'ordre de bataille et d'occuper le moins de profondeur possible. Les tentes comme les baraques se divisent en grandes et petites rues ; les grandes rues varient de largeur suivant la force des corps (voir le réglement), et par conséquent suivant que l'on campe par compagnie ou division d'infanterie, ou par division ou escadron de cavalerie.

Si on appelle N le nombre des soldats et caporaux ou brigadiers, n le nombre de rangs, l l'espace qu'occupe chaque homme ou cheval dans la file, le front du bataillon sera $l \left(\frac{N}{n} + 9 \right)$ et celui de l'escadron $l \left(\frac{N}{n} + 2 \right)$ Connaissant les dimensions des tentes ou baraques et l'ordre de campement, il sera facile d'en déduire la largeur des grandes rues qui ne peuvent être moindre de 5 pas pour l'infanterie et 16 pas pour la cavalerie, à cause des deux rangs de chevaux placés aux piquets.

85. Les dimensions des tentes étant déterminées par le réglement, il suffit d'indiquer la construction et la dimension des baraques.

86. BARAQUES. Leurs dimensions sont variables, mais leur mode de construction est presque toujours uniforme. Ce dernier consiste à élever aux 4 angles d'un rectangle et au milieu des grands côtés, s'il est nécessaire, des poteaux assemblés deux à deux par des poutrelles. Sur le milieu des petits côtés, on en élève de plus grands pour soutenir le faîte ; c'est sur cette première charpente que l'on dispose les *fermes* destinées à soutenir la toiture soit en planches soit en chaume. Les murs se font en planches ou en torchis, ou en pisé ou en clayonnage. Voici quelques détails des dimensions et de la construction.

On compte par homme 3 pas sur un (2 m. sur 0 m. 65 c.) ; au besoin on pourrait ne donner que les 2/3 d'un pas (0 m. 40 c.) de largeur. D'après cela,

pour	8 hom. les baraq, auront dans œuvre (1)			8 pas sur	4
—	10	—	—	10 . —	4
—	12	—	—	6 —	7
—	14	—	—	7 —	7
—	16	—	—	8 —	7
—	18	—	—	9 —	7
—	20	—	—	10 —	7

87. Il faut se rappeler qu'on appelle *ferme* l'assemblage de pièces de bois destiné à soutenir une toiture. Chaque baraque exige un certain nombre de fermes, outre celles des extrémités. Pour la charpente, on emploie des mnues bois, en observant qu'il faut toujours rechercher à avoir de grandes baraques. Avec des bois de 0 m. 06 c. à 0 m. 07 c. d'équarrissage, on peut construire des baraques pour deux compagnies. Les fermes sont espacées de 0 m. 66 c. Toutefois on peut augmenter cette distance, si les bois sont assez forts. Dans la construction des baraques, on distingue 1° les fermes; 2° les côtés; 3° les couvertures; 4° les lits de camp et objets placés à l'intérieur.

88. 1° *Fermes;* chacune se compose de 2 poteaux ou potelets, 2 arbalétriers et un entrait. Elles sont unies par un *faîte* au sommet, et par des *pannes* assujetties avec des harts : on les place en ligne droite. Avec l'espacement indiqué plus haut, il faut, outre les pignons, 9 fermes pour la baraque de 20 hommes. Les poteaux ont 2 m. de haut et sont enfoncés de 0 m. 80 c. Les arbalétriers s'assemblent à mi-bois, et les poteaux ne sont entaillés que de 1/3 de leur épaisseur : on les attache ensemble avec des harts. Le faîte a 0 m. 04 c. Ces pièces prennent aussi le nom de *gaules;* elles ont 2 m. 50 c. à 3 m. et dépassent les murs de 0 m. 30 c.

89. 2° *Côtés;* on leur donne 0 m. 10 c. d'épaisseur. Contre les poteaux on met une autre pièce de bois et un

---

(1) C'est-à-dire mesurées intérieurement.

piquet intermédiaire entre chaque poteau : on ~~en forme~~ *enfonce*
10 piquets devant le pignon de derrière et 8 seulement
sur l'autre à cause de la porte à laquelle on donne 0 m.
80 c. Ces poteaux, à l'exception de ceux de la porte qui
sont semblables aux autres, n'ont pas de pointes, sont
enfoncés de 0 m. 40 c. et un peu plus entaillés dans les
arbalétriers. Quand les baraques ne sont pas en planches,
et c'est le cas supposé, le meilleur mode est d'employer
simultanément le torchis et le clayonnage. Le premier
consiste en un mortier de terre grasse ou ordinaire mêlée à de la paille ou du foin hachés. On se sert, pour le
clayonnage, de paille, de seigle ou de froment longue ; il
faut pour la baraque, 2 ateliers de 3 hommes, un des
3 forme un saucisson de paille (de 0 m. 03 c. à 0 m. 04 c.
de diamètre) en le tirant à lui, tandis qu'un autre y met
de la paille à mesure ; le troisième ayant la main dans la
terre, en enduit le saucisson. Près des poteaux de la
porte, on en place deux autres distants de l'espace nécessaire pour enrouler la paille ; les deux ateliers commen-
cent auprès de la porte et clayonnent les piquets de manière que l'un passe alternativement derrière au-dessous,
et devant au-dessus. On va jusqu'aux arbalétriers et on
achève les pignons, en laissant sur chacun une ouverture
en haut de 0 m. 20 c. pour la circulation de l'air (163) ;
au-dessus de la porte, on laisse une fenêtre dont la largeur est formée par les deux montants et dont la hauteur
est de 0 m. 50 c. ordinairement. Puis on enduit les deux
côtés de terre comme les pignons, et on laisse ressuyer
la baraque pendant 6 à 8 jours avant de l'occuper.

90. 3° *Couvertures.* Pour celles en chaume, on pose
sur chaque versant 10 rangs de gaulettes à 0 m. 30 c.
l'une de l'autre. On prend de la paille de seigle, de froment ou d'orge (celle d'avoine attire les souris). La couverture d'une baraque pour deux compagnies, a 0 m.
22 c. d'épaisseur. On commence par le bas, en employant
de la paille coupée en deux et dirigeant l'épi vers le faîte.
Sur le premier lit, on place une gaulette qui supporte le
lit suivant ; sur chacun on place deux gaulettes pour lier
la paille aux gaulettes du dessous, de sorte que le lit soit

6

réduit à la moitié de son épaisseur. Au faîte, on met un petit bourrelet en gazon ou terre grasse. La paille étant ainsi disposée en escaliers, on la coupe avec de grands ciseaux. En hiver, il est avantageux d'enterrer les baraques.

91. 4° *Lits de camp :* on relève les terres intérieurement, on les incline et on place au-dessus des claies recouvertes de fougères; mais, quand on le peut, et pour éviter l'humidité, on emploie le mode suivant: à 1 m. 90 c. du mur, dans la baraque, on enfonce de petits piquets de 0 m. 30 c. à 0 m. 35 c. que l'on clayonne en paille pour retenir la paille de couchage. On place sur le sol, contre les piquets, un *talon en bois* parallèlement au mur; et contre le côté, une semelle en bois exhaussée par un lit de gazons. Ces deux pièces longitudinales supportent des poutrelles inclinées de 0 m. 30 c. sur lesquelles on place des planches ou des claies (76); ces dernières ont l'inconvénient de couper la paille de couchage.

Contre le pignon opposé à la porte, on met un liteau chevillé pour suspendre les gibernes et sabres. Des deux côtés de la porte, on met des montants avec chevilles pour mettre les armes pendant la nuit. Sur l'entrait, on établit une planche à pain, et sur les côtés on place deux pièces de bois pour les schakos.

92. Les *baraques en planches* étant toujours construites en planches par les soins des officiers du génie et avec des matériaux qu'on ne trouve pas toujours en quantité suffisante sur les lieux, nous n'en parlerons point.

93. ABRIS. On construit ordinairement pour la garde un abri formé de 2 arbalétriers qui entrent de 0 m. 30 c. dans le sol. Il faut également un entrait à 2 m. du sol; le faîte est à 2 m. 80 c. Pour consolider les arbalétriers, on enfonce 2 piquets de 0 m. 30 c. et on les lie ensemble. La couverture se fait comme pour les baraques (90); seulement les fermes sont distantes de 1 m., et le chaume n'a que 0 m. 15 c. d'épaisseur : les derniers rangs de paille sont soutenus par une banquette extérieure en gazon.

TROISIÈME PARTIE.

ARTILLERIE.

—◆◉◆—

94. On distingue dans les pièces : 1° le *bourrelet en tulipe*, renflement vers la bouche; 2° l'*astragale*, moulures du bas du bourrelet; 3° le *cintre de mire*, partie circulaire de la plate-bande de culasse; 4° la *lumière*; 5° les *flasques*, partie de l'affut sur laquelle portent les canons; 6° les *crosses*, parties de l'affut qui portent à terre; 7° le *crochet porte-sceau*, placé au milieu du flasque droit; 8° la *flotte à crochet*, au bout de l'essieu, entre le moyeu et l'esse ; 9° les *crochets de retraite*, à la naissance des crosses; 10° la *vis de pointage et sa manivelle à quatre branches*; 11° l'*écouvillon*, composé d'une hampe avec une brosse et un refouloir ; 12° l'*étoupille et sa cravatte* ou *mèche*, etc.

95. Pour la manœuvre des canons de campagne, il faut six hommes désignés et équipés ainsi qu'il suit :

1er *servant de gauche,* (à la pièce de 4, il porte un sac à charge de droite à gauche.)

1er *servant de droite.*

2e *servant de gauche*, équipé d'un sac à charge, la banderolle sur l'épaule droite et le sac à gauche.

2e *servant de droite*, équipé d'un étui à lance, la banderolle sur l'épaule droite et l'étui à gauche, d'un boute-feu et d'un porte-lance, tenus dans la main gauche, appuyés sur l'avant-bras, la main à 0m. 12c. de l'extrémité, les ongles en dessus, le bras un peu ployé.

Pointeur, équipé d'un sac à étoupilles , placé en ceinture , d'un doigtier placé au doigt milieu de la main gauche et d'un dégorgeoir fiché dans le couvert du sac.

Pointeur servant.

96. La manœuvre s'exécute en plusieurs temps ou à volonté, et aux divers commandemens suivans, auxquels les servans exécutent ensemble les mouvemens indiqués ci-après :

97. 1er *servant de gauche.*

1er *servant de droite.*

1° *A vos postes.*

Se placer à la gauche de la pièce à la position du soldat sans armes, à 0 m. 50 en dehors de la roue et le côté droit à 0 m. 30 en avant.

Se porter à la tête du flasque par un pas du pied droit, prendre l'écouvillon et le passant pardessus la roue, prendre son poste par un pas du pied droit : se placer à la droite de la pièce, à la position du soldat sans armes, à 0 m. 50, en dehors de la roue et le côté gauche à 0 m. 30 en avant, tenir l'écouvillon, la brosse à gauche, la main droite au milieu de la hampe et à 0 m. 50 de la gauche, toutes deux les ongles en dessus, les bras pendans naturellement.

2° *En action.*

Porter le pied droit à 0 m. 66 c. du gauche, la ligne des talons parallèle à la direction de la roue, ployer le jarret droit et tendre le gauche, les pieds également tournés en de-

Porter le pied gauche à 0 m. 65 du droit, la ligne des talons parallèle à la direction de la roue, ployer le jarret gauche et tendre le droit, les pieds également tournés en

hors, le corps d'aplomb sur les hanches, les bras pendans naturellement.

dehors, le corps d'aplomb sur les hanches.

3• *Chargez.*

1° Se relever de la jambe gauche et assembler du pied droit.

Se relever sur la jambe droite, assembler du pied gauche, tendre le bras droit dans la direction et à hauteur des épaules, laisser glisser la hampe dans la main gauche, jusqu'à la virole de la brosse, ployer le bras gauche, le coude au corps, pour rapprocher la brosse de l'épaule gauche.

2° Porter le pied droit à hauteur de l'astragale à distance égale de la roue et de la pièce, assembler du pied gauche faisant face à la pièce.

Porter le pied gauche à hauteur de l'astragale, à distance égale de la roue et de la pièce, assembler du pied gauche, faisant face à la pièce.

3° Ecarter le pied gauche à 0 m. 65 du droit, en tendant le jarret droit et ployant le gauche, les talons sur une ligne parallèle à la direction de la pièce, saisir la hampe de la main gauche, les ongles en dessus, près de la main du 1er servant de droite du côté du refouloir, placer en même temps la main droite sur le plat de la cuisse, les pieds également tournés en dehors, le corps d'aplomb sur les hanches, les épaules également effacés.

Ecarter le pied droit à 0 m. 65 du gauche, en tendant le jarret gauche et ployant le droit, les talons sur une ligne parallèle à la direction de la pièce ; présenter la brosse à la bouche sans la toucher, la hampe dans le prolongement de l'âme ; les pieds également tournés en dehors, le corps d'aplomb sur les hanches, les épaules également effacées.

4° Aider le 1er servant de droite à introduire l'écouvil-

Engager l'écouvillon dans l'âme, l'enfoncer jusqu'à la

Ion en tendant le jarret gauche et ployant le jarret droit.

main droite, en tendant le jarret droit et ployant le gauche, placer en même temps la main gauche à plat sur la cuisse.

5° Glisser la main gauche le long de la hampe tendant le jarret droit et ployant le gauche, saisir la hampe près de la virole du refouloir, aider le 1er servant de droite à enfoncer l'écouvillon, en tendant le jarret gauche et ployant le droit, saisir la hampe avec la main droite, les ongles en dessous entre les deux mains du 1er servant de droite.

Glisser la main droite le long de la hampe, en tendant le jarret gauche et ployant le droit, saisir la hampe à 0 m. 17 de la virole du refouloir, pousser l'écouvillon jusqu'au fond de l'âme en tendant le jarret droit et ployant le gauche, saisir la hampe avec la main gauche, les ongles en dessous du côté de la bouche à 0 m. 17 de la main droite, fixer les yeux sur la lumière.

4° *Ecouvillonnez.*

1° Aider le 1er servant de droite à tourner l'écouvillon au fond de l'âme, replacer la main droite sur la cuisse.

Tournez 3 fois l'écouvillon de droite à gauche et de dessus en dessous, le tourner ensuite 3 fois dans l'autre sens, les yeux toujours fixés sur la lumière, replacer la main gauche sur la cuisse.

2° Aider le 1er servant de droite à retirer l'écouvillon à moitié en tendant le jarret droit et ployant le gauche, le bras gauche tendu ; glisser la main gauche le long de la hampe en suivant le mouvement de la main du 1er servant de droite et tendant le jarret gauche et ployant le droit ; saisir la hampe avec la main gauche, les ongles en

Retirer l'écouvillon à moitié en tendant le jarret gauche et ployant le droit, le bras droit tendu, glisser la main droite le long de la hampe, en tendant le jarret droit et ployant le gauche, saisir la hampe vers le milieu.

dessus, près de la main du 1er servant de droite et du côté du refouloir.

3° Aider le 1er servant de droite à retirer entièrement l'écouvillon, en tendant le jarret droit et ployant le gauche, le bras gauche tendu.

4° Abandonner l'écouvillon, prendre la charge par la droite sans bouger les pieds et tendant le jarret gauche et ployant le droit : la recevoir des mains du pourvoyeur, le boulet dans la main gauche, le sachet dans la droite, les ongles en dessus ; faire face à la pièce sans bouger les pieds ni les jarrets, introduire la charge dans l'âme ; saisir la hampe avec la main gauche, les ongles en dessus près de la main du 1er servant de droite, du côté de la brosse, en tendant le jarret droit et ployant le gauche, replacer la main droite sur la cuisse.

5° Aider le 1er servant de droite à pousser la charge en tendant le jarret gauche et ployant le droit.

6° Glisser la main gauche le long de la hampe, en tendant le jarret droit et ployant le gauche, saisir la hampe près

Retirer entièrement l'écouvillon, en tendant le jarret gauche et ployant le droit, le bras droit tendu, la hampe dans le prolongement de l'âme.

Faire ~~toucher~~ l'écouvillon *tourn.* dans la main droite, le bras toujours tendu, la brosse en bas, sans l'éloigner, ni la rapprocher du corps, la main gauche appuyant d'abord et sans frapper sur la hampe près de la brosse pour déterminer le mouvement, la main droite seule dirige ensuite l'écouvillon et sans jamais l'abandonner totalement, tourne successivement autour de la hampe et se place, les ongles en dessus, en même temps que l'écouvillon revient dans le prolongement de l'âme ; le recevoir alors dans la main gauche, les ongles en dessus, près du refouloir, le présenter à la bouche, sans l'engager, les yeux fixés sur la lumière.

Engager le refouloir dans l'âme, l'enfoncer jusqu'à la main droite en tendant le jarret droit et ployant le gauche.

Glisser la main droite le long de la hampe, en tendant le jarret gauche et ployant le droit, saisir la hampe à 0 m.

de la virole de la brosse, aider le 1er servant de droite à enfoncer la charge en tendant le jarret gauche et ployant le droit.

17 de la virole de la brosse, pousser la charge avec effort au fond de l'âme en tendant le jarret droit et ployant le gauche.

5° *Refoulez.*

1° Aider le 1er servant de droite à retirer le refouloir à moitié en tendant le jarret droit et ployant le gauche, l'aider à refouler en tendant le jarret gauche et ployant le droit.

Retirer le refouloir à moitié en tendant le jarret gauche et ployant le droit, le bras droit tendu, refouler un coup en tendant le jarret droit et ployant le gauche.

2° Aider le 1er servant de droite à retirer le refouloir à moitié en tendant le jarret droit et ployant le gauche, tendre le jarret gauche, ployer le droit et saisir la hampe avec la main gauche près de la main du 1er servant de droite et du côté du refouloir.

Retirer le refouloir à moitié en tendant le jarret gauche et ployant le droit, glisser la main droite le long de la hampe, en tendant le jarret droit et ployant le gauche, saisir la hampe vers le milieu.

3° Aider le 1er servant de droite à retirer le refouloir entièrement en tendant le jarret droit et ployant le gauche, le bras gauche tendu.

Retirer entièrement le refouloir en tendant le jarret gauche et ployant le droit, le bras droit tendu, la hampe dans le prolongement de l'âme.

4° Abandonner le refouloir, se relever sur la jambe droite et assembler du pied gauche, et prendre la position du soldat sans armes.

Se relever sur la jambe gauche et assembler du pied droit, en faisant tourner l'écouvillon avec la main droite le refouloir en bas, sans l'approcher ni l'éloigner du corps, amener la hampe droit devant soi.

5° Faire en arrière un grand pas du pied gauche pour le por-

Faire en arrière un grand pas du pied droit pour le porter à la position dont il est parti, assembler du pied droit.

ter à la position dont il est parti, assembler du gauche, en continuant à faire tourner l'écouvillon, recevoir la hampe dans la main gauche, les ongles en dessus, le bras gauche tombant naturellement, retourner vivement la main droite pour la placer les ongles en dessus.

6° Reprendre la position : *En action.*

Reprendre la position : *en action.*

6° *A vos postes.*

Se relever sur la jambe gauche, assembler du pied droit et rester immobile.

Se relever sur la jambe droite, assembler du pied gauche et rester immobile.

98. 2° *servant de gauche.*

2° *Servant de droite.*

1° *A vos postes.*

Se placer à hauteur du cintre de mire, à 0 m 50, en dehors de la roue et aligné sur le 1er servant de gauche.

Se porter à l'aide du 1er de droite en se fendant de la jambe droite, ôter la chevillette du crochet de l'écouvillon et en dégager la hampe, se placer ensuite à hauteur du cintre de mire à 0 m. 50 en dehors de la roue, et aligné sur le 1er servant de droite.

2° *En action.*

Faire un demi à droite sur le talon gauche, partir du pied droit au pas accéléré, se porter au dépôt des munitions, y approvisionner son sac de 5 coups pour le 4, 4 pour le 6, 3 pour le 8 et 2 pour le 12.

Faire un demi à gauche, saisir de la main droite le boute-feu près de la mèche, se fendre à 0 m. 65 de la jambe gauche, planter le boute-feu en arrière et à gauche, se relever sur la jambe droite et faire face à la pièce.

3° *Chargez.*

1° Se porter au pas accé-léré à hauteur du moyeu et à 0 m. 50 en dehors de l'alignement des autres servans, s'y placer face à la pièce et à la position du soldat sans armes.

2°   »   »   »   »

Se fendre de la jambe droite en portant le talon à hauteur de la roue, saisir de la main droite les leviers de manœuvre, les ongles en dessus, les tirer jusqu'à ce qu'ils arrasent le flasque gauche : prendre le seau avec la main droite, les trois derniers doigts passés sous l'anse, l'anneau retenu entre le premier doigt et le pouce.

Enlever le seau en se relevant sur la jambe gauche dès que le genou est dégagé de la roue, se fendre de la jambe droite de 0 m. 65, accrocher le seau à la flotte à crochet, se relever sur la jambe gauche et assembler de la droite.

4° *Écouvillonnez.*

1° Faire un pas du pied gauche, se placer en arrière et à droite du 1er servant, assembler du pied droit, prendre une charge des deux mains tenant le boulet dans la main gauche, le sachet dans la droite, les ongles en dessus.

2° Remettre la charge au 1er servant de gauche et reprendre son poste par un pas du pied droit.

Faire un demi à gauche, prendre la lance avec la main droite, l'avant-bras maintenant l'étui, fermer le couvert, fixer la lance dans le porte-lance et le saisir de la main droite, les ongles en dessous, vers l'extrémité du manche.

Allumer la lance, retourner la main gauche pour la placer à 0 m. 17 de la droite, les ongles en dessous, tenir le porte-lance incliné de droite à gauche, la lance à quelques pouces de terre.

5º *Refoulez.*

1º Rester immobile.

Le pointeur ayant quitté le cintre de mire pour se retirer à son poste, détacher la main gauche du porte-lance, se fendre de la jambe droite, appuyer la paume de la main gauche sur les leviers, les repousser de manière qu'ils dépassent également les deux flasques; se relever sur la jambe gauche, assembler du pied droit.

2º   »   »   »   »

Au signal du pointeur, conduire la lance à la lumière, en faisant passer près de terre, toucher avec la flamme la mèche de l'étoupille, le bras droit tendu et élevé, les ongles en dessus; dès que l'étoupille a pris feu, retirer la lance en l'inclinant vers la terre et ramener vivement la main gauche qu'on replace comme au commandement : *Ecouvillonnez.*

6º *A vos postes.*

1º Reprendre son poste par un pas du pied gauche, assembler du droit.

Retourner la main gauche pour saisir le porte-lance les ongles en dessus, l'abandonner de la droite, se fendre de la jambe gauche, se baisser, couper la lance à 0 m. 015 de la flamme, reprendre le boutefeu de la main gauche, se relever sur la jambe droite, assembler du pied gauche, ap-

2° » » » » puyer sur le bras gauche le boute-feu et le porte-lance, en revenant par un à droite face à la pièce.

2° » » » » Porter le pied droit à 0 m. 65 cent. vers le moyeu, se baisser, saisir le seau avec la main droite comme précédemment, le décrocher.

3° » » » » Se relever sur la jambe gauche, porter le pied droit, le talon à hauteur de la roue, placer le seau au crochet porte-seau, se relever sur la jambe gauche, assembler du pied droit et rester dans cette position.

99. Pointeur. | *Pointeur-servant.*

1° *A vos postes.*

Se placer à hauteur du milieu du levier de pointage de gauche, aligné sur les deux autres servans.

Se placer à hauteur du milieu du levier de pointage de droite, aligné sur les deux autres servans.

2° *En action.*

1° Rester immobile.

Faire un demi-à-gauche sur le talon gauche, porter le pied droit à 0 m. 17 et à hauteur du petit bout du levier de pointage de droite.

2° » » » » Faire un à droite et demi sur la pointe du pied, porter le pied gauche à hauteur et à 0 m. 17 en dehors du petit bout du levier de pointage de gauche, saisir les leviers, les ongles en dessus, ployer en même temps les deux jarrets, appuyer les poignets sur les cuisses au dessus des genoux et faire effort pour placer la pièce dans la direction du but.

3° *Chargez.*

1° Faire un demi à gauche sur le talon gauche, porter le pied droit parallèlement au flasque à hauteur du crochet de retraite et à 0 m. 8 de la crosse.

2° Porter le pied gauche à hauteur du cintre de mire, se baisser en tendant le jarret droit et ployant le gauche et élevant le talon droit, saisir de la main droite une des branches de la vis de pointage, disposer la pièce de manière qu'on puisse la charger commodément, placer la main gauche, le médium fortement ppuyé sur la lumière, le pouce derrière la plate-bande de culasse.

Rester dans la position ci-dessus.

4° *Ecouvillonnez.*

Continuer de boucher la lumière, quitter la vis de pointage, rectifier la direction de la pièce, la main droite entre les flasques, indiquant le mouvement à donner aux crosses, en frappant légèrement avec le dos de la main sur le flasque droit ou avec la paume sur le gauche.

Faire attention aux signes du pointeur et rendre les crosses du côté indiqué, mais par petits mouvemens.

5° *Refoulez.*

1° Saisir la vis de pointage, donner la hauteur, pointer la pièce ; se relever sur la jambe gauche, assembler du pied droit.

2° Prendre le dégorgeoir de la main droite, le pouce sur la tête du manche , dégorger, prendre une étoupille de la main gauche, la placer dans la lumière, la cravate à droite.

3° Faire un à droite sur le talon gauche , partir du pied droit, se retirer à son poste par deux pas égaux , tourner sur la pointe du pied gauche, faire face aux leviers, assembler du pied droit, puis étendre le bras droit en avant pour signal de mettre feu et replacer le dégorgeoir.

Lorsque la pièce est amorcée, abandonner les leviers du pointage , se relever sur la jambe droite.

Faire un demi à droite sur la pointe du pied droit, reprendre son poste par un pas du pied gauche, faire un à droite et demi sur la pointe du pied, faire face aux leviers et assembler du pied gauche.

6° *A vos postes.*

Rester immobile.

Rester immobile.

7° *Cessez le feu.*

100. Au commandement, si la charge n'est pas dans la pièce, se retirer après avoir écouvillonné et reprendre la position : *à vos postes* ; si la charge est introduite, achever la manœuvre et faire feu.

101. La charge à volonté s'exécute par le commandement *en action*, ou *commencez le feu.* Alors le pointeur servant ayant exécuté le mouvement : *en action*, commande : *chargez* ; la manœuvre se continue et se répète après chaque feu, au commandement : *chargez*, du pointeur servant, jusqu'au commandement général : *cessez le feu.*

102. L'obusier long se charge comme les canons dans le tir à balles ; dans ces deux cas la charge se met en deux fois et l'on refoule doucement la poudre : l'obus étant ensaboté et la boîte de balles se plaçant tout seuls, il suffit de les pousser avec le refouloir.

103. Si, après le recul, on veut reporter la pièce à sa place ou l'avancer un peu plus, on exécute le mouvement suivant : aussitôt après le coup parti, tous les servans se placent pour le mouvement : *à bras-en-avant*, savoir :

Le 1er *servant de gauche* place le pied gauche à hauteur du bout du moyeu, porte le droit à 0 m. 50 en arrière, en faisant un demi à gauche sur la pointe du pied gauche, et tendant le jarret droit et ployant le gauche ; prend un rai de chaque main en laissant trois rais d'intervalle entre ceux qu'il saisit.

Le 1er *servant de droite* appuie l'écouvillon sur l'épaule droite, la brosse en bas, l'abandonne de la main gauche, et le tient de la main droite, les doigts allongés sur la hampe ; place le pied gauche à hauteur du moyeu et porte le droit à 0 m. 50 en arrière, en faisant un à droite sur la pointe du pied gauche et tendant le jarret droit et ployant le gauche, il saisit de la main gauche le rai le plus élevé près de la jante.

Le 2e *servant de gauche* se porte par 2 ou 3 pas, partant du pied droit, en arrière des leviers de manœuvre, fait un à gauche sur la pointe du pied gauche, assemble du droit, tire de la main gauche le levier dont le petit bout est de son côté et le saisit des deux mains.

Le 2e *servant de droite* retourne le porte-lance en le tenant toujours incliné vers la terre pour le placer à droite, l'abandonne de la main gauche, se porte par un pas du pied droit en arrière des leviers de manœuvre, fait un à droite et demi sur la pointe du pied, tire de la main droite le levier dont le petit bout est de son côté, et le saisit ensuite des deux mains, continuant à tenir le porte-lance de la droite.

Le *pointeur* pose le pied gauche à hauteur du milieu du levier de pointage de gauche, se fend du pied droit, le place à hauteur de l'extrémité du levier, saisit ce dernier à deux mains et soulève les crosses.

Le *pointeur servant* porte le pied droit à hauteur du milieu du levier de pointage de droite, se fend du pied gauche, le place à hauteur de l'extrémité du levier, saisit ce dernier des deux mains et soulève les crosses.

Au commandement : *marche*, fait par le pointeur servant, tous font effort pour avancer la pièce, les premiers servans changeant de rais dès qu'ils cessent d'agir efficacement sur ceux qu'ils ont d'abord saisis. Au commandement : *halte*, fait par le même servant, on pose les crosses à terre et chacun reprend son poste, savoir :

Le 1er *servant de gauche* en se relevant par un pas croisé du pied droit.

Le 1er *servant de droite*, en se relevant sur la jambe gauche pour porter le pied droit à sa position.

Le 2e *servant de gauche* en se relevant par deux pas, partant du pied gauche, et repoussant à sa place le levier qu'il a tiré.

Le 2e *servant de droite* en se relevant par un pas du pied droit, et repoussant à sa place le levier qu'il a tiré.

Le *pointeur* en croisant en arrière du pied droit.

Le *pointeur servant*, en croisant en arrière du pied gauche.

104. Si au contraire on veut porter la pièce un peu en arrière, au commandement : *à bras en arrière*, les servans exécutent le mouvement ainsi qu'il suit :

Le 1er *servant de gauche* fait un demi-à-droite sur le talon droit, avance le pied gauche de 0 m. 33 vers la roue, porte le droit à 0 m. 50 du gauche, en faisant un demi à gauche sur la pointe du pied et saisit un rai de chaque main

Le 1er *servant de droite* appuie l'écouvillon sur l'épaule gauche, la brosse en bas, l'abandonne de la main droite et le tient de la gauche les doigts allongés sur la hampe, écarte le pied gauche de 0 m. 33, porte le droit à 0 m.

comme au mouvement *à bras-en-avant.*

50 de l'autre parallèlement à la roue, en faisant un à gauche sur la pointe du pied, tend le jarret gauche, ploie le droit et saisit de la main droite le rai le plus élevé près de la jante.

Le 2e *servant de gauche* se porte par un pas du pied droit à hauteur du cintre de mire et à 0 m. 50 en dehors de la roue, tire le levier dont le petit bout est de son côté, de la main droite, fait un à droite et saisit le levier des deux mains.

Le 2e *servant de droite* abandonne le porte-lance de la main droite, tire de cette main le levier dont le petit bout est de son côté, fait un à gauche et saisit le levier des deux mains, la lance restant à gauche.

Le *pointeur* se porte à l'extrémité du levier de pointage de gauche par un pas du pied gauche, assemble du droit en faisant face en arrière, saisit le levier avec la main gauche et soulève les crosses.

Le *pointeur servant* se porte à l'extrémité du levier de pointage de droite par un pas du pied droit, assemble de gauche, en faisant face en arrière, saisit le levier avec la main droite et soulève les crosses.

Au commandement : *marche* du pointeur servant, tous font effort pour reculer la pièce ; au commandement : *halte* du même servant, on pose les crosses à terre et chacun reprend son poste par le mouvement inverse de celui fait pour se porter à la pièce ; les seconds servants repoussent les leviers (210) (212).

Nota. Les manœuvres indiquées sont celles du système Gribeauval, encore usité chez toutes les puissances européennes ; le nouveau système français emploie les mêmes manœuvres en y introduisant de légères modifications qu'il est inutile d'indiquer ici.

7

105. ENCLOUAGE, DÉSENCLOUAGE ET MISE HORS DE SERVICE.

ENCLOUAGE ET MISE HORS DE SERVICE. Employer soit un clou d'acier trempé, à pointe recuite, à tige carrée des 3/4 du diamètre de la lumière et portant des coches ouvertes du côté de la tête, soit un clou de 0m. 22c. de long, carré, ayant 0 m.008 c. d'épaisseur au milieu, et un renflement à la tête. Chasser ou visser le clou dans la lumière jusqu'à hauteur de l'orifice et river intérieurement avec le refouloir : ce moyen a peu d'efficacité, il faut l'employer avec le suivant : Introduire un boulet enveloppé de feutre (celui d'un vieux schako, par exemple), et l'éclisser au fond de l'âme avec une éclisse en fer, chassée à l'aide du refouloir ou d'un levier en fer.

Faire éclater des obus dans l'âme. — Remplir de sable par-dessus la charge pour faire éclater la pièce. — Tirer les pièces bouche à bouche, ou en zig-zag, la bouche de l'une vis-à-vis le milieu de la volée de l'autre. — Briser les affûts en faisant éclater une bombe entre les flasques. — Allumer un feu ardent de charbon sous la volée ou un tourillon, et les ployer en frappant dessus avec des masses. — En cas de presse, enlever les armements, la vis de pointage, les susbandes, les esses, dévisser les tenons, etc.

Pour les fusils, jeter l'amorce, abattre le chien et rompre ou ployer le canon en frappant fortement la crosse par terre.

Pour les sabres et fourreaux en tôle, les placer à faux sur deux pièces, et jeter une lourde masse sur leur milieu.

106. DÉSENCLOUAGE. Si le clou n'est pas vissé et si l'âme est sans obstacles, enlever du cuivre autour du clou, verser dans ce creux de l'acide sulfurique qu'on y laisse jusqu'au moment de tirer, c'est-à-dire deux à trois heures; mettre une charge de poudre, bourrer avec des bouchons de vieilles cordes, que l'on refoule à grands coups avec un levier; placer en même temps une tringle

en bois recouvrant une rainure où passe une mèche d'é-
toupille sortant par la bouche. Si après deux épreuves le
moyen ne réussit pas, il faut enlever le grain.

S'il y a un boulet éclissé, dévisser le grain, enfoncer
des coins derrière le boulet par le trou du grain ; quand
le boulet s'est un peu avancé, le refouler à coups de levier, saisir en même temps l'éclisse avec un crochet. Replacer le grain, et employer la poudre introduite par la
lumière. Enfin, à la dernière extrémité, si le boulet ne
bouge pas, ou si la lumière a été bouchée par un trou,
pratiquer une ouverture dans le cul-de-lampe, chasser le
boulet à coups de masse et reboucher l'ouverture avec
un morceau de métal fileté comme le grain.

107. NŒUDS DE CORDAGES.

Les deux liens d'une même corde rapprochés s'appellent
ganse, croisés l'un sur l'autre ils s'appellent *boucle*.

EXPLICATION DE QUELQUES-UNS. *Nœud simple*. Former
une boucle et engager le lien de dessous dans la boucle.
On joint deux cordes par ce nœud en les réunissant l'une
à l'autre et formant un nœud simple au bout. Quand les
bouts de cordes ont été placés en sens inverse et qu'au
bout de chacune on a fait un nœud simple qui enveloppe
l'autre corde, le nœud prend le nom de *nœud de pê-
cheur*.

Nœud droit. Deux ganses, dont la tête de la première
est passée dans celle de la seconde en sens opposé, et les
brins de la seconde passés dans la tête de la première,
sans se croiser.

Nœud de tisserand. Comme ci-dessus, à l'exception
que les brins de la seconde ganse se croisent en sortant
de la première.

Nœud d'artificier ou de batelier. Former deux boucles l'une près de l'autre en sens inverse ; les mettre l'une

sur l'autre, les brins placés intérieurement. Dans les deux boucles placer l'objet à serrer.

Pour les autres nœuds, voir la planche ci-contre.

108. HAUSSES.

Des expériences répétées à Lafère, Metz, Vincennes et Strasbourg ont donné les résultats suivants pour l'élévation à donner à la hausse aux diverses distances. Les pièces sont supposées tirer à la charge de guerre et avec le projectile ensaboté, la force de la poudre étant de 225 à 240 m.

Désignation des Calibres	Hausses moyennes aux distances de									
	m. 500	m. 400	m. 300	m. 600	m. 700	m. 800	m. 900	m. 1000	m. 1100	m. 1200
	m.	m.	m.	m.	m.	m.	m.	m.	m.	m.
Canons de 12,	-3	-2 45	-0 700	0 004	0 013	0 022	0 034	0 046	0 039	0 072
de 8.	-2 67	-1 40	0 000	0 008	0 017	0 028	0 039	0 054	0 071	0 092
de 6.	»	0 00	0 005	0 011	0 020	0 032	0 046	0 061	0 079	0 098
de 4.	-1 00	-0 40	0 002	0 007	0 014	0 023	0 030	0 048	»	»

Nota. Dans ce tableau, le signe — veut dire la quantité dont il faut pointer au-dessous du but pour les distances en-deçà du but en blanc. Il faut remarquer que, dans toute pièce tirant à embrasure ou à barbette, le boulet frappe réellement un peu plus haut que ne l'indique la théorie : de même lorsque la volée est plus près d'une joue que de l'autre, le boulet donne du côté de celle-ci.

109. PÉNÉTRATIONS.

S'emparant des expériences faites à ce sujet et en déduisant les moyens, M. le capitaine d'artillerie, Piobert,

FIG. 10

NŒUDS.

Simple ganse.

Droit

Droit ganse.

Simple

d'Artificier ou
de Tôlelier

de bombardier

Double d'Artificier

de ridettan

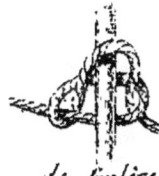
de Galère.

de Tisserand

Allemand.

d'Ancre

d'Amarrage par demi-clefs.

d'Amarrage en patte d'oie

de Poupée

a établi pour les pénétrations, dans divers milieux, des tables dont nous extrayons les chiffres suivants :

Calibres.	m. 25	m. 50	m. 100	m. 200	m. 300	m. 400	m. 500	m. 600	m. 800	m. 1000	Observations.
	Pénétrations dans les bonnes maçonneries, avec la charge ordinaire de campagne, à										
Can. de 12.	0 450	0 440	0 420	0 380	0 340	0 300	0 260	0 225	0 175	0 140	En multipliant les nombres ci-contre par 1 m. 25, on a la pénétration dans la maçonnerie ordin, et par 1 m. 75 celle dans la maçonnerie de briques.
Id. de 8.	0 405	0 395	0 375	0 335	0 295	0 260	0 230	0 190	0 140	0 105	

Calibres.	m. 25	m. 50	m. 100	m. 200	m. 300	m. 400	m. 500	m. 600	m. 800	m. 1000	Observations.
	Pénétrations dans le chêne, avec la charge ordinaire de campagne, à										
Can. de 12.	1 100	1 070	1 020	0 930	0 840	0 760	0 680	0 600	0 460	0 340	Pour avoir les pénétrations dans les autres essences, il faut multiplier par 1 00 pour le hêtre, le charme et le frêne. 1 30 id. pour l'orme 1 80 id. le sapin et le bouleau. 2 00 id. le peuplier.
Id. de 8.	1 000	0 970	0 920	0 820	0 730	0 650	0 570	0 490	0 350	0 270	
Fusil d'inf.	0 095	0 080	0 065	0 045	0 027	0 018	0 012	0 008	»	*	

Nota. Le chêne se resserre de suite après le coup, mais il se déchire dans le sens des fibres et donne des éclats qui sont lancés jusqu'à 12 et 15 mètres. On met à l'abri des projectiles, en recouvrant le bois de bandes de fer recroisées de 0 mètre 12 centimètres et espacées de 0 mètre 08 centimètres.

119. *Pénétrations dans les terres rassises, moitié sable, moitié argile, avec la charge ordinaire, à*

CALIBRES	m. 25	m. 50	m. 100	m. 200	m. 300	m. 400	m. 500	m. 600	m. 800	m. 1000
	m. c.	m. c.	m. c.	m. c.	m. c.	m. c.	m. c.	m. c.	m. c.	m. c.
Can. de 12.	1 54	1 50	1 42	1 32	1 24	1 17	1 11	1 05	0 95	0 86
Id. de 8.	1 43	1 39	1 32	1 19	1 10	1 02	0 95	0 90	0 84	0 73
Fusil d'inf.	0 25	0 27	0 22	0 15	0 11	0 08	0 06	0 04	»	»

Pour avoir les pénétrations dans les autres terrains, il faut multiplier par

0.63 pour le sable mêlé de gravier;

0.87 pour la terre mêlée de sable et pesant plus de deux fois le poids de l'eau;

1.09 pour les terres végétales rassises et les terres rapportées, mêlées de sable et moitié argile;

1.44 pour l'argile de potier humide;

1.50 pour les terres légères rassises;

1.90 pour celles nouvellement remuées.

Les terres productives, fortes, argileuses, humides, sont celles qui résistent le moins bien.

110. Pénétrations de divers projectiles dans différents milieux.

Calibres.	Distances.	Milieux.	Pénétrations moyennes.
Pièces de 6 à boulet......	225 m.	Gabion farci de laine.......	d'outre en outre.
Id. à mitraille..	75	id..............	presque aucune.
Fusil de munit.	8	Gazons secs et foin	3 m 00.
Id.	10	Papier.................	0 12.
Id.	15	Fascines piquetées...........	0 09.
Id.	22	Fagots de sape	0 33.
Id.	22	Gabion farci de fag. de sape.	0 50.
Id.	40	1 m. de matelas juxta-posés.	traversé.
Id.	50	Tôle de 0m 25, sur madrier de 0 m. 02................	aucune.

111. POUDRES.

Les poudres varient de proportions suivant les pays. Voici les dosages ordinaires les plus généralement adoptés.

DÉSIGNATION DES POUDRES.	Parties.	Salpêtre.	Charbon	Soufre.
de guerre..................	100	75	12 50	12 50
fabriquée aux pilons.	100	78	12	10
Poudres françaises de chasse d'Angoulême et du Bouchet	104	80	14	10
d'Esquerdes..........	104	76	14	10
ancienne ronde d'Essonne...	104	74	16	10
de mine.................	104	62	18	20
de traite........	104	62	20	18
de guerre pour le gouvernem.	104	75	15	10
Poudres anglaises de Dartfort..................	104	75	17	8
de Tumbridge	104	76	14 50	9 50
de Hounslow.............	104	78	14	8 50

Deux barils de poudre juxta-posés renversent par leur

explosion un mur non terrassé de 0 m. 60 à 0 m. 90. Un
sac de 30 kilog. de poudre, contrebutté avec des sacs à
terre, brise la porte la plus solide.

112. PONTS.

CONSTRUCTION. Pour les ponts militaires, il faut moins
de 2 m. de vitesse (202); ne pas les placer sur des rives
élevées à plus de 2 m. à 2 m. 50 au-dessus de l'eau, ni à
moins de 1 m.; établir des rampes à 1/6 ou 1/7 : si on
jette plusieurs ponts, les mettre à 200 ou à 300 m. de
distance.

113. Quand on a des *bateaux du commerce,* on commence par les mettre de niveau de supports à l'aide de
chevalets de diverses grandeurs, il faut faire en sorte que
ceux placés sur les bateaux les plus petits soient un peu
plus grands qu'il ne faudrait, de sorte que le pont ne
creuse pas à ces points faibles lorsqu'il aura à supporter
sa charge. Le tablier se fait ensuite à l'aide de poutrelles
et de madriers (165).

114. Pour les *ponts de radeaux,* lorsque les troncs
sont au moins de 12 m. de long, il faut placer les arbres
jointivement de manière que l'angle de la tête du pont
soit droit, et par conséquent les deux côtés inclinés à 45°
ou 50 g.; les couper au-dessous en sifflet, les assembler
avec deux madriers cloués dessous; mettre les traverses
de champ et les fixer avec des clameaux ou des harts,
ainsi que les supports placés sur les traverses; deux des
supports correspondent aux arbres extrêmes. Sur les supports, placer des poutrelles dépassant de 0 m. 50 seulement les supports du milieu, pour obvier aux oscillations
du courant : placer un gouvernail dans l'angle en arrière
du radeau pour le maintenir. Puis recouvrir les poutrelles de madriers en fortes planches (165).

Si les arbres ont moins de 12 m., on les met bout à
bout pour former un radeau symétriquement réuni au
premier : on fait marcher en bataille des hommes de la
queue à la tête pour trouver le centre de gravité, afin
d'établir solidement le tablier : le support du milieu doit

se trouver sur le centre de gravité et le centre de gravité du tablier en être un peu en aval, afin que la tête ne plonge pas. Pour remédier a ce défaut, on peut aussi charger de pierres l'arrière du radeau, lequel est ancré des deux côtés par deux ancres ou cordages.

115. On emploie aussi des *tonneaux*, des *caisses*, des *outres*, etc. Les tonneaux se placent soit cinq par cinq, soit deux à deux, soit sur deux files à l'aide de châssis, ce qui est le meilleur moyen. Ces sortes de radeaux ne sont pas sûrs, car il suffit d'une balle pour détruire et faire couler le pont (165).

116. Pour établir les ponts à supports flottants, il faut connaître le poids qu'ils peuvent supporter, et pour cela, trouver quel volume d'eau déplace, par exemple, le radeau avant d'être submergé ; puis déduire de ce poids celui du tablier. Il faut se rappeler les données suivantes : le cheval d'artillerie pèse environ 500 kilog.; le poids des pièces est indiqué sur la tranche droite du tourillon. Le fantassin pèse 80 kilog. avec armes et bagages ; dans une déroute il peut en tenir six par mètre carré, mais alors, presque toujours sans armes ni bagages ; ils ne pèsent ensemble que 390 kilog., c'est-à-dire 65 kilog. par homme. Un cheval avec son cavalier pèse 588 kilog. Dans les radeaux, et en général tous les ponts, il faut de préférence employer le sapin et le peuplier.

Le plus sûr moyen de trouver pratiquement le poids que peut supporter un arbre, est de mettre à l'eau un morceau d'un volume quelconque V et le charger du poids P, nécessaire pour le faire affleurer. Le poids pour tout l'arbre sera égal à $\frac{XP}{V}$, X exprimant le volume de tout l'arbre. On calcule alors d'après le volume d'eau que déplace chaque arbre, ce qu'il faut de troncs pour tout le pont (165, 194).

117. Quand les rivières sont peu profondes et peu rapides (moins de 2 m. de profondeur et de 1 m. 50 c. de vitesse), on peut employer pour supports des *chevalets* si le fond n'est pas vaseux. On emploie aussi des *char-*

rettes enrayées (lorsque la rivière a 1 m. 20 à 1 m. 30 au plus de profondeur), les brancards se posent horizontalement sur les voitures précédentes, la première appuyant à terre (165). Mais les ponts les plus fréquemment employés sont ceux dits *rustiques*. En voici quelques dispositions. (Voir la planche ci-contre).

118. 1º On prend des baliveaux qu'on soutient avec des cordes jusqu'à ce que les rouleaux ou rondins, dont on les recouvre, soient arrivés dans l'angle formé par les baliveaux opposés ; on fixe alors les bouts de ceux-ci, et le pont est assez solide pour ne pouvoir être détruit trop facilement lorsqu'il a été recouvert de terre (165).

119. 2º Quand on veut rompre un pont derrière soi de suite après l'avoir passé, on emploie un moyen qui consiste à placer entre les baliveaux deux poutrelles reposant sur les rondins et soutenant ceux qui supportent l'extrémité des baliveaux. Qu'on retire alors une seule pièce, et tout le pont s'écroule (165).

120. 3º On emploie encore les ponts *par encorbellements ;* on prend de longs troncs d'arbres qu'on couche et recouvre de rondins et de terre battue, en les laissant dépasser la rive d'environ 1/3 de leur longueur. Puis, on place au-dessus d'autres troncs qui, recouverts de rondins et de terre, achèvent le pont. Ce moyen est surtout employé pour franchir les arches rompues (165).

121. Conservation. Faire éteindre les pipes, empêcher de passer du feu, faire taire la musique, les caisses et rompre le pas ; faire mettre pied à terre aux cavaliers et conducteurs autres que ceux du timon, empêcher de trotter ; commander *halte* dès qu'un balancement dangereux se manifeste, jusqu'à ce qu'il soit fini : les voitures ne doivent ni se croiser ni s'arrêter ; ne pas laisser plus de cinq ou six bœufs à la fois ; empêcher que des voitures ne passent en même temps qu'une colonne de troupes. Enfin, établir en amont des barrages et estacades inclinés à 22º environ et gardés par des postes.

122. Destruction. Lancer en grand nombre, surtout la nuit, soit des radeaux carrés, surmontés d'un mât so-

Fig. 11

PONTS RUSTIQUES.

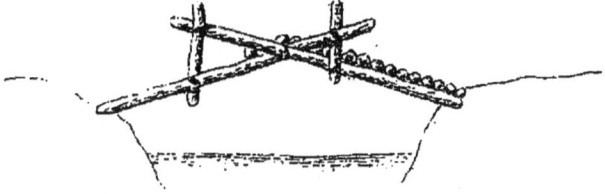

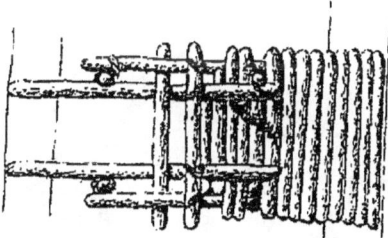

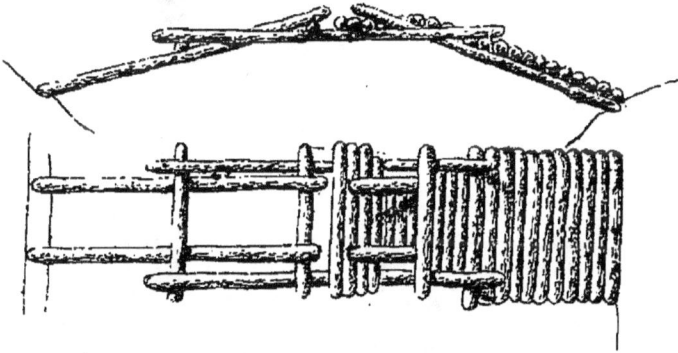

par Encorbellement.

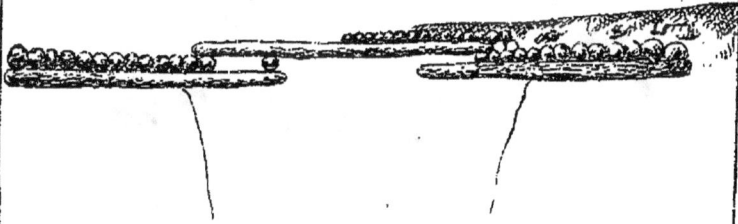

lidement arc-bouté, soit des brûlots à détente que le
choc fait partir. Sur les lieux, on coule les ponts, on les
brûle, ou on les fait sauter. Dans les maçonneries, il suffit
de creuser une tranchée jusqu'à l'extrados de la voûte,
au-dessus des reins, et d'établir à cette place deux fourneaux compassés et chargés chacun de 20 kilog. de poudre.
On peut aussi placer sous la voûte, et contre elle, un baril
de 300 kilog. et y mettre le feu.

123. RÉPARATIONS. Si ce sont des pilots, les couper à
même hauteur ; assembler par des traverses, et puis faire
un tablier. On emploie dans les autres cas les moyens indiqués pour la construction.

124. PORTÉES DE QUELQUES ARMES.

DÉSIGNATION.	Sous l'angle de 45°.	Portées moyennes.	But en blanc.
Fusil d'infanterie.. .	1000 m.	200 m.	116 m.
Pièce de 4 tirant à boulet.	(angle de 30°) 3000	800	400
Pièce de 8 id.	3300	800	440
Pièce de 12 id.	3700	800	480
Grenade à main.. .	30	15	»

Il ne faut commencer à tirer à balles qu'à 500 m., bien
que l'effet soit dangereux jusqu'à 700 m.

Le fusil, avec la baïonnette, n'a pas de but en blanc ;
il faut alors, pour atteindre au milieu du corps, en terrain
horizontal, viser :

> A la poitrine, jusqu'à 100 m.
> Aux épaules, jusqu'à 140 m.
> A la tête, jusqu'à 180 m.
> Au pompon, jusqu'à 200 m.

QUATRIÈME PARTIE.

CAVALERIE.

125. RACES. Les chevaux se divisent en sauvages, demi-sauvages et domestiques.

Les premières se trouvent en Asie, près du Volga, sur les bords de la mer Caspienne, en Tartarie, en Chine, ils ont en général la tête longue se rapprochant de celle de l'âne; le front busqué, le chanfrein droit, les oreilles longues, des moustaches, les membres gros et plutôt longs que court-jointés. Leur robe varie de l'isabelle au souris.

Les chevaux demi-sauvages se trouvent dans l'Ukraine, en Finlande, en Transylvanie, en Hongrie, etc., et même en France, dans les Landes et l'île de la Camargue. Ils sont en général chétifs, petits, mais extrêmement courageux.

126. Les chevaux domestiques se divisent en races étrangères et races indigènes par rapport à la France. Parmi les étrangères, il faut citer : 1° *le cheval arabe*, qui est regardé comme parfait par rapport aux qualités, (204) il est de taille plutôt petite que grande, il a la peau fine, les membres très beaux, secs et nerveux, le corps plus long que haut, la tête plate et presque carrée, la ganache un peu forte, les formes très sèches bien qu'agréablement arrondies : 2° *le persan*, plus grand que l'arabe, mais moins sobre et exigeant de grands soins ; 3° *le géorgien ou circassien*, qui ne craint ni fatigues, ni climats, ni privations ; 4° *le tatare*, d'une vigueur et d'un fond remarquables : 5° *le barbe* ou cheval des régences barbaresques et d'Algérie ; encolure longue et

un peu grêle ; tête quelquefois busquée ; oreilles petites et bien placées ; rein court ; flancs pleins, croupe longue et jambes fort belles : 6° *l'espagnol*, tête longue, encolure forte et rouée, ventre de vache, croupe de mulet, paturon long, pied petit ; peau très fine ; extrémités sèches et sans poil : les plus renommés sont les andaloux : 7° *l'allemand*, qui comprend le mecklembourgeois, le holsteinais, le hanovrais, l'oldembourgeois et le frison : ces chevaux ont en général plus d'ardeur que de force et résistent moins bien que les français : 8° *l'anglais*, qui se divise en quatre classes, course, chasse, attelage et trait : en général ils ont la bouche et les réactions très dures, sont gros mangeurs et exigent beaucoup de soins : parmi eux, on cite les irlandais pour leur aptitude à supporter les fatigues et les privations ; sous ce rapport, ils font exception.

127. Parmi les chevaux français, il faut citer : 1° *le limousin*, peau très fine, tête carrée, encolure droite, grêle et ayant souvent le coup de hache ; membres très sûrs, bien qu'un peu minces ; tendon failli, jarrets rapprochés, hanches saillantes ; les meilleurs sont de moyenne taille ; 2° *le navarrin*, encolure fournie et rouée, tête sèche et un peu plate, ressemble beaucoup au cheval espagnol : 3° *le normand*, tête busquée et forte, oreille mal placée, encolure fournie et souvent droite, poitrail large, ventre fort, croupe avalée et large ; membres bien proportionnés, mais empâtés ; peau épaisse : ils sont froids, mous et exigent beaucoup de soins : 4° *le breton*, tête grosse et aplatie ; encolure courte et fournie ; épaule forte, croupe double, membres larges, court-jointés ; de petite taille : 5° *l'ardennais*, petit, nerveux, infatigable ; jambes très sèches ; tête petite, peu distinguée, encolure lourde, épaisse et courte.

128. QUALITÉS à rechercher.

CHEVAL DE SELLE : 5 à 7 ans ; taille de 1m 50 à 1m 57 ; plus de solidité que de brillant, mouvemens libres, bouche ni fine, ni dure, vue nette, poitrine intacte, rein et jarrets solides, pied bon et sûr, plus de fond que d'ardeur, bon appétit et surtout franchise, fond d'haleine, vivacité et courage.

129. CHEVAL DE TRAIT : Doit participer aux conditions ci-dessus, trotter et galopper avec aisance, avoir des allures égales et n'être point ombrageux. 5 à 8 ans; taille de 1^m 46 à 1^m 57 ; aplombs parfaits, pas trop long de corps ; formes dégagées et bien fournies ; épaules pas trop chargées, mais assez larges pour l'appui du collier ; corps plein, côtes bien tournées, extrémités solides, canon un peu fort, pas trop long-jointé et surtout pieds excellens.

130. CHEVAL DE BAT : 6 à 7 ans; taille de 1^m 40 à 1^m 52; préférer celui dont la conformation se rapproche du mulet ; dos, rein et membres très forts.

131. MULET : De deux espèces savoir : le *mulet* proprement dit provenant de l'âne et de la jument ; le *bardeau,* du cheval et de l'ânesse; le premier brait, le second hennit : ce dernier est moins estimé. On peut employer le mulet de 4 à 25 ans et plus. Taille de 1^m 38 à 1^m 52. (une taille plus élevée rend le chargement difficile.) Le mulet est indocile, rusé, plein de mémoire, d'un entêtement proverbial; mais en revanche, très robuste, d'un tempérament fort, sobre, et facile à nourrir; difficile sur le choix de l'eau, craint peu la chaleur, répare promptement ses forces par un court repos, et recommence son travail avec ardeur; pied très sûr, allure douce, franchissant aisément les plus mauvais pas et les escarpements; également propre à tirer et à porter, mais s'effrayant facilement au bruit des armes et au feu. Rarement malade, toutes ses affections sont aiguës et souvent mortelles; se saigne lui-même à certaines époques. (167.)

132. ACHAT et examen.

S'adjoindre autant que possible un vétérinaire ou un connaisseur. Voir les chevaux deux fois au moins à plusieurs heures d'intervalle. D'abord à l'écurie; examiner l'attitude, la manière de manger, de se laisser panser, etc. A la sortie de l'écurie, arrêter sur le seuil, examiner la

vue pour juger du degré de sensibilité de la pupille. Dehors éviter les murs blanchis, les terrains en dos d'âne,
etc., cailloux, boue, pavé, etc.; empêcher que le cheval
ne soit placé ou tourmenté; se méfier des cris, coups et
l'emploi du gingembre. L'animal étant tranquille, examiner l'ensemble, les aplombs, extrémités, flancs et bouche pour l'âge; la taille; faire changer le cheval de main,
l'examiner de nouveau ainsi que de face et par derrière.

De profil, les membres antérieurs doivent être compris entre les deux verticales tombant l'une de la pointe
de l'épaule et l'autre du sommet du garrot, la pince
se trouve sur la première verticale; une troisième
verticale partant du tiers supérieur et postérieur de l'a-
vant-bras doit partager le membre en deux parties égales et passer par le boulet. Les membres postérieurs
doivent être compris entre deux verticales, l'une tombant de la hanche et l'autre de la pointe de la fesse, le
pied à peu près à égale distance des deux. *De face*, chaque membre doit être partagé en deux parties égales par
la verticale tombant de la pointe de l'épaule ou de celle
de la fesse.

Faire marcher le cheval en main, les rênes longues
pour que la tête soit libre et afin de mieux juger de la
franchise des allures, des arrêts et comment il tourne
sur les deux côtés. Au pas d'abord et puis au trot, examiner le jeu des extrémités, d'abord les postérieures quand
il s'éloigne, puis les antérieures quand il revient, et toutes
les quatre quand il traverse: faire reculer, marcher de
côté, et enfin monter. Voir si le cheval est sage au montoir, si la tête est légère, le rein solide, les mouvemens
francs, etc., faire galoper en ligne droite et en cercle
pour hâter la respiration, afin de s'assurer de l'intégrité
des organes et l'absence du cornage. Observer que les
chevaux ruinés ne trottent pas facilement et cherchent
à prendre le galop. Faire lever les pieds, frapper sur le
fer; examiner attentivement la forme de la corne.

133. AGE. Se rappeler les données suivantes: chaque
mâchoire a 2 pinces, 2 mitoyennes, et 2 coins formant les

incisives, 12 molaires ou machelières et 2 crochets chez
les chevaux. On distingue dans les incisives 1° la table
qui offre une cavité en entonnoir; 2° la muraille externe
ou côté extérieur; 3° la muraille interne ou côté intérieur.
On ne considère pour l'âge que les incisives et les crochets subsidiairement. Les dents se distinguent en dents
de lait, dents de remplacement et dents permanentes (ne
venant qu'une fois.) L'âge apporte aux dents les changemens suivans dus surtout aux effets de la mastication
des alimens : la table s'use d'abord sur le bord externe,
puis sur le bord interne ; alors le fond de la cavité est à
découvert et la dent est dite *rasée*. Dans les chevaux dits
bégus la cavité subsiste encore, mais on aperçoit sur tout
son pourtour la trace des deux substances dont la dent
se compose. L'usure a lieu pour la mâchoire immobile
dans un temps double de celui de la mâchoire mobile.

Les pinces de lait tombent à 2 ans 1|2, les mitoyennes
à 3 ans 1|2 et les coins à 4 ans 1|2 : les dents de rempla-
cement leur succèdent, savoir : les pinces à 3 ans, les mitoyennes à 4 et les coins à 5. Entre 4 et 5 paraissent les
crochets.

A 6 ans, les pinces inférieures sont rasées, à 7 les mitoyennes, à 8 les coins ; à 9 ans les pinces supérieures, à
10 les mitoyennes, entre 11 et 12 les coins. Remarquer
qu'à 4 ans le bord interne des pinces est aussi intact que
le bord externe des mitoyennes, à 5 ans le bord externe
de celles-ci est comme celui interne des pinces et celui
externe des coins, etc. A 12 ans le cheval est dit ne plus
marquer.

Souvent on vieillit ou rajeunit les chevaux, en arrachant
les dents ou les travaillant. Dans le premier cas, remarquer que la dernière molaire est rarement distincte avant
cinq ans. Pour le second, voir si les mâchoires joignent
bien : en général, les chevaux ainsi rajeunis se laissent
toucher la bouche difficilement; il faut se méfier de tous
ceux qui se défendent ainsi ou qui ont la bouche pleine
d'écume, car en général cela provient d'une ruse de ma-
quignon.

8

134. *Il faut rejeter* tout cheval haut sur jambes, étroit, efflanqué, grêle, long-jointé surtout, rétif, méchant, ou taré, c'est-à-dire arqué, bouleté, éreinté, boiteux, ayant les épaules chevillées, les pieds rampins, combles, cerclés, encastelés, les molettes chevillées, soufflées; l'éparvin calleux, celui de bœuf, des jardes, jardons, courbes, suros, fusées, grappes, fourbure, etc., et ceux (particulièrement les gris et blancs) qui ont des tumeurs noires apparentes, surtout au dehors, sous la queue, autour de l'anus et des organes de la génération.

135. CAS REDHIBITOIRES : Morve, pousse, courbature, cornage et dans certaines localités, tic, immobilité, épilepsie, farcin, pousse, charbon, fluxion périodique, etc. Bien qu'une loi ait statué à cet égard, il y a encore des pays où la durée de la garantie est différente; il faut donc s'en informer sur les lieux.

Quand on achète, faire décrire exactement le signalement et stipuler dans l'acte de vente la garantie, et pour plus de sûreté que la bête est saine et sans tares.

136. RÉGIME ALIMENTAIRE.

La ration varie suivant les positions et les armes; toutefois voici à peu près la composition.

		En station.	En route.	En campagne.	Observations.
		k.	k.	k.	
Chevaux de selle.	Foin.	4 00	5 00	6 00	En litres, il faut pour l'avoine :
	Paille.	5 00	3 00	4 00	
	Avoine.	3 40	3 80	3 80	7 litres pour 3 kilogr.
Chevaux de trait et de bât.	Foin.	5 00	6 00	7 00	8 — 3 40 / 9 — 3 80
	Paille.	5 00	3 00	4 00	10 — 4 00
	Avoine.	3 80	4 00	4 00	Pour les mêmes poids, la mesure de son doit être
Mulets.	Foin.	4 00	5 00	5 00	double de celle de l'avoine.
	Paille.	5 00	3 00	4 00	
	Avoine.	3 40	3 80	3 80	La ration de vert est de 40 kilogr.

Les liens en paille de froment ne doivent être qu'au nombre de deux pour les bottes de foin au-dessous de 5 kil.00 et n'entrent dans la ration que pour moitié de leur poids.

137. QUALITÉS des denrées. Le *foin* doit être vert, ni pâle, ni foncé, d'une odeur agréable sans être aromatique, d'une saveur douce et sucrée ; les tiges de médiocre longueur, plutôt fines que grosses, ne se brisant pas trop aisément et cependant ne résistant pas trop à la main. Il doit avoir de 4 à 18 mois de récolte au plus. Le foin nouveau ne doit être donné qu'avec précaution. Le vieux perd la plupart de ses bons effets et peut engendrer des maladies, surtout s'il est poudreux ou rouillé. (220)

On le remplace quelquefois par la luzerne, le trèfle, le sainfoin ; mais il faut le faire avec prudence et consulter à cet égard les habitudes locales. Seulement le trèfle ne se substitue que jusqu'à concurrence d'un tiers ; il faut beaucoup s'en défier et autant que possible le donner coupé de la veille.

La *paille de froment* doit être d'un blanc jaunâtre, plutôt fine que grosse, d'une saveur douce ; sans odeur à moins qu'elle ne soit fourrageuse, médiocrement grande, sans barbes d'épis, ni rouille. On peut la donner nouvelle comme vieille si elle est bien conservée et sans odeur. (219) Le foin se substitue à la paille pour moitié en poids.

L'*avoine* doit être pesante, sèche, sans odeur, coulant facilement dans la main, résistant à la pression des doigts, exempte de corps étrangers, tels que pierres, poussière, graines de nielle, d'ivraie, etc. Elle doit avoir 4 à 5 mois de récolte (217).

Pour le *son* préférer la recoupe parce que celle-ci conserve une assez grande quantité de farine. Rejeter le son qui ne laisse pas de trace blanchâtre sur le dos de la main, qui a une saveur aigre ou plus de 4 mois de conservation. On le substitue à l'avoine à l'égalité de poids ou au double de volume. La *farine* d'orge se substitue à raison des 3/4 du poids.

Dans les pays chauds, l'avoine est remplacée par l'*orge*

qui est regardée comme rafraîchissante : celle-ci a l'enveloppe un peu épaisse, l'amande très grosse et toute farineuse. En vieillissant elle devient très dure et difficile à broyer. Il faut éviter de la donner mêlée à l'avoine; du reste, il faut toujours en de semblables substitutions consulter les usages locaux de crainte d'imprudence. Il en est de même pour le *seigle*, le *blé*, le *maïs*, les *féveroles*, *pois*, *vesces*, *bisailles*, *dragées*, etc. qui ne se donnent qu'accidentellement.

138. Le *vert* ne doit être, en campagne, donné qu'avec précaution et graduellement, car son défaut est d'affaiblir les chevaux ou du moins de ne pas réparer suffisamment la déperdition de leurs forces par le travail : il faut ôter les épis des céréales et n'employer même cette sorte de vert qu'à la dernière extrémité.

A défaut de ces alimens, on peut employer l'*ajonc*, préalablement meurtri ou pilé au marteau ou à la meule à cause de ses feuilles piquantes et rudes, les *gousses du caroubier*, la *graine de lin*, celle de *riz*, etc. Enfin, et à la dernière extrémité, les racines du gazon bien lavées, des écorces d'arbres, et jusqu'à des planches réduites en copeaux et des restes d'alimens mêlés à de la terre glaise.

139. L'*eau* doit être claire, limpide, sans odeur, sans saveur, contenir un peu d'air, dissoudre le savon, bouillir facilement et cuire les légumes (pois, haricots, etc.) Il faut préférer l'eau des grandes rivières, celle de pluie nouvellement recueillie, et généralement toutes celles qui courent sur un fond sablonneux, sans ombrage ni encaissement. Si l'eau est trop froide, surtout si elle provient de la fonte des neiges, la battre et la mêler avec du son ou de la farine. Rejeter les eaux de puits, séléniteuses, de sources(elles sont trop froides), de mares, d'étangs, dormantes, vaseuses et croupissantes. En été, si on se sert d'eau de puits, la donner après avoir été exposée au soleil ; en hiver, aussitôt tirée. En cas d'urgence, on purifie les mares et citernes en y jetant du charbon de bois. Le foin et la paille doivent se donner en trois fois et l'avoine en deux ; le cheval doit aussi boire deux fois

par jour, soit avant soit après l'avoine, mais toujours dans le même ordre. Le foin et la paille se donnent toujours dans le même ordre, soit que la paille précède le foin ou le suive. Ordinairement, on suit la règle suivante : le matin 1/3 de foin 1/2 heure avant le pansage ; après celui-ci ou le bouchonnage qui suit la promenade, faire boire, donner la moitié de l'avoine, puis 1/3 de la paille : à midi, 1/3 du foin ; après le travail et le pansage du soir, faire boire, donner le reste de l'avoine, 1/3 de la paille ; le soir, à la nuit close, le 1/3 restant du foin avec le 1/3 restant de la paille. Si l'animal a du dégoût pour ses alimens, on les mouille avec de l'eau salée.

Le cheval ne doit pas travailler aussitôt qu'il a mangé. En campagne, il ne faut jamais faire manger avant un travail accéléré ; après un travail violent et soutenu, donner de la paille d'abord ; ne pas faire boire quand l'animal est en sueur à moins de reprendre le travail sur le champ : enfin, laisser la majeure partie des alimens pour la nuit.

140. SOINS à donner.

A L'ÉCURIE. Quant au pansage, remarquer qu'il y a un grand avantage à frotter les chevaux avec du foin à la poignée et mouillé d'avance de manière à n'être qu'humide au moment où l'on s'en sert. Quand on fait prendre des bains partiels, avoir soin de graisser la corne avec le suif, l'onguent de pied, etc. En cantonnement, choisir les écuries les plus sèches et les plus aérées, ne point laisser de fumier sur le sol autant que possible ; donner une litière sèche et propre que l'on ménage en la relevant tous les matins sous la mangeoire ; maintenir la température à peu de différence de celle de dehors ; éviter le soleil et les courants d'air, espacer les chevaux d'au moins 1 m. 10 de centre en centre, et autant que possible de 1 m. 33 ; ménager derrière eux un espace de 2 m. 60 pour le passage et 4 m. dans les écuries doubles où les chevaux sont tous tête au mur.

Le pansage du matin peut se remplacer par une promenade, suivie d'un bouchonnage. Il se fait habituellement à 6 h. 1|2 du matin. Celui du soir a lieu à 2 h. 1|2 et dans l'ordre suivant : étriller 1|4 d'heure à 20 minutes, épousseter, bouchonner 1|4 d'heure à 20 minutes, épousseter, brosser 1|4 d'heure à 20 minutes; faire boire, donner l'avoine, puis la paille.

141. AU BIVOUAC. Les bivouacs ont toujours de grands inconvéniens, tels que le vent, la pluie, le froid, la grande chaleur, les insectes, etc. qu'il faut éviter autant que possible. Choisir un emplacement abrité, près de l'eau, d'un terrain ferme, sec et non sablonneux. Donner une bonne litière, desserrer les sangles, et enlever toutes les parties du harnachement qui gênent, autant toutefois que la sûreté de la position le permet. Si les chevaux doivent rester sellés, profiter d'un moment pour enlever la selle et frotter le dos avec une poignée de paille. Les chevaux, une fois établis, éviter de les déranger.

142. EN ROUTE. Ne pas faire plus de 12 à 14 lieues par jour : examiner le harnachement et le chargement avant le départ et à chaque halte, ainsi que les pieds des chevaux; éviter les marches de nuit; faire une halte d'heure en heure; aux 2|3 de la journée une halte d'une ou 2 heures pour faire manger et boire les chevaux. On peut aussi, comme dans les pays de montagnes, pour les chevaux et mulets de trait ou de bât, leur attacher à la tête une musette dans laquelle on place le foin, puis le grain. L'animal mange en marchant et boit sans danger la première eau qu'il trouve. Autant que possible, faire la journée tout d'un trait ou alors les 2|3 le matin et le reste le soir. Éviter les grandes chaleurs, ralentir l'allure en approchant du gîte; si on a pris le trot, ne pas le porter au-delà de 8000 m. par heure; reprendre le pas 20 minutes avant la halte, et 1 heure avant l'arrivée au gîte.

143. A L'ARRIVÉE. Décharger immédiatement, ôter la croupière, déboucler le poitrail, surtout desserrer les sangles, si on ne peut ôter la selle. Si les chevaux ont très chaud, les couvrir de paille sèche sous la couverte, après avoir enlevé la sueur avec le couteau de chaleur, bouchonner avec une poignée de paille sèche les parties découvertes ; s'il y a de la poussière, éponger les yeux, les naseaux, les lèvres, le fondement et le fourreau ; s'il y a de la boue, laver les jambes et les bouchonner de suite avec une poignée de paille. Lorsque les chevaux n'ont plus chaud, bouchonner les parties laissées couvertes. Examiner, dès l'arrivée, s'il n'est survenu ni blessure ni tumeur, visiter la ferrure. Laisser les chevaux une heure sans manger en enlevant tout ce qui pourrait leur servir à cet usage soit dans le ratelier, soit dans l'auge, soit par terre ; puis donner la paille ou le foin suivant l'ordre habituel ; ne débâter que 2 heures après l'arrivée, exposer au soleil les panneaux rembourrés, puis les battre avec une baguette. Si les pieds sont échauffés, les remplir de terre glaise.

Visiter tous les jours particulièrement les pieds, les fers et la ganache. Quant au pansage, l'abréger si les routes sont longues. Employer principalement l'étrille si les chevaux ont sué, le bouchon aux jambes s'ils ont marché dans l'eau ou la boue, l'éponge et le peigne si le temps est sec et s'il y a de la poussière. Bouchonner en sortant de l'eau. (209 212.)

144. FERRURE.

Avoir une ferrure de rechange par cheval, le double de clous nécessaires, et en hiver, des clous à glace. Surveiller les maréchaux et faire toujours remettre en même temps des fers pareils soit aux deux jambes de devant, soit aux deux de derrière, soit à toutes les quatre. Toutes les cinq semaines au plus faire parer la corne aux quatre pieds et remettre les fers, s'ils sont encore bons. Quand on ferre, et qu'un clou se coude, le retirer et le remplacer ; si le cheval, tranquille du reste, retire vivement le pied après un coup de brochoir, enlever de suite le clou. Ne laisser parer la sole et la fourchette que rarement, et jamais la partie entre la fourchette et le talon ; ne pas laisser mettre le fer trop chaud ni trop longtemps sur le pied. Empêcher de râper la muraille sur laquelle le fer doit porter partout et aucunement sur la sole. Le fer doit déborder d'environ son épaisseur en dehors à partir de l'extrémité de l'éponge jusqu'à la dernière étampure; être juste en pince et en dedans; les éponges minces et courtes; les fers doivent être étampés plus gras en dehors et maigres en dedans; ceux de devant en pince et ceux de derrière en talons. Il faut 2 heures à un maréchal et son aide pour ferrer les quatre pieds. Ces données générales subissent de légères modifications pour la forme des fers, lorsque les pieds sont défectueux.

145. HARNACHEMENT.

Il faut, pour éviter de blesser les chevaux, observer les règles suivantes : ne pas seller trop en avant; la couverte ne doit pas comprimer le garrot; la charge de derrière doit être disposée et élevée de sorte à ne pas blesser le rognon; empêcher les hommes de descendre fréquemment de cheval pendant les marches; faire toujours sécher et battre les couvertes avant de s'en resservir; veiller à la propreté du harnachement, visiter souvent les boucles, lanières, chevilles, esses de gourmettes, etc., faire graisser les cuirs. La charge sera bien fixée au bât de manière à éviter les oscillations pendant la marche, et rapprochée du garrot, pas trop élevée, inclinée plutôt d'avant en arrière et d'autant plus qu'elle est plus forte. Quand on met à un mulet un bât qui a été porté par un autre, refaire le dessus du rembourrage. Si le cheval maigrit, ajouter des panneaux faits de grosse toile et rembourrés avec du foin, en les clouant aux bandes de l'arçon, à leur partie supérieure, afin que les têtes des clous ne blessent pas le cheval,

146. Du reste *un cheval bien sellé* doit être de sorte que la colonne vertébrale soit sans contact avec les panneaux ni les pointes de l'arçon, le cavalier étant à cheval, le poitrail doit être au-dessus de la pointe des épaules; la croupière peu tendue; le porte-manteau droit; la charge de devant disposée de manière à élever le moins possible la main de la bride, etc. Les bois de selle hongrois sont les meilleurs connus, car ils vont à presque tous les chevaux.

147. Pour la *bride*, les boucles du montant et de la

sous-gorge hors montoir à même hauteur ; celle du montoir et de la sous-gorge et du filet-montoir formant une patte d'oie ; sous-gorge peu serrée , pour ne pas gêner la respiration ; muserolle assez serrée pour empêcher le cheval de bâiller ; montans de la bride en arrière des os des tempes ; mors du filet au-dessus de celui de la bride. Embouchure portant sur les barres un peu au-dessus des crochets d'en bas, le haut ne touchant pas le palais. Mors juste, ni large, ni étroit. Gourmette bien ajustée de manière à agir sur la barbe sans la comprimer quand la main n'agit pas.

148. Pour le *harnachement*, collier bien proportionné aux épaules, aisé à l'encolure mais pas trop large, assez long pour qu'on puisse passer la main ouverte entre le poitrail et la partie inférieure ; mamelles larges, souples et douces ; plates-longes et fourreaux à plat ; bras du haut de l'avaloire correspondant à la partie supérieure des hanches, bras du bas à 4 centimètres au-dessous de la pointe des fesses. Tout trait affaibli, si on ne le change pas, doit être mis aux chevaux de devant.

149. MALADIES et premiers soins à donner.

En bonne santé, le cheval a le regard vif, le poil lustré, le flanc régulier, de l'appétit, toutes les fonctions parfaites.

Toutes les fois qu'un cheval est blessé ou malade, appeler de suite un vétérinaire. En l'attendant, et pour les maladies internes, mettre de suite l'animal à la diète, puis donner les soins suivans selon les symptômes :

150. AFFECTIONS INTERNES. Toux sèche et fréquente, écoulement par les naseaux, engorgement de la ganache, sensibilité et adhérence des glandes, inquiétude de l'animal, tristesse, dégoût des alimens, poil piqué, altération du flanc, yeux tuméfiés, abattement, fièvre, etc. — Séparer le cheval et le mettre au régime blanc.

151. BLESSURES. Tumeur et inflammation. — Employer les lotions d'eau fraîche, vinaigrée ou salée, une motte de gazon arrosée de vinaigre, et placer l'herbe en dessous ; les frictions d'eau-de-vie avec du savon et du camphre. Rectifier la charge, le rembourrage de manière à ce qu'ils

ne portent pas sur la blessure. Si la tumeur augmente, ôter tout ce qui peut blesser l'animal, ouvrir la tumeur, laver la plaie seulement une fois par jour à l'eau tiède, sans enlever complétement le pus, garantir du contact de l'air avec de l'étoupe peignée ou de la charpie. La plaie commençant à se guérir, employer les lotions de sous-acétate de plomb. Empêcher les plaies de se refermer, les agrandir au besoin.

Si le cheval se blesse : 1° sur *les côtes*, garnir d'une toile la couverte pliée aux parties qui touchent la plaie, et relever la selle par des demi-panneaux portant sur la partie saine; 2° sur *le garrot*, élever la selle de l'avant par des demi-panneaux, garnir le devant de la couverte d'un linge, porter le poids plus en arrière de la selle; 3° sur *le rognon*, plier la couverte plus courte, diminuer la charge en arrière et la placer de manière qu'elle ne touche pas la partie malade ; 4° *la queue*, desserrer la croupière, graisser le culeron, le garnir de linge et l'ôter au besoin; 5° au *passage des sangles*, seller plus en arrière, si cela provient du contraire ; si c'est parce que la sangle est trop sèche et dure, gratter son arête, graisser la sangle ou la garnir de toile ou de peau de mouton ; 6° *à la bouche*, baisser ou élever le mors, ouvrir ou fermer les branches en haut, descendre ou monter le filet, etc.

152. BOITERIES. De quelle jambe; si c'est de devant, au pas l'avant-main s'élève quand le pied malade pose; si c'est de derrière, même jeu de l'arrière-main; au trot c'est l'inverse. Examiner sur des terrains différens de dureté. Si c'est une pierre entrée dans le pied, l'enlever en la frappant du côté le plus étroit du fer pour qu'elle tombe du côté le plus large. Employer le repos, les bains froids, cataplasmes et frictions spiritueuses s'il y a douleur dans les articulations. Avant tout, enlever le fer pour voir si la cause ne provient pas d'une faute du maréchal qui peut seul y remédier par l'emploi du boutoir et le vétérinaire par le bistouri.

153. COLIQUES. Le cheval se lève et se couche à chaque instant, regarde son flanc, paraît inquiet. — Promenade

en main, frictions sèches au bouchon sur le ventre, lavemens émolliens de mauve ou de laitue.

154. CREVASSES, eaux aux jambes.— Propreté avant
tout, lotions d'eau tiède rougie avec du vin et à la fin le
sous-acétate de plomb.

155. FOURBURE. Forte chaleur au pied sans mal apparent, difficulté de la marche qui a lieu sur les talons;
tristesse, fièvre. — Comme il faut alors déferrer et couper
la corne jusqu'au vif vers la pince le cheval ne peut suivre.

156. HEMORRAGIES. Opérer la ligature des vaisseaux
rompus, surtout des artères, la compression et le tam-
ponnement suivant les facilités et les circonstances.

157. POITRINE. Dans ces maladies, il faut de prompts
secours et de suite; si on ne peut avoir de vétérinaire, poser
des vésicatoires ou sétons sur la poitrine et saigner.

158. RETENTIONS d'urine. Le cheval se campe pour
uriner, manifeste de la douleur.—Lavemens émolliens et
boissons nitrées.

Pour ces premiers soins, il faut bistouris, seringues,
rubans et aiguilles à sétons, étoupes sèches, eau-de-vie
camphrée, savon, nitre, essence de térébenthine; pour
les piqûres, sous-acétate de plomb liquide, onguent de
pied, onguent populéum.

159. Les *écarts, distention de ligamens, plaies aux
membres, blessure d'armes*, etc., exigent les soins du
vétérinaire. Le cheval ne doit faire aucun service et être
laissé en arrière comme dans la fourbure. Quant à la
morve, au farcin et à la gale, il faut sur le champ isoler
les chevaux.

Les fractures aux membres sont sans remède.

160. DESINFECTION.

On emploie de préférence une solution de chlorure
d'oxide de sodium dite de Labarraque, étendue de
douze parties d'eau de rivière, de la manière suivante :

161. 1° HARNACHEMENT. La peau de mouton est dé-
cousue ; la selle démontée ; les panneaux, coussinets, etc.,
enlevés, les mors, étriers et objets en métal détachés des

cuirs : on lave objet par objet à plusieurs reprises avec une brosse en racine, fréquemment trempée dans la préparation, surtout les parties en contact avec l'animal. La couverte, la bourre et le crin sont mis seulement à tremper pendant cinq minutes dans l'eau chlorurée : aussitôt un objet lessivé, on le jette dans un baquet d'eau naturelle, on le retire après l'avoir agité et on le fait sécher. Les cuirs sont ensuite graissés à l'huile de pied de bœuf. Les parties en métal au savon vert. Il faut aussi laver à l'eau chlorurée les effets de coiffure et d'habillement que portaient les hommes chargés de soigner les chevaux atteints de maladies contagieuses ou réputés telles ; les effets de pansage sont détruits. Une bouteille de chlorure suffit pour cette opération.

162. 2° ÉCURIES. Enlever les fumiers, nettoyer et balayer l'écurie ; puis avec le mélange d'eau chlorurée laver fortement de la même manière que le harnais, les murs, mangeoires, rateliers, enfin toutes les parties de l'écurie. Pour le sol et les parties élevées, employer des balais trempés dans la solution. Ensuite laver à grande eau toutes les parties lavées à l'eau chlorurée. On agit de même manière pour tous les effets et ustensiles placés dans l'écurie ou y servant. Si le sol est raboteux ou présente des cavités, il faut le repiquer et le battre. Après ces opérations, on ouvre les portes et fenêtres pour chasser l'humidité. Il faut environ une bouteille de chlorure pour la place de deux chevaux. (229)

CINQUIÈME PARTIE.

Renseignemens divers.

——— ⁂ ———

163. AIR. Il contient en volume 21 parties d'oxigène et 79 d'azote et à 0 g. pèse 1 k. 299 par mètre cube: celui-ci contient aussi des vapeurs dues à l'évaporation.

Un homme absorbe par heure 31 litres d'oxigène ou 155 d'air atmosphérique, représentant 2 mètres cubes par 12 heures : comme on ne peut absorber, sans gêne pour la respiration, que le quart de l'air contenu dans une pièce, il faut que celle-ci en contienne 8 mètres cubes par homme. Pour y remédier, il suffit que la circulation de l'air (entrée comme sortie) soit de 1/10 de litre par minute et par homme, ou 660 par heure ou 7920 par jour (environ 8 mètres cubes.) (229)

164. ARMES. Le fusil doit se démonter dans l'ordre suivant : baïonnette, baguette, deux grandes vis (il n'y en a qu'une dans le nouveau modèle percutant), porte-vis (rosette) platine, goupille et battant de sous-garde, pontet, embouchoir, grenadière, vis de culasse, capucine, canon, vis et écusson, vis et détente.

Nota. Les pièces non citées ne doivent être démontées que par un armurier.

La platine se démonte dans l'ordre suivant: vis et grand ressort (ce dernier à l'aide du monte-ressort) vis du ressort de gâchette (faire sortir le pivot de son encastrement avant d'ôter la vis) ressort de gâchette, vis et gâchette, vis et bride, vis et noix (à l'aide du chasse-noix) chien ou marteau. Pour remonter, suivre l'ordre inverse ; mettre une goutte d'huile sur la partie taraudée de chaque vis avant de remplacer celle-ci, les serrer ni trop ni trop peu, afin que les pièces rôdent bien.

Pour nettoyer le fer, employer l'émeri pulvérisé très fin avec l'huile d'olive, si la rouille est forte; sinon le tripoli ou la brique brûlée, pulvérisée et tamisée également humectée d'huile. Pour les cuivres, le tripoli ou la brique humectée d'eau vinaigrée; frotter avec une brosse dure, des curettes de bois tendre, un morceau de drap. Nettoyer soigneusement les trous de vis et de pivots, essuyer avec un linge les fers et y passer la pièce grasse; laisser pourtant un peu d'onctuosité à l'intérieur de la platine. Quand on graisse celle-ci, enlever d'abord avec un linge le cambuis qu'a formé la graisse mise auparavant.

Pour un fourreau en cuir mouillé, retirer la lame, le faire sécher sans le chauffer, humecter d'huile la couture et frotter la lame avec la pièce grasse.

Empêcher le soldat d'aiguiser lui-même son arme ou de le faire faire sans ordre.

165. Bois. Si la pièce est prismatique et qu'on appelle l la portée, h la hauteur, b la base de la section, la résistance est donnée en multipliant par un des nombres suivants la formule $\frac{bh^2}{l}$; si la pièce est cylindrique, en appelant r le rayon du cercle la formule est $\frac{r^3}{l}$.

Chêne.	1000k	Peuplier	586 k.	Tilleul	750k.
Frêne.	1072	Sapin	918		
Orme.	1077	Tremble	624		

Il ne faut faire porter que le 1/10 du poids et jamais plus de 1/5. Deux poutres accolées horizontalement résistent mieux qu'une seule ayant l'équarrissage total.

Scellées à leur extrémité, les pièces de bois ont une résistance de 1/3 plus grande que lorsqu'elles reposent seulement sur des appuis. La charge également répartie sur toute la longueur d'une pièce peut s'élever au double de celle nécessaire pour briser la poutre, si cette charge était agglomérée au centre (113, 114, 115, 116, 117, 118, 119, 120).

L'expérience a donné les résultats suivants :

Une solive de chêne de 0·16 d'équarrissage peut supporter, savoir :

Longue de 3 m.	30.	—	5625 k.	et	13875 k.
id.	4	48	—	3437	—	9888
id.	5	00	—	3181	—	8188
id.	6	60	—	2475	—	5743

(Si elles avaient 0 m. 22 d'équarrissage.)

166. CARTOUCHES. Une feuille de papier pour 12 cartouches doit avoir 0 m. 430 de long sur 0 m. 35 de large. Coupé, chaque trapèze doit avoir 0 m. 135 à 0 m. 160 de haut sur 0 m. 120 à 0 m. 130 à la grande base et 0 m. 60 à la petite. Le mandrin en bois, creusé à un bout pour loger la balle, a 0 m. 185 de long sur 0 m. 158 de diamètre. La charge est de 1/95 de kilogr. ou 10 g. 52 pour les fusils à silex, et seulement de 9 g. à 9 g. 50 pour les fusils percutants. Pour couper le papier, on le partage en rectangles égaux et on divise chaque rectangle par une diagonale qui joint les deux longs côtés à 0 m. 60 des extrémités.

Pour faire la cartouche, on place le mandrin parallèlement au côté perpendiculaire aux bases, la grande dépassant la balle de 0 m. 135 ; on roule, on fait 4 plis sur la base en commençant par l'angle aigu du trapèze ; on serre les plis dans le petit sabot ou en coiffant avec le dé et frappant sur le taquet avec le bout arrondi du mandrin. On place les cartouches roulées debout dans une caisse, on les remplit et on les plie en rabattant le papier par 2 plis rectangulaires.

L'approvisionnement est fixé à 100 cartouches par homme, savoir : 40 dans la giberne, 50 dans les caissons et 10 en barils à la suite de l'armée.

167. CHEVAL. Le cheval porte autant que 7 hommes et traîne autant que 9. Mais en campagne, il ne faut pas lu i faire tirer plus de 300 k. outre le poids de la voiture.

L'expression *cheval* pour la force de la vapeur, exprime un poids de 75 k. élevé à 1 m. de hauteur en 1" c'est à peu près le double de ce qu'un cheval ordinaire peut faire en 6 h., ou 4 en 12, sans cesser de travailler. On dit aussi *cheval-vapeur*.

Chargé de son cavalier le cheval fait 40 kilom. en 7 ou 8 h. ; on exprime la même chose en disant qu'il porte 3600 k. à un kilom.

Le cheval de bât chargé de 100 à 150 k., porte 4000 k, à 1 kilomètre.

Le cheval de roulage traîne 700 à 750 k. c'est-à-dire 27500 k. à 1 kilomètre.

Le cheval de poste ne traîne que 230 k. ou 8730 k. à 1 kilomètre.

En somme, le travail d'un cheval ordinaire équivaut de 40 à 45 k. élevé à 1 m. de hauteur en 1".

168. CORDES. Si on appelle d le diamètre (en centimètres) d'une corde blanche, elle rompra sous une force représentée par 400 d^2 k. ; mais il ne faut se fier que sur la moitié de cette résistance où tout au plus les 2/3. Les meilleures cordes sont faites avec des chanvres de Riga (Russie), de Suisse, d'Alsace et de quelques pays italiens. Les chanvres à préférer sont ceux qui ont 1 m. à 1 m. 30 de longueur de brins et viennent dans les vallées avoisinant les hautes montagnes. Une bonne corde est dure et souple à la fois, de couleur argentée gris de perle ou verdâtre ou jaunâtre. Celles à rejeter sont cotonneuses sans avoir servies, remplies d'esquilles de chenevottes, inégalement tordues ou de torons inégaux en grosseur, foncées en noir parce que le chanvre commence à pourrir, tachetées de brun parce qu'elles ont été mouillées et se pourrissent aux endroits bruns; celles qui sentent le pourri, le moisi ou même seulement l'échauffé.

Neuves, les cordes s'allongent de 1/12 à un 1/7 et même 1/5 de la longueur; le diamètre diminue alors de 1/14 à 1/7. Elles rompent principalement aux endroits noués ou simplement enroulés et sous des poids qu'elles supportent pendant 10 à 15'. La rupture est annoncée par un allongement très considérable puisqu'il va de 1/6 à 1/4.

Les cordes mouillées se raccourcissent, mais perdent de 1/4 à 1/3 de leur force ; celles goudronnées, à diamètre égal, ne résistent que les 2/3 aux 3/4 des blanches.

169. Cours d'eau. Pour en jauger la dépense, il faut sonder un profil, estimer la vitesse et multiplier la section par celle-ci, on a alors la quantité de dépense d'eau, laquelle se calcule par *pouces de fontainier*. Celui-ci représente la quantité d'eau qui s'écoule par une ouverture circulaire d'un pouce de diamètre sous la charge d'une ligne ; cette quantité est de 13 litres 332 par minute. (12, 27, 28 199)

Evaporation de l'eau. Elle est à Paris de 0 m. 80 par an et va jusqu'à 1 m. dans les pays du midi.

171. Force de l'homme. Un fantassin peut, dans une journée, porter 50 k. à 18 kilomètres, ce qui équivaut à 920 k. portés à 1 kilomètre. Il peut, également à 1 kilomètre et dans le même temps, traîner 540 k. sur un traîneau et 2300 k. dans une charrette.

172. Forces des principaux États. *Angleterre*, 80 à 90,000 h. au pied de paix (1); celui de guerre indéterminé. Recrutement par enrôlements volontaires avec primes pour 7, 14, 21 ans, et la vie. De plus, 2 sortes de milices : 1° régulière et qui partage à l'intérieur le service de l'année permanente. Le service y est de 5 ans ; le remplacement est permis. Tous les Anglais, sauf les pairs, les marins et les pauvres (ceux qui ne paient pas de contributions) concourent à sa formation par la voie du sort. 2° irrégulière et qui ressemble à notre garde nationale.

(1) Ce chiffre ne comprend que les troupes employées dans le royaume uni ; car, pour le total, il faut ajouter 30,000 h. dans l'Inde, 45,000 dans les colonies, et l'armée indigène soudoyée par la Compagnie des Indes, et comprenant plus de 250,000 h. (*Budget de la guerre, en 1841.*)

Autriche. En paix, 270,000 h. plus les frontières de Turquie, dont l'organisation militaire fournit 35,000 h. sur 1,200,000 âmes. Sur le pied de guerre, 400,000, plus 70,000 aux frontières Turques, et l'insurrection Hongroise pouvant donner plus de 50,000 h. dont 20,000 cavaliers. En Hongrie, les nobles sont exempts du recrutement qui se fait par enrôlements volontaires avec primes en argent pendant la paix et par appel forcé en temps de guerre. Dans les états héréditaires, les nobles sont également exempts et on emploie une sorte de conscription à laquelle concourrent tous les individus de 19 à 29 ans. Le temps du service est de 10 ans. En Italie, on emploie la conscription établie par Napoléon. L'armée permanente est réduite à 1/4 par le moyen des congés.

Prusse. En paix 120,000 h. et 80 à 85,000 en congé. La durée du service est de 3 ans. La land-wehr se divise en 2 bans : 1° organisé et sous les armes, comprenant tous les hommes de 20 à 32 ans ; 2° n'ayant que les matricules et comprenant tous ceux de 32 à 40 ans ; elles sont à peu près d'égales forces et ensemble forment environ 400,000 hommes.

Russie. Les cadres comprennent 915,000 h., savoir : 737,000 d'infanterie, 112,000 de cavalerie, 60,000 d'artillerie, et 6,000 du génie ; mais il n'y a que les 2/3 de cette force officielle. Le recrutement a lieu par appel forcé, et dans quelques gouvernements par colonisations militaires. La durée du service est de 20 ans dans la garde et 22 dans la ligne. On prend tous les hommes de 18 à 40 ans, savoir: les esclaves au choix des seigneurs et les hommes libres, par appel forcé et voie du sort. Il est difficile à la Russie de mettre plus de 280,000 à 300,000 h. dans une guerre européenne, à cause des populations du Caucase et de son étendue disproportionnée à sa population.

173. FOURS DE CAMPAGNE. Avec 3 hommes qui se relèvent fréquemment, on peut en établir un en 4 h. 1/2 de la manière suivante : faire un talus de 2 m de haut

en terrain résistant, puis un rameau de 2 m. de long, bas, étroit et sans coffrage ; à 1 m. 25 de l'entrée deux petits rameaux perpendiculaires au grand ; déblayer la terre comprise dans les bras de cette espèce de croix, de manière à établir une légère pente vers la bouche ; donner au tout la forme elliptique et cintrer la partie supérieure en calotte surbaissée. Chauffer 10 à 11 h. pour sécher, puis enfourner le pain ; les autres fournées ne demandent que 2 à 3 h. de chauffe. Si l'on pave avec des briques l'âtre du four, on peut diminuer de 3 h. la 1re chauffe. Si le terrain est marneux, si c'est du tuf, il faut plus de temps pour creuser, mais en revanche, on peut faire le four pour 200 rations.

Voici un autre moyen plus expéditif et qui donne des fours de 100 à 150 rations. Faire la rampe, creuser en même temps une tranchée dans la longueur du four (à partir de 0 m. 10 de la bouche) de 0 m. 80 de profondeur sur 0 m. 30 à 0 m. 40 de large ; creuser à droite et à gauche des portions de voûtes en anse de panier de sorte que l'âtre ait 1 m. 50 à 1 m. 70 de largeur ; percer ensuite la bouche et fermer la tranchée avec 3 ou 5 gazons en voussoir, en laissant dans le fond un hourra (ouverture carrée) de 0 m. 11 de côté.

174. Fusils (Résistance des). Un canon chargé de 2 et 3 cartouches sans intervalle entre elles, n'éclate pas, ni même avec 4 ou 2 à 3, à balle forcée, à moins qu'il n'y ait quelque altération. Il n'y a plus de sûreté si les cartouches laissent entre elles un intervalle, ou s'il y a par dessus un tampon de bois, de linge, du sable, de la neige, de la terre, etc., non contigus à la cartouche. Une charge de balles ou lingots même du poids de 0 k. 57 n'offre aucun danger si elle touche à la poudre : toutefois, il ne faut pas placer au dessus des lingots les plus lourds, surtout ceux qui péseraient 0 k. 107 et auraient 0 m. 013 d'équarrissage. Un canon, même avec défaut non aperçu à la vérification, résiste à 3 cartouches superposées. Enfin, un canon réduit à une épaisseur de 0 m. 004 résiste

encore à 3 cartouches et à une seule, à 0,002 (109, 110, 124, 164.)

175. GLACE. Pour le passage de l'infanterie en file, elle doit avoir 0,08 d'épaisseur ; pour la cavalerie et les pièces égères, 0,11 à 0,16 ; pour les voitures chargées, plus de 10,16. En outre, il faut qu'elle porte bien sur l'eau. On augmente sa force en couvrant de fascines, de paille longue qu'on arrose à plusieurs reprises. Il faut passer les chevaux en main, placer deux files de madriers sous les voitures et distancer celles-ci.

176. JOURNÉES ET TACHES. Le prix des journées pour les travailleurs qu'emploie le génie dans les travaux de siège est ordinairement de 0 fr. 50 à 0 fr. 75 par soldat, et 1 fr. par sous-officier. Ces prix sont augmentés de 0,25 pour les travaux de nuit. Quant aux tâches, elles varient de prix, selon le péril et la difficulté et se calculent par mètre courant. L'usage a établi les prix suivans :

2e parallèle et cheminement jusqu'à la 3e.	1 fr. 00 c.
3e id. jusqu'au pied du glacis.	1 25
Sape sur le glacis.	1 50
Couronnement de chemin couvert.	1 75
Sape dans le chemin couvert.	2 50
Descente et passage de fossé sec.	5 00
Passage de fossé plein d'eau.	10 00

Les travaux faits sur les brèches n'ont point de prix fixe.

177. MESURES ÉTRANGÈRES. Elles se divisent comme les françaises, en mesures de poids, de longueur, itinéraires, de capacité, de superficie et de solidité. Les tables suivantes sont extraites des annuaires du bureau des longitudes et des tables de Lohmann, ainsi que celles des monnaies et pesanteurs spécifiques.

1° POIDS.

178.

		k.		
Angleterre......	Livre troy.........	0	3731	12 onces, 240 penny weights, 5760 grains.
	Livre avoir du poids	0	4535	1/2240 tonnes 1/112 de quintal, 16 onces, 256 drams (artiller.)
	Tonne...........	1015	6500	20 quintaux de 112 livres.
Autriche.........	Livre...........	0	5600	1/100 quintal, 16 onces, 32 loth, 126 drachmes, 512 fening.
Bade............	Livre de 1815.....	0	5000	1/100 quintal, 1/10 stein, 10 zehnlinge, 100 centasses, 1000 fening, 10000 as.
Bavière...........	Livre.............	0	5611	1/100 quintal, 32 loth.
Berne...........	Livre du commerce ou poids de fer.	0	5204	Subdivision comme pour l'Autriche.
Cologne.........	Livre.............	0	4674	
Constantinople...	Rottel............	0	6378	
Danemarck......	Livre.............	0	4993	1/100 quintal, 32 loth, 128 drachmes, 512 ort, etc.
Espagne.........	Livre de Castille...	0	4603	1/150 quintal macho, 1/100 quintal, 1/25 arroba, 2 marcs, 16 onces, 256 adarmes, 9216 grains.
Gênes...........	Livre grand poids..	0	4797	
	Id. petit poids...	0	4344	
Hanovre.........	Livre.............	0	4895	1/112 quintal, 1/14 liespfund, 2 marcs. 16 onces, 32 loth, etc. L'artillerie emploie la livre avoir du poids, anglaise.
Hollande........	Livre du commerce	0	4939	2 marcs, 16 onces, 32 loth, 128 drachmes, 320 engels, 10280 as
	Livre du Brabant..	0	4704	Pour mémoire, peu usitée depuis 1820 (artillerie).
	Livre Troy.........	0	4920	10 onces, 100 lood, 1000 wigtge, 10000 korrel (c'est le poids métrique français).
	Livre nouvelle des Pays-Bas.........	1	0000	
Milan...........	Livre.............	0	3248	12 onces.
Naples..........	Rololo............	0	8940	1/100 cantaro, 3/34 stavo, 25/9 livre, 33 1/3 onces.
	Livre poids de soie.	0	3208	12 onces, 360 trapezi, 7200 accini.

		k.	
Portugal..........	Livre	0 4590	1/128 quintal, 1/32 arroba, 2 marcs, 16 onces, 128 ontavas.
Prusse	Livre de Berlin.....	0 4685	Avant 1816 : 1/110 quintal, 1/12 stein pesant, 1/11 stein léger, 2 marcs, 16 onces, etc. Depuis 1816 : 1/110 quintal, 2 marcs, 32 loth, 128 drachmes, 576 grains.
Rome	Livre	0 3392	1/1000 grand cantaro, 1/100 petit cantaro, 12 onces, 288 deniers, 6912 grains.
Russie.	Livre.	0 4093	1/400 berkowitz, 1/40 poud, 32 loth, 96 solotnick.
	Poud.	16 3720	1/10 berkowitz, 40 livres.
Saxe.	Livre de Dresde.	0 4609	1/110 quintal, 1/22 stein, 32 loth, 128 drachmes, 512 fening.
Suède.	Livreschalgewicht.	0 4251	C'est la plus usitée ; trois autres sont employées pour les fers, les mines et les villes de l'intérieur.
Toscane.	Livre.	0 3395	12 onces, 288 deniers, 6912 grains.
Turin. . . .	Lira. . . .	0 3690	1/25 rubbio, 12 onces, 96 octaves, 288 deniers, etc.
Tyrol. . . .	Livre. . . .	0 6029	
Varsovie. . . .	Livre. . . .	0 4050	1/160 quintal, 32 loth, etc.
Wurtemberg. . . .	Livre de 1806. . .	0 4676	32 loth, 128 drachmes.
Zurich.	Livre grand poids..	0 5284	1/100 quintal, 18 onces, 36 loth.
	Livre petit poids. .	0 4697	2 marcs, 16 onces, 32 loth (pour les soieries).

2° LONGUEURS.

179.	Pied.	m. 0 3048	1/6 fathom, 1/3 yard, 12 pouces, 120 lignes, 1200 parties.
Angleterre. . .	Ponce. . . .	0 0254	1/12 pied.
	Yard. . . .	0 9143	3 pieds.
	Fathom. . .	1 8286	6 pied .

		m.	
Autriche	Pied	0 3161	1/6 toise, 12 pouces, 144 lignes, 1728 points; quelquefois aussi le pied de Nuremberg pour l'artillerie.
	Toise	1 8966	
	Aune	0 7799	6 pieds.
Bade	Pied nouveau..	0 3000	1/10 perche, 1/6 toise, 1/2 aune, 10 pouces, 100 lignes, 1000 points; quelquefois aussi l'ancien pied français.
Bavière	Pied	0 2919	1/10 perche, 1/6 toise, 12 pouces, 144 lignes; quelquefois aussi le pied du Rhin (v. Prusse) pour l'artillerie.
Berne	Pied	0 2933	1/10 perche, 1/8 toise, 12 pouces.
	Aune	0 5446	
Bruxelles	Pied	0 2910	
	Grande aune..	0 6943	
	Petite aune..	0 6844	
Cologne	Pied	0 2752	
	Grande aune.	0 6498	
	Petite aune.	0 5741	
	Grand pick..	0 6691	
Constantinople..	Petit pick .	0 6479	Appelé aussi sdrüa-stambouiin.
Cracovie	Pied	0 3564	
	Grande aune	0 6170	
	Id. aune.	0 5741	
Danemarck	Pied	0 3436	1/10 perche, 1/6 corde, 1/2 aune, 12 pouces, 144 lignes; l'artillerie emploie le pied du Rhin (v. Prusse).
Espagne	Aune	0 6272	
	Pied de Madrid..	0 2826	1/6 stade, 1/5 pas, 1/3 vara, 1 1/3 gripalme, 4 petites palmes, 12 pouces, 16 doigts. 192 lignes, 2304 parties; quelquefois on emploie l'ancien pied français.
	Vara (aune) Madrid	0 8560	

		m.	
Espagne	Vara de Cadix	0 8480	
Florence	Brasse	0 5830	
Francforts/Mein	Pied	0 2865	
	Aune	0 5396	
Hambourg	Pied	0 2865	
	Aune	0 5730	
Hanovre	Pied	0 2920	1/16 perche, 1/6 toise, 1/2 aune, 12 pouces, 96 huitièmes, 144 lignes; on emploie aussi le pied anglais.
Hollande	Pied	0 2831	1/13 perche, 1/6 brasse, 3 palmes, 11 pouces, 264 quartes.
Milan	Pied	0 4349	
Naples	Palme	0 2628	1/8 canne, 2/15 pas, 12 onces, 60 minutes.
	Canne	2 1128	de 4 brandes.
Nuremberg	Pied de ville	0 3038	1/16 perche, 12 pouces, 144 lignes, 1728 points.
	Pied de l'artillerie	0 2928	12 pouces, 144 lignes; on le divise aussi en parties décimales.
Portugal	Palme	0 2186	1/10 brasse, 1/5 vara, 1/3 cavado, 8 pouces.
	Id. de construct.	0 3396	
	Pied du Rhin	0 3138	
Prusse	Aune	0 5416	
Rome	Palme des archit.	0 2234	1/10 canne.
	Pied	0 2946	
	Pied	0 5338	1/4 saschen. 3/4 arschine. 12 werschock, 24 palez, 288 lignes; on emploie aussi le pied de 0,3048 divisé en 12 pouces et 144 lignes, et le pied anglais pour la construction des bouches à feu.
Russie	Saschen	2 1335	48 werschock.
	Arschine	0 7112	/3 saschen.
Saxe	Pied	0 2833	1/6 toise, 1/2 aune, 12 pouces, 144 lignes, 1728 points (pour l'artillerie, 12 pouces, 120 lignes et 1200 points).

		m.	
Suède.	Pied.	0 2968	1/16 perche, 1/6 corde, 1/2 aune, 12 pouces et 144 lignes ou
	Aune.	0 5937	120 lignes à volonté.
Toscane.	Pied géographique.	0 5820	
	Pied de construct.	0 5482	1/3 pas, 1/4, 1/6 cavezzo.
Turin.	Pied Liprando.	0 5137	1/6 trabucco, 1 1/2 pied ord., 12 onces, 144 points, 1728 atomes
	Aune.	0 6009	
	Pied.	0 3141	
Tyrol.	Pied.	0 8041	
Varsovie.	Aune.	0 2978	1/10 perche, 1/6 toise, 1/2 aune, 12 pouces, 144 lignes, etc.
	Pied.	0 3478	
Venise.	Pied.	0 6368	
	Aune.	0 2709	
Vérone.	Pied.	0 2865	1/10 perche, 10 pouces, 100 lignes, 1000 points.
Wurtemberg.	Pied.	0 3014	1/10 perche, 12 pouces, 144 lignes, etc.
Zurich et Bâle.	Pied.		

3° ITINÉRAIRES.

180.

		m.		
Allemagne.	Mille géographique ou mille moyen de 15 au degré équatorial supposé de 57,400 toises.	7419	3400	
	Mille de 69,2 au degré.			
Angleterre.		1609	3149	1760 yards.
Autriche.	Mille de poste.	7536	4550	10000 pas ou 4000 toises de Vienne.
Bavière.	Mille (suiv. Hoyer).	7876	0600	
Danemarck.	Mille du Rhin.	7532	4890	10000 pas ou 4000 toises du Rhin.

		m.		
Espagne	Lieue royale.	7066	00	25000 pieds.
	Lieue commune.	5596	00	19800 pieds.
	Lieue nouvelle.	6689	00	3000 vares de 16, 6 au degré.
	Id, dite légale.	4493	00	500 vares de Lopez, de 26, 5 au degré.
Grèce.	Mille moderne.	1292	00	
Hanovre.	Mille (suiv. Hoyer).	10587	95	
Hollande.	Mille.	5856	00	20692 pieds.
Italie.	Mille géographique ou nautique.	1851	85	De 60 au degré.
Milan.	Mille.	1654	00	
Naples.	Mille.	1926	00	
Piémont.	Mille.	2465	52	800 trabucchi.
Pologne.	Mille de 20 au degré équatorial.	5564	50	
Portugal.	Lieue de 18 au degré.	6473	00	
Prusse.	Mille.	7532	00	2000 perches.
	Id. selon Hoyer.	7747	42	
Rome.	Mille moderne.	1489	06	
Russie.	Werst.	1076	00	2000 pieds.
Saxe.	Mille.	9271	00	Environ 14000 aunes.
Suède.	Mille.	10687	00	18000 alner au aunes.
Suisse.	Mille.	7386	00	
Turquie.	Berri.	1670	00	
Venise.	Mille.	1906	00	

4e CAPACITÉS (en décilitres).

181.

Pays	Type	Unité	d.	
Angleterre	Grains.	Bushel	363 4766	1/80 last, 1/40 weys, 1/8 quarters, 1/4 combs, 1/2 strick.
	Liquides.	Gallon impérial.	45 4346	1/252 tonne, 1/126 pipe, 1/63 hogshead, 1/34, 5 barrels, 2 bottles, 8 pintes.
Autriche	Grains.	Metzen	644 9949	8 achtel, 16 grands mass, 32 petits mass, 64 becher.
	Liquides.	Mass.	76 8749	1/40 eymer, 2 canettes, 3 seitl, 6 pfiff.
	Grains.	Scheffel.	548 4450	1/96 last, 1/24 winspel, 1/12 malter, 4 viertel, 96 metzen, 384 masgen.
Berlin	Liquides.	Quart.	11 5054	1/768 foudre, 1/192 oxhoff, 1/122 ohm, 1/64 eymer, 1/32 anker.
Berne	Grains.	Mütt.	1583 8360	48 jemmi, 96 achserti, 192 sechzehnerti.
	Liquides.	Pinte.	46 4970	1/600 landfass, 1/400 gemeifass, 1/100 raum, 1/25 eymer.
Constantinople.	Grains.	Fortin.	351 1063	
	Liquides.	Alma.	52 3684	
Espagne.	Grains.	Cahiz.	571 4863	12 fanégas, 144 célémines.
	Liquides.	Arroba de vin.	457 5000	
	Huiles.	Arroba.	425 2600	
Gênes.	Grains.	Mina.	1467 3720	8 quarts.
	Liquides.	Maralola	646 6664	2 barilli, 200 pintes.
Hambourg	Grains.	Fass.	1053 7090	8 spuit, 32 grosse mass, 64 klein-mass.
	Liquides.	Quartier	9 0504	1/960 foudre, 1/310 ahm, 1/132 eymer, 1/2 kann.
Hanovre	Grains.	Sninten.	341 0345	196 last, 1/48 wispel.
	Liquides.	Quartier.	9 7438	1/960 foudre, 1/240, ochoft, 1 1/160 ahm, 1/64 eymer, 1/2 mass.

			d.		
Naples.	Grains.	Tomolo.	511	5802	1/35 cazzo.
Portugal.	Grains.	Alquieri.	135	0857	1/900 muyo, 1/60 fanega.
	Liquides.	Canhado.	13	9546	1/624 conuclada, pipa, almuda, alquieri.
Rome.	Grains.	Rubbio.	2672	3670	22 scorri.
	Liquides.	Barrile.	455	1439	4 1/2 rubbi, 32 boccali, 128 foglietti, 412 cartoni.
		Lasi.	3355	520	
		Tchevert.	209	720	
Russie.		Osmine.	104	860	Les six nombres ci contre sont, par exception, exprimés en litres.
		Tschétverik.	26	245	
		Vedro	12	289	
		Garnetz.	3	277	
Saxe.	Grains.	Scheffel.	1066	8010	1/24 wispel, 1/12 malter, 4 viertel.
	Liquides.	Kana.	12	0407	1/756 foudre, 1/330 fass, 1/66 eymer.
Suède.	Grains.	Tonne.	1465	1150	2 spann 8 viertel, 32 kapper.
	Liquides.	Kanne.	26	1840	1/360 foudre, 1/80 pipe, 1/90 oxchoft, 1/60 ahm, 1/30 eymer.
Turin.	Grains.	Saccho.	1149	5180	3 stuja, 6 mines.

182.

5° SUPERFICIE.

		m. cub.		
Angleterre.	Yard carré	0	8361	
	Rod (ou perche carrée).	25	2919	
	Rood	1011	6775	1210 yards carrés.
	Acre.	4046	7400	4840 yards carrés.
Russie.	Décialine.	10924	9000	2400 saschen carrés.

183.

6° SOLIDITÉ.

Russie.	Arschine cubes	0 m.c.	3597	
	Saschen cube.	9	7124	

184. MESURES FRANÇAISES, nouvelles et anciennes.
L'unité fondamentale, appelée *mètre*, est égale à la dix millionnième partie du quart du méridien terrestre.

185. *Poids*. Tonneau de mer 1,000 k.; quintal, 100 k.; kilogramme, poids d'un décimètre cube d'eau distillée à la température de 4 degrés centigrades audessus de la glace fondante ; il vaut 10 hect., 100 dé., 1,000 gr., 10,000 déci., etc.

186. *Longueurs*. Myriamètre, 10,000 m.; kilomètre, 1,000 m.; hectomètre, 100 m.; décamètres, 10 m.; mètre, valant 10 dé., 100 c., 1,000 mil., etc.

187. *Itinéraires*; myriamètre, kilomètre et décamètre.

188. *Capacités :* kilolitre, 1,000 l.; hectolitre, 100 l.; décalitre, 10 l.; litre cube d'un décimètre de côté et contenant 10 dé., 100 cen., etc.

189. *Superficie :* hectare, 10,000 m. carrés; arc 100 m. carrés, centiare, 1 m. carré.

190. *Solidité*. Stère, 1 m. cube, contenant 10 décist.

191. Les principales mesures anciennes (avant 1840) étaient outre les précédentes, savoir :

Lieue commune de 25 au degré.	4444 m. 44	2280 toises, 33.
-- marine de 20 au degré .	5555 55	2550 t. 41.
Aune de Paris.	1 188	3 pieds, 7 pouces, 10 lig. 5t6.
Lieue de poste de 25, 5 au degré	3898 07	20. 0 toises.
Pied de roi	0 3248	12 pouces, 144 lignes, etc.
Toise	1 949	6 pieds.
Brasse marine.	1 624	5 pieds.
Corde des eaux et fo. êts. . .	3 stères 829	
Perche id. . . .	51 m.c.07	22 p. de côté 484 p. carré,
Arpent id. . . .	5107 20	100 perches de 22 pieds.
Perche de Paris	34 19	18 p. de côté, 324 p. carré.
Arpent id.	3418 87	100 perches de 22 pieds.
Voie de bois	1 stère 917	56 pieds cubes.
Muid.	1 kilol. 872	12 setiers.
Id.	2 682	288 pintes.
Setier.	0 décal. 745	8 pintes.
Id.	1 hectol.560	12 boisseaux.
1,2 setier	2 décil. 330	
Pinte de Paris	0 lit. 931	
Poisson.	0 116	
Chopine	0 465	
Boisseau	13 000	
Livre de marc.	0 kilog. 4895	

192. **MONNAIES** étrangères d'or et d'argent, (principales divisions).

Pays	Métal	Monnaie	fr.	c.	Observations
Angleterre	Or	Guinée de 21 schillings	26	47	Demi-tiers et quart de guinée.
		Souverain de 20 schillings depuis 1818.	25	28	
	Argent	Crown de 5 schillings anciens.	6	16	
		Schillings anciens.	1	24	Schilling, 1/5 crown.
		Crown depuis 1848.	5	81	
		Schillings depuis 1848	1	16	
Autriche et Bohême	Or	Ducat de l'Empereur.	11	86	
		Ducat de Hongrie.	11	90	
		Demi-Souverain.	17	58	Quart de souverain.
	Argent	Rixdale depuis 1753	5	19	Demi-Rixdale ou florin.
		Demi-Rixdale ou florin.	2	59	
		20 kreutzers.	0	86	Pièce de 10 kreutzers.
Bude	Or	Pièce de 10 florins.	21	04	
		— 5 florins.	10	52	
		— 2 florins.	4	18	
		— 1 florin	2	09	
	Argent	Carolin.	25	66	
		Maximilien.	17	18	
Baviere	Or	Couronne.	5	66	
	Argent	Rixdale de 1800.	5	10	
		Teston ou Kopfstück.	0	86	
Belgique		Mêmes monnaies qu'en France.	»	»	
Danemarck et Holstein	Or	Ducat courant depuis 1767.	9	47	
		Ducat spécies de 1791 à 1802.	11	86	
		Chrétien de 1773.	20	95	

Pays	Métal	Monnaie	fr.	c.	Observations
Danemarck et Holstein.	Argent	Rixdale d'espèce ou double écu de 96 schillings de 1776. . . .	5	66	
		Rixdale de 6 mars 1750. . . .	4	96	
		Marc de 16 schillings, 1776. . . .	0	94	
	Or. . .	Pistole ou doublon de 8 écus, de 1772 à 1786 . . .	83	93	Pistole de 4 et 2 écus.
		Ecu avant 1786. . . .	10	49	
		Pistole, depuis 1786. . . .	81	51	Demi-Pistole ou 1 écu.
		Ecu, depuis 1786. . . .	10	19	
		Piastre de 1772. . . .	6	43	1/2 piécette, 1/10 de piastre.
Espagne. . . .	Argent	Réal de 2 ou piécette ou 1/5 de piastre.	1	08	
		Réalillo ou réal de veillon.. . .	0	27	Ou 1/20 de piastre
	Or. . .	Pistole de Pie VI et Pie VII.	17	27	Demi-Pistole.
		Sequin, 1769, Clément et ses successeurs.	11	80	Demi-Sequin.
États ecclésiastiques. . . .	Argent	Ecu de 10 pauls.	5	35	Teson, 3/10 d'écu, 30 bayoques; pa-
		Paul de 10 baïoques.. . .	0	54	péto, 1/5 d'écu, 20 bayoques.
	Or. . .	Ducat ad legem imperii	11	86	
		Ducat nouveau de la ville. . . .	11	76	
Hambourg.. . .	Argent	Marc banco (monnaie imaginaire).. .	4	88	
		Marc de 16 schellings. . . .	4	53	
		Rixdale ou écu d'espèce. . . .	5	78	
	Or. . .	10 florins.	20	86	
		5 florins.	10	43	
		3 florins.	6	41	
Hollande, . .	Argent	1 florin ou 100 cents. . . .	2	14	
		1/2 florin.. . . .	1	07	
		1/4 de florin	0	53	
		1/10 de florin	0	22	

			fr.	c.	
Hollande	Argent	1/20 le florin ou 5 cents.	0	11	
	Or.	Souverain depuis 1823.	25	13	Demi-Souverain ou 20 livres d'Autriche
Royaume lombardo-véni-tien	Argent	Ecu de 6 livres d'Autriche	5	20	
		Demi-Ecu ou un florin.	2	60	Livre d'Autriche
		Livre d'Autriche	0	87	
	Or.	Once nouveau de 3 ducats, depuis 1818.	12	99	
		Quintuple de 15 ducats depuis 1818.	64	95	
		Décuple du 30 ducats, depuis 1818.	129	90	
Naples	Argent	12 Carlins de 120 grains, depuis 1804.	5	10	
		1 Carlin, depuis 1804	0	42½	Pièce de 2 carlins.
		Ducat de 10 carlins, depuis 1818.	4	25	
	Or.	Sequin.	11	95	
		Pistole de 1784	23	01	
		Pistole de 1786 à 1791.	24	94	
Parme		20 lires, depuis 1815 (Marie-Louise).	20	00	Pièce de 40 lires.
		Ducat de 1784 à 1796	5	18	
	Argent	Lira.	1	00	Pièce de 1/2, 1/4 lira.
		5 lires (Marie-Louise).	5	00	Pièce de 2 lires.
		3 lires, depuis 1776.	0	68	Pièce de 1 livre. 10 sous.
	Or.	Ducat	11	93	
		Ryder	31	65	
Puys-Bas	Or.	20 florins, 1808	43	14	Pièce de 10 florins.
		Florins, 20 sous, ou 100 cent...	2	16	
	Argent	Escalin, 6 sous.	0	64	
		Ducaton ou ryder	6	85	
		Ducat ou rixdale.	5	4.	
Portugal	Or.	Moeda douro, lisbonine de 4,800 reis.	33	96	Mein moédas, ou demi-lisbonine, quartino ou 1/4 lisbonine.

			145.27	Demi-Portugaise, pièce de 16 testons ou 1,600 reis, de 12, de 8 testons.
Portugal	Or	Cruzade de 480 reis	3 30	
	Argent	Cruzade neuve de 480 reis	2 94	
		Cruzade neuve de 100 reis	6 12	
Prusse	Or	Ducat	11 77	
		Frédéric	20 80	Demi-Frédéric.
	Argent	Rixdale, thaler de 30 silbergros 1823	3 71	Pièce de 5 silbergros.
		Silbergros (valeur intrinsèque)	0 40	
Raguse	Argent	Talaro, ragusine	3 90	Demi-Talaro.
		Ducat	1 37	
		12 grossettes	0 44	Pièce de 6 grossettes.
		Ducat de 1755 à 1763	11 79	
Russie	Or	Impériale, 10 roubles, depuis 1763	52 38	Demi-Impériale, 5 roubles.
		Ducat, depuis 1763	11 59	
		Impériale, 10 roubles, depuis 1763	41 29	Demi-Impériale, 5 roubles.
	Argent	Rouble de 1750 à 1762	4 61	100 copecks.
		Rouble depuis 1763	4 04	
Sardaigne	Or	Carlin depuis 1768	49 33	Demi-Carlin.
		Pistole	28 45	Demi-Pistole.
	Argent	Ecu, depuis 1768	4 70	Demi, quart d'écu.
		Ecu neuf de 5 livres	5 00	
		Sequin	11 95	
		Sequin de Gênes	12 01	
Savoie et Piémont	Or	Double neuve pistole de 24 livres	30 00	Demi-pistole.
		Carlin, depuis 1755	150 00	Demi-carlin.
		Pistole neuve de 20 livres	20 00	
	Argent	Ecu de 6 livres, depuis 1755	7 07	Demi, quart, demi-quart d'écu.
		Ecu neuf de 5 livres 1816	5 00	

10

			fr.	c.	
Saxe	Or	Ducat.	11	86	
		Double-Auguste, 10 thalers. . . .	41	49	Auguste, demi-Auguste.
	Argent	Rixdale d'espèce, écu de convention, depuis 1763	5	95	
		Demi-Rixdale, florin de convention. .	2	97	
		Thaler de 24 bonsgros (monnaie imaginaire).	3	90	
		Gros 1/32 rixdale, ou 1/24 thaler. . .	0	46	
Sicile	Or	Once.	13	73	
		Ecu de 12 tarins.	5	10	
Suède	Or	Ducat.	11	70	
		Demi-Ducat.	5	85	Quart de Ducat.
	Argent	Rixdale d'espèce de 48 schellings, de 1720 à 1802	5	76	2/3, 1/3 de rixdale.
		1/3 de rixdale.	1	91	
Suisse	Or	Pièce de 32 fr. de Suisse.	47	63	Pièce de 16 francs.
		Ducat de Zurich.	11	77	
		Ducat de Berne.	11	64	
		Pistole de Berne.	23	76	
	Argent	Ecu de Bâle de 30 batz ou 2 florins. .	4	56	Demi-Ecu ou florin.
		Franc de Berne et de Suisse, dep. 1803.	1	50	
		Ecu de Zurich de 1781.	4	70	Demi-Ecu ou florin.
		Ecu de Bâle et Soleure, 40 batz, depuis 1798.	5	90	
		4 francs de Berne, 1799.	5	88	2 et 1 franc.
		4 frants de Suisse, 1803.	6	00	
Toscane	Or	Ruspone ou 3 sequins aux lis . . .	36	04	Sequin aux lis, 1/3 de ruspone.
		Sequin à l'effigie.	12	01	Demi-Sequin.

			fr.	c.	
Toscane..	Or....	Rosine...............	24	54	Demi-Rosine.
	Argent	Franscescone, livournine, piastre à la rose, talaro, léopoldine, écu de 10 pauls..	5	64	5, 2 et 1 Paul.
		Paul.............	0	56	
Turquie.	Or....	Sequin zermahboud de Adoul-Hamet, de 1774.	8	72	Nizfie ou demi-zermahboud
		Roubbié ou 1/4 de sequin fondoukli.	2	43	
		Sequin zermahboud de Selim III.	7	30	Demi-Sequin.
		Pièce de 1/4 de séquin de Selim III.	1	83	
	Argent	Allmichlec, de 60 paras, 1774.	3	52	
		Yavernlec, de 20 paras, 1757.	0	99	Roubb de 10 paras.
		Para de 5 aspres, 1773.	0	04	
		Piastre de 40 paras, 1780.	2	00	
		Pièce de 5 piastres de Mahmoud, 1811.	4	14	

193. Pesanteurs spécifiques. L'unité est la pesanteur de l'eau distillée.

194. 1º Solides.

Platine { laminé	22 069	Bois sec d'Orme rouge. .	0	76
{ forgé	20 337	Id. Pommier.	0	73
Or fondu. .	19 258	Id. Érable.	0	755
Mercure à 0°.	13 598	Id. Sapin jaune. . .	0	66
Plomb fondu.	11 352	Id. id. épicéa. . . .	0	52
Argent id.	10 474	Id. id. abies. . . .	0	46
Cuivre en fil.	8 879	Id. Pin.	0	55
Id. pur fondu.	8 788	Id. Tilleul.	0	60
Bronze.	8 700	Id. Noyer.	0	60
Acier non écroui. . . .	7 816	Id. Chataignier. . .	0	59
Fer en barre.	7 788	Id. Aune.	0	53
Id. fondu en fonte grise.	7 207	Id. Peuplier ordin. .	0	38
Etain fondu.	7 294	Id. id. d'Italie. . .	0	42
Zinc id.	6 864	Id. id. blanc d'Esp. .	0	53
Antimoine id	6 712	Id. Liége.	0	24
Soufre natif.	2 033	Id. Sycomore. . . .	0	64
Salpêtre.	2 090	Id. Maronnier. . . .	0	66
Fonte noire.	7 258	Id. Mélèze.	0	66
Id. blanche.	7 500	Id. Saule.	0	59
Sel commun.	1 948	Id. Bouleau blanc. .	0	57
Terre commune. . . .	1 450	Id. id. commun	0	70
Sable fort.	1 800	Id. Osier.	0	54
Id. humide.	1 850	Id. Prunier.	0	79
Terre mêlée de pierres. .	1 900	Id. Poirier	0	60
Argile.	1 930	Id. Acacia faux. . . .	0	79
Id. mêlée de tuf. . . .	1 950	Id. id. sans épines	0	78
Pierre à fusil.	2 740	Id. Cerisier.	0	72
Terre grasse mêlée de		Id. Cèdre du Liban.	0	60
cailloux	2 250	Id. Charme.	0	76
Marbre de. . . 2 686 à.	2 837	Id. Platane d'Orient.	0	54
Pierre à bâtir de 1 660 à.	2 624	Id. id d'Occid.	0	70
Briques de. . . 1 410 à.	1 857	Id Cyprès.	0	61
Chaux vive.	0 804	Id. If.	0	84
Bois sec (ayant desséché		Bois vert de chêne de		
à l'air pendant dix à		Hambourg.	0	78
douze mois) de chêne.	0 86	Id. Chêne d'Espagne et		
Id. Hêtre.	0 85	d'Italie. . .	1	11
Id. Frêne.	0 845	Id. id. ordinaire . .	1	14
Id. Orme blanc. . . .	0 60	Poudre de guerre. . . .	0	95

195.   2° Liquides.

Eau de la mer	1 03	Acide sulfurique	1 84
Alcool du commerce. . . .	0 84	II. nitrique.	1 22
Huile d'olive.	0 92	Huile de lin	0 94
Huile essentielle de térében-		Id. de pavots.	0 93
thine..	0 87	Mercure (à 0°)	13 59
Vins (moyenne).	0 99	Résine.	1 07
Ether sulfurique.	0 74		

Le poids d'un corps solide ou liquide est égal à son volume en mètre, multiplié par sa pesanteur spécifique et
par le poids du mètre cube d'eau (1,000 k.)

195.   3° Gaz.

Poids du mètre cube à 0° et 0 m. 76 de pression.

	k.		k.
Air..	1 299	Ammoniaque..	0 755
Acide carbonique.	1 981	Hydrogène bicarboné...	0 978
Oxigène.	1 434	Id. carboné des	
Azote.	1 259	marais.	0 555
Chlore.	3 209	Vapeur d'éther sulfur.que	2 586
Hydrogène..	0 089	Id. d'alcool.	1 613
Acide sulfureux.	2 849	Id. d'eau.	0 622

En hiver le même volume d'air pèse le double qu'en
été (régions tempérées.)

Une atmosphère pèse par centimètre carré de surface
1 k. 0,330.

197. PILES DE BOULETS. On évalue le nombre de boulets qu'elles contiennent par les formules suivantes :
Pile triangulaire : soit *n* le nombre de boulets d'un
des côtés de la base, le total est $\dfrac{n(n+1)(n+2)}{6}$

Pile carrée : la formule devient $\dfrac{n(n+1)(2n+1)}{6}$

Pile rectangulaire oblongue : soit *n* le nombre des
boulets d'un des petits côtés de la base, *m* celui de
l'arête supérieure. on a $\dfrac{n(n+1)}{2} \times \dfrac{m+2(m+n-1)}{3}$

Chaque face triangulaire est exprimée par la première
partie de la formule.

198. RÉGIME ALIMENTAIRE (136). D'après Lagrange, il faut à l'homme 2 parties de substance animale contre 7 de substance végétale : sur 100 parties.

Le pain en contient 80 de nutritives (216).

La viande	—	31	id.
Les haricots	—	92	id.
Les fèves	—	89	id.
Les pois	—	93	id.
Les lentilles	—	94	id.
Les carottes	—	14	id.
Les choux, navets		8	id.

D'après ces données, 0 k. 50 de bon pain équivaut à 1 k. 25 ou 1 k. 50 de pommes de terre.

Id. 0 k. 375 id et 0 k. 153 de viande à 1 k. 60 de pommes de terre.

Id. 0 k. 50 de riz ou lentilles, fèves, etc., à 1 k. 75 de pommes de terre.

Ces données approximatives servent de base pour établir la nourriture du soldat (216, 217, 218, 220).

199. RIVIÈRES. L'eau contient ordinairement une partie d'oxigène et 2 d'hydrogène ; sur 100 k. elle pèse 88 k. 29 d'oxigène, et 11 k. 70 d'ydrogène, et 0 k. 01 d'air comprenant sur cent parties 32 k. d'oxigène et 68 k. d'azote. En outre, les rivières contiennent une certaine quantité de limon : ainsi le Nil en contient 1/132, le Rhin 1/100, le Pô 1/170, la Seine 1/120 ; toute rivière médiocrement troublée 1174 (27, 169).

200. Les trains ayant ordinairement 4 m. de large, une rivière est flottable lorsqu'elle atteint 0 m. 65 c. de de profondeur, et navigable au-dessus de 1 m. Les canaux ont de 1 m. à 1 m. 20 c., il leur suffit de 0 m. 20 c. à 0 m. 30 c. de plus que le tirant des bateaux qu'ils portent. La navigation exige une pente de 1/4000 : pour remonter à la voile, il faut moins de 1/2000 ; à 1/500 on ne remonte plus même avec le halage. La Seine a 1/10,000 de Paris à Rouen, le Rhône 1/235 du fort l'Ecluse à Génissiat, 1/2500 de Lyon à Valence, et 1/1400 de Valence à Avignon.

201. Pour calculer la vitesse moyenne, on jette dans l'eau un corps flottant tel qu'une bouteille bouchée et en partie remplie d'eau, une baguette lestée de manière à ne pas s'enfoncer totalement, un morceau de liége tenu verticalement par un plomb, une grappe de groseille, etc. On compte avec une montre à secondes le temps que le flotteur met à parcourir une longueur mesurée sur la rive; à défaut de montre, on fixe un fil à plomb à un clou planté dans un arbre à 0 m. 994 c. du centre de la balle, ses oscillations donnent les secondes. La vitesse réelle est de 0 m. 75 fois le nombre trouvé, s'il est au-dessous de 0 m. 40 c. par seconde, 0 81 fois s'il est de 0 m. 40 c. à 1 m. 30 c., et 0 85 fois s'il est de 1 m. 30 c. à 2 m. On peut aussi à l'aide d'une nacelle ancrée au milieu du thalweg, employer le loch des marins.

202. On appelle peu de courant une vitesse de 0 m. 50 c. par seconde.

Courant ordinaire une vitesse de 0 m. 80 c. à 1 m. 00 c. (presque tous les fleuves d'Allemagne).

Courant rapide une vitesse de 0 m. 50 c. à 2 m. 00 c.

Courant très-rapide   id.   2   00   à 3   00

Courant impétueux   id.   au-dessus de 3   00

et auquel rien ne résiste.

203. Voici la vitesse moyenne de quelques cours d'eau en Europe :

		m. c.			m. c.
Danube moyenne		1 40		— dans les crues	
Durance après Sisteron		2 65	Rhin	jusqu'à	2 00
Elbe	à Jaromitz	2 00		à Dusseldorf	1 50
	à Boitzemberg	1 20		sous Coblentz	1 54
Moselle	ordinaire	0 90		à Arles	1 45
à Metz.	aux endroits rap.	2 00	Rhône	à Beaucaire	2 60
Oder	en Silésie	1 00		à Seyssel	2 00
	à Stettin	0 65		à Lyon	2 10
Rhin	au pont de Kehl près de	2 00	Seine	à Paris	1 05
	à Gueldern	1 20		—aux end. rapides	1 90
	à Mayence	1 25		de Paris à Rouen	0 65
			Tessin	moyenne	2 33

204. ROUTES. 4 bommes de front déterminent la lar-

geur ordinaire pour une voiture. Voici les dimensions qu'on leur donne habituellement :

	Larg. sans le fossé.	Chaussée.	Chaque accotement.	Fossés.	Aboutissans.
	m.	m.	m.	m.	
1re classe.	20 00	6 66	6 66	2	Capitales.
2e id.	12 00	6 00	3 00	2	Chefs-lieux de prov., dép., etc.
3e id.	10 00	6 00	2 00	1 65	Id. cantons, etc.
4e id.	8 00	5 00	1 50	1	Id. villages, etc.

Au-dessous de 8 m. on ne fait pas d'accotement , tous les fossés ont leur talus à 45°.

Les pentes varient de 1/14 à 1/7 au plus en pays de montagnes ; dans les nouvelles routes on donne de 1/18 à 1/24 pour éviter les renforts et enrayages ; les limites des pentes sont 4/10 pour les chevaux, 55/100 pour les mulets, 8/10 pour les hommes : toutefois il est des chevaux, tels que les arabes, qui passent partout où passe un mulet (126).

205. Pour détruire les routes, il faut faire sauter les ponts et aqueducs sur tous les cours d'eau, des tranchées transversales de distance en distance, surtout dans les bas-fonds où les décembres retiennent les eaux ; en montagnes, détruire les murs de soutènement, faire sauter ou rouler des rochers pour obstruer ceux qui sont creux, surtout dans les défilés.

206. Son. Il parcourt 333 m. 61 c. par seconde dans l'air libre à 10° centigrades ou 8° Réaumur. Cette vitesse augmente ou diminue de 0 m. 626 par degré centigrade, ou 0 m. 783 c. par degré Réaumur de température en plus ou en moins ; de 10 m. par seconde par un vent ordinaire et 30 m. dans un ouragan, suivant la direction du souffle. (215)

Sachant qu'une montre ordinaire bat 5 fois par seconde ou 1800 par heure , on peut estimer à peu près la distance où l'on est d'une batterie, en comptant le nombre de secondes écoulées entre le moment où l'on voit la lumière jusqu'à celui où l'on perçoit le son de la détonation, on multiplie le chiffre trouvé par les quantités indiquées ci-dessus, en ayant égard au vent et à la température.

207. Thermomètres. Le thermomètre centigrade est compris entre 0 et 100, — celui de Réaumur entre 0 et 80, — celui de Farenheit entre 30 et 212, (entre la température de la glace fondante et celle de l'eau bouillante.) Il s'ensuit que 1 d. centig. vaut les 4/5 d'un d. Réaumur.

Id.	id.	9/5	id.	Farenheit.
Id.	Réaumur	5/4	id.	centigrad.
Id.	id.	9/4	id.	Farenheit.
Id.	Farenheit	5/9	id.	centigrad
Id.	id.	4/9	id.	Réaumur.

208. Troupes. *Infanterie.*

	m.
Un fantassin occupe dans le rang	0 50
— dans la file avec le sac.	0 50
— en marchant.	0 65
— entre les rangs du sac à la poitrine.	0 32
— debout 1/3 de mètre carré.	•
Profondeur d'une file en bataille.	2 00
— y compris les serre-files.	4 00
Intervalle entre 2 bataillons en bataille.	16 00
— en colonne.	12 00
— 2 régimens.	20 00
— 2 brigades.	30 00
— 2 divisions	50 00

209. *Cavalerie.*

	m.
Le cheval occupe dans le rang.	1 00
N. Toutefois la largeur réelle n'est que de 0 m. 90 c. dans la grosse cavalerie et 0 m. 86 dans la cavalerie légère en bataille.	
Le cheval occupe dans la file	3 00
— en marchant.	4 00
— entre les rangs de tête à croupe.	0 65
Profondeur d'une file en bataille	6 00
Intervalle entre 2 escad.	10 00
— 2 régimens.	15 00
— Une brigade d'infanterie et une de cavalerie.	50 00

210. *Artillerie.*

Intervalle entre les batteries et les troupes. . 16 00
Front d'une batterie montée (nouveau modèle)

6 bouches à feu. 78 00
         Id. à cheval. 96 00
  Intervalle entre les pièces de la batterie mon-
tée, de centre en centre 13 00
        Id.   à cheval   id. . . 16 00
  Longueur de l'affût portant la pièce de 12,
jusqu'à la tête du premier cheval. 13 60
        Id.   id.   8 13 40
  Id. du caisson à munitions,   id. . . 13 40
  Id. chariot de batterie,   id. . 12 50
  Id. de la forge de campagne,   id. . . 13 20
  Id. pour cheval de devant dans les traits . 3 70
  Largeur d'une file de voitures. 2
    Id.   sur deux files (comme les batteries auxquel-
les elles sont attachées).
  Sur une chaussée de 8 à 10 m. de largeur, on ne peut
faire marcher plus de 2 files de voitures.

    211.   *Vitesse en route.* Infanterie.

	m.			m.
Pas ordinaire. . .	49 40	Par minute ou par heure.		2964
Pas de route. . .	65 00	Id.	id. . .	3900
Pas accéléré. . . .	74 à 78 m.	Id.	id. . .	4200 à 4700
Pas de charge. . .	83 à 100	Id.	id. . .	4900 à 6000
Pas de course. . .	100 à 120	Id.	id. . .	»

    212.   Cavalerie et Artillerie.

Pas	86	Id.	id. . .	5160
Trot.	190	Id.	id. . .	11400
Galop.	370	Id.	id. . .	23000
Course ou charge.	400	Par minute		»

Le poids d'un cavalier lancé au galop de charge équivaut à une
masse de 370 k.

  Pour mettre un parc en mouvement, il faut un peu
plus d'une heure par 4000 m. ou 330 voitures; on évalue, par le nombre de voitures, leur longueur + 1 m. par
voiture, + 1/4 en sus du total pour les accidents ordinaires, quelle est la longueur de la colonne. (224)
  213. Un corps de 30,000 hommes a besoin d'un

champ de bataille de 2000 m. de large sur 1400 m de profondeur.

Abstraction faite des obstacles du terrain, une division de 12 bataillons de 7 à 800 hommes, marchant en colonne serrée par pelotons et au pas de route, occupe 6 à 700 m. de longueur. Si on lui suppose 12 bouches à feu avec caissons, cette artillerie, marchant sur deux files, occupera de plus de 300 m. ; ainsi, la division formera une colonne de 950 à 1000 m. de profondeur.

25,000 hommes formant environ 36 bataillons, occuperont 3,000 m. et mettront une heure à se déployer sur une aile ou 1/2 sur le centre.

30,000 occuperont 5,000 m. sans bagages, ni artillerie, et mettront 2 heures à se déployer sur 2 lignes; 120,000 sur une seule colonne demanderaient 6 heures pour le même mouvement.

214. VÉGÉTATION. La vigne cesse de végéter à 700 m. d'élévation environ

—	Le maïs —	850
—	Le chêne —	1,050
—	Le noyer —	1,100
—	Le frêne —	1,450
—	Le sapin —	1,900
—	Le pin —	2,050

La limite des neiges perpétuelles est à 4,800 m. sous l'équateur.

—	4,600 au 20°
—	2,550 au 45°
—	1,500 au 65°

215. VENT. La force impulsive du vent est 24 fois plus faible que celle de l'eau. On appelle vent à peine sensible celui qui parcourt 0 m. 5 c. par seconde ou 1,800 m. par

Vent sensible	1	00	—	3,600	heure.
—mod. ou brise lég.	2	00	—	7,200	—
— frais	4	00	—	14,800	—
— assez fort	5	50	—	19,800	—
— bon frais	6	00	—	22,000	—
— forte brise	8	00	—	29,000	—

— très forte br.	10	00	—	36,000
— impétueux	15	00	—	54,600
— très impét.	20	00	—	72,000
Tempête	22	50	—	81,000
Grande tempête	27	00	—	97,200
Ouragan	36	00	—	104,400
— très fort	45	00	—	162,000

Ces deux derniers renversent et déracinent les arbres et le dernier les maisons. (206)

216. VIVRES. *Blé :* le sac de 100 k. produit 162 rations et contient ordinairement 1 h. 33. L'hectolitre de froment donne 121 rations. Le grain doit être de couleur jaune légèrement dorée ou gris argenté, ou brun clair et brillant, rainure peu profonde, bombé, bien rempli, sonore et glissant très facilement entre les doigts. Les plus lourds sont les meilleurs.

La bonne *farine brute* est blanc jaunâtre, douce au toucher, sèche, pesante, d'une saveur approchant de celle de la colle fraîche, presque sans odeur ; sous la pression elle glisse sans former la pelotte et laisse sur la main une farine très tenue et blanche. Celle pour le pain de munition est d'un blanc plus mat et forme la pelote sous la pression.

La bonne farine absorbe plus de la moitié de son poids d'eau. En cas de nécessité on la mêle avec de la farine de seigle, mais celle-ci n'y peut entrer pour plus de 1/4. On la blute à 22 p. % pour les hôpitaux et 20 p. % pour le biscuit.

100 k. de farine pétris avec 57 d'eau fournissent environ 135 k. de pain ou 180 rations. La même quantité de farine pétrie avec 27 k. 30 d'eau donne 327 galettes de biscuit qui cuisent en 40 à 50'.

Le *pain de munition* pèse 1 k. 50 et donne deux rations ; en pâte il doit avoir 0 m 22 c. de diamètre et peser 1 k. 713 ; cuit, il a 0 m. 20 c. de diamètre, 0 m. 08 c. de hauteur et pèse 1 k. 50, 24 heures après avoir été retiré du four. Il doit avoir la couleur brun-dorée égale,

la croûte adhérente à la mie ; coupé il a une o leur bal-
samique et douce, et le goût de noisette : la mie doit re-
venir sur elle-même lorsqu'elle a été pressée sous la pouce
et ne pas être compacte et spongieuse, il ne faut pas qu'il y
ait plus de 4 baisures. Le pain doit se conserver 8 jours
environ, et 40 à 50 s'il est biscuité. Il faut, terme moyen,
1 k. 20 de bois par pain de 2 rations : la cuisson dure 1
heure 30' pour le pain biscuité , 1 h. 17' pour le demi-
biscuité et 1 h. 4' pour le quart-biscuité. (198)

Le *biscuit* doit être extérieurement fauve-pâle, et intérieurement fin, serré, d'un blanc doré, d'une cassure
lisse, vitreuse et sans déchirure ; de plus il est sonore,
difficile à casser et sans soufflure à la surface. Il doit se
conserver un an et ne se distribuer qu'après avoir ressué
au moins 15 jours. Il est par galettes rondes ou carrées, à
raison de 2 par rations , percées de trous pour faciliter
l'évaporation. Chaque galette pèse en pâte 0 k. 388 g. et
cuite 0 k. 275 après les 15 jours de ressuage. Les débris
de morceaux , non en poudre, n'entrent que pour 1/30
dans les distributions. On met 300 galettes par tonnes de
0 m. 758 m. de long sur 0 m. 73 c. de diamètre au centre
et 0 m. 623 c. au bout.

217. La moyenne du poids des divers grains est par
hectolitre, savoir :

Froment	75	Sarrazin.	65
Seigle.	70	Vesces.	79
Orge	65	Un mètre cube de foin non	
Avoine.	42	tassé.	66
Maïs.	80	Id. id. tassé.	1 30
Fèves.	79	Id. paille non tassée,	
Fèves de marais.	64	16 p. 0/0 de moins	
Lentilles.	80	que le foin.	
Pois gris	77	Id. de paille tassée.	85
Pois verts.	87		

218. Les *rations réglementaires* varient quelquefois
en campagne, toutefois leur taux est presque toujours le
suivant par homme :

	k.			lit.
Blé et farine brute	0 62	Eau-de-vie (à 18°) 1/16 —		0 025
Farine blutée à 10 p. cent	0 56	Vinaigre de vin, 1/20 —		0 030
Pain cuit (biscuité ou non)	0 75			k.
Biscuit	0 55	Bois	en station 1/250 de stère ou :	1 20
Riz	0 03		en campagne 1/125 —	2 40
Légumes secs	0 06			
Sel	0 16	Charbon	en station . . .	0 60
Viande de bœuf (fraîche ou salée)	0 25		en campagne .	1 20
— de mouton . . .	0 50	Un fagot d'allumage par 20 rations de charbon.		
Lard salé	0 20			
Eau . . . . lit.	3 50			
Bière, 1/2 litre ou	0 50	N. Le chauffage est double en hiver.		
Vin, 1/4 —	0 25			

Quelquefois on donne de *la tourbe*, la meilleure est compacte, noire, offrant de nombreux débris organiques en décomposition. Le mètre cube varie de 600 à 1100 k.; elle brûle lentement et sans forte chaleur.

219. La *paille de couchage* au bivouac ou sans lit dans des bâtiments se donne à raison de 6 k. par homme pour 10 jours; au camp 5 k. pour 15 jours et à chaque changement de troupes.

220. Un bœuf ordinaire donne 900 à 1000 rations et consomme 10 k. de foin par jour, un mouton donne 30 rations et mange 2 k. de foin par jour. (137)

Les bestiaux ne sont admis que pesant au moins 280 k. par bœuf, 160 par vaches, et 25 par mouton, poids brut. Un bœuf de 250 k., poids net, donne 1000 rations. Les distributions en viande fraîche (jamais chaude) se composent de 3/4 bœuf et 1/4 vache ou mouton. La viande se délivre par masse de 25 k. (198); en cas de presse on livre aux troupes les bestiaux sur pied en comptant sur le poids total une déduction de :

40 p. % du poids brut pour les bœufs.
44 — vaches.
40 — veaux.
47 — moutons.

221. VOITURE. Les essieux de l'artillerie ont 2 m. à

2 m. 30 c., les caissons ordinaires pèsent 688 k. et portent 750 (210, 212) Leur charge peut être formée d'une des quantités suivantes :

1000 rations de pain.	10000 rations d'eau-de-vie.
1300 id. biscuits en caisse.	185 id. d'avoine, à 4 k. par
2500 id. de riz.	ration.
12500 id. légumes secs.	1350 id. de farine.

222. VUE. Avec vue ordinaire et par un temps ordinaire, on peut à

4000 m. compter les fenêtres d'une fabrique ;
2200   voir les hommes et les chevaux comme des points ;
1200   distinguer les chevaux ;
800   — les mouvements des hommes ;
700   — par moment la tête des épaules ;
400   — très bien la tête des hommes.

Un bon moyen pour évaluer approximativement les distances est le suivant : on se place à 100, 200, 300 etc. mètres successivement d'un point fixe et on gradue une règle verticale à partir de la partie supérieure suivant la distance par un procédé analogue à la construction de la Stadia. Dès lors, avec cette règle ainsi graduée, lorsqu'on voudra savoir à quelle distance on est d'un objet, on observe à quelle graduation il répond et on a fort approximativement à quel nombre de mètres il se trouve, car les mêmes objets ont à peu près les mêmes dimensions dans tous les pays.

SIXIÈME PARTIE.

—

Service en Campagne.

———◦○◦———

223. GÉNÉRALITÉS.

Dans le commandement, il faut être ferme, juste, af-
fable et toujours se rappeler que de la discipline et des
soins pour le soldat dépend le succès de vos entreprises,
et par suite votre honneur et souvent votre vie; jamais
de cris, d'injures, d'emportements, etc. : le calme et le
sang-froid font la moitié de votre force morale. *Il ne
faut pas faire attention aux murmures du simple
soldat qui n'est presque jamais content*, a dit le grand
Frédéric, mais bien lui persuader que ce qu'on exige de
lui est indispensable.

Au besoin il faut savoir se passer de tous ouvriers ;
que le soldat n'éprouve aucune privation que vous ne
partagiez avec lui en route comme au camp. Enfin, si
parfois vous êtes obligé de vivre à son ordinaire, que
votre premier soin soit de *graisser la marmite*, c'est-
à-dire que vous apportiez plus que chaque homme sans
en retirer davantage. Bref, soyez à la fois chef et père,
ami et f ère d'armes. C'est une réunion de qualités bien
rare et qui seule rend une troupe invincible, en l'habi-
tuant à s'endormir confiante sous la protection de son
chef et à marcher partout où ce dernier l'exige, sans
faire entendre le moindre murmure.

224. PRÉPARATIFS. On a toujours trop de bagages en
campagne, aussi ne faut-il en emporter que le strict né-

cessaire ; que les effets ne soient pas trop justes, mais commodes; en campagne l'élégance est une source de gêne. Avec 1 capote, 1 habit, 2 pantalons, 3 à 4 chemises, quelques mouchoirs, paires de chaussettes et 2 caleçons, on peut faire une campagne de 12 à 15 mois, si les effets sont neufs et de bonne qualité. Que la trousse soit complète, bien garnie de fils, boutons, aiguilles, etc.; qu'elle soit mise à contribution à la moindre déchirure des effets. Que la semelle des bottes soit large, épaisse, garnie de petits clous et d'au moins 0 m. 2 c. plus longue que le pied. Le meilleur pantalon en campagne, *même pour l'infanterie*, serait le pantalon à fausses bottes, dit à la Lassalle ; le cuir se nettoie facilement à l'éponge et ne se pourrit pas comme le drap sous l'influence de la boue ; il résiste de plus aux ronces et épines. On peut aussi plus aisément y assujétir les sous-pieds (fort inutiles pour la marche à pied) avec des boutons d'assemblage en cuivre. Le schako de toile, dite imperméable, doit être rejeté; il se déforme vite, s'élargit en temps humide, se rétrécit au soleil et finit par ne plus tenir sur la tête. Dans un engagement corps à corps que le sabre soit maintenu au poignet par un mouchoir tordu et roulé, lequel en outre garantit d'un coup de sabre. Rappelez-vous ce proverbe : *la pointe tue, le tranchant blesse*, et même pas toujours. En outre en pointant, on est toujours prêt à la parade, on ne se découvre pas : le seul coup de tranchant rationnel est celui de revers qu'il ne faut porter qu'en dépassant son ennemi; on porte ce coup à hauteur de cravate et en ramenant vivement le bras à soi dès qu'on a touché; si, par un mouvement naturel, l'adversaire baisse la tête, le coup frappe le visage et démoralise l'homme ; sinon il met hors de combat en frappant l'épaule ou l'avant-bras.

225. Ayez sur la peau une ceinture légère et souple en cuir ou forte toile pour votre argent ; une précaution souvent utile est de cacher quelques pièces d'or dans la doublure de son plus mauvais effet. Dans ses poches on met un calepin avec peau d'âne, un crayon, une petite

boussole, la trousse, une lancette, un briquet, et un cou-teau avec lame de canif et cure-pieds pour le cheval. Que le porte-manteau contienne les objets de toilette, d'ha-billement, de linge et chaussure, de linge à pansement, une écritoire et un portefeuille composé ainsi qu'il suit :

1° Écritoire cylindrique de 0 m. 35 c. de diamètre sur 0 m. 17 c. de haut, contenant une petite bouteille d'encre ordinaire, encre de chine, carmin, indigo ou bleu de Prusse, gomme gutte, teintes conventionnelles (bois, vignes, prés), un compas de 0 m. 095 m. et ses pièces de rechange (la rallonge divisée en millimètres sert de hampe au tire-ligne), deux gros pinceaux, un crayon noir, un rouge et quelques plumes métalliques ;

2° Portefeuille de 0 m. 15 c. de longueur, 0 m. 10 c. de largeur, 0 m. 03 c. d'épaisseur, contenant équerre en corne, rapporteur en corne (le diamètre divisé en milli-mètres sert de règle pour l'équerre) de 10 à 08 c., colle à bouche, gomme élastique, crayon noir et rouge à coulis-ses, plumes métalliques, papier végétal (pour décalquer), papier à lettres, aiguilles fines pour planchettes, cordon-net, canif à plusieurs lames, calendrier, livret de papier blanc très fin, etc.

Si on peut avoir une lunette grossissant de 12 à 15 fois, on la porte en sautoir ainsi qu'une peau de bouc pouvant contenir 1 l. à 1 l. 50 d. pour l'eau-de-vie ou le vin.

226. Que les *cantines* soient légères, en osier recou-vert de cuir imperméable (145), et contiennent entr'autres objets : de l'amadou, quelques bougies, du sucre, café, thé, des épices, ognons, vinaigre, etc.; car en campagne, il ne faut compter que sur soi et les emprunteurs ne sont que trop communs. Pour empêcher le vin de s'aigrir, il est bon d'y mêler 1/50 d'eau-de-vie ou plutôt de rhum. Une bonne précaution consiste, à emporter 1° un lit de sangle, qui, replié, a la forme d'une bûche carrée de 0 m. 65 c. de long sur 0 m. 20 c. d'équarrissage et pèse avec la toile environ 5 k. ; 2° de la toile imperméable qu'on peut faire soi-même de la manière suivante : dans un pot ver-nissé, mettre un k. d'huile de lin, deux pincées d'ar-

senic, gros comme une amande de galipot, mêler le tout ; placer ensuite dans l'huile, mais sans qu'il touche au fond, un sachet de toile bien fermé contenant 250 g. de litharge en poudre, placer le tout sur un feu lent et laisser bouillir pendant 6 heures ; faire refroidir, étendre un morceau de lin ou de coton sur une planche ou un cadre, l'enduire de la composition avec un pinceau dans le sens des fils, et laisser sécher à l'ombre sans détacher la toile.

227. En entrant en campagne, il faut faire graisser tous les cuirs jusqu'alors cirés, et pour cela on emploie 3/4 de suif fondu et mêlé avec un 1/4 d'huile d'olive ou de baleine : il est utile aussi de faire étamer à neuf les boucles, mors, etc.

228. Comme on n'a pas toujours un docteur sous la main, sachez vous-même panser et soigner vos malades, et leur donner les premiers soins Il est donc utile de pouvoir au besoin pratiquer une saignée. Quant aux autres soins, voici les principaux points qu'il faut connaître et qui constituent ce qu'on appelle l'hygiène militaire.

HYGIÈNE MILITAIRE.

229. 1re Partie. BATIMENS. Les chambres ne doivent pas avoir moins de 3 m. 50 c. à 4 m. de hauteur et 16 m. cube de capacité par homme (163). Pour les assainir il faut exhausser le sol, établir des courans d'air, enlever les matières salpétrées, brûler des matières flamboyantes ou de la poudre. Pour purifier l'air, on emploie de préférence les fumigations à la Guyton-Morveau, composées d'un mélange de 50 g. de sel marin, 12 g. d'oxide noir de manganèse, 25 g. d'acide sulfurique concentré, mêlés à 25 g. d'eau ; on ferme toutes les ouvertures, on place le mélange sur des charbons incandescens, on laisse agir les vapeurs pendant 12 heures; puis on ou re tout pour les chasser. Cette proportion est celle pour un local de 30 à 40 hommes ou 15 à 20 chevaux (162).

230. BOISSONS. Si on n'a que de mauvaise eau, la mêler avec du vin, de l'eau-de-vie, du rhum, du vinaigre de vin, etc. Si on en manque, mâcher de jeunes pousses

d'arbres, des feuilles, des racines ou mettre et promener dans la bouche une balle de fusil, un caillou pour exciter la salivation. Ne pas trop boire d'eau en marchant (139). Pendant les nuits froides et humides d'hiver boire de l'eau-de-vie pure en petite quantité; l'été la couper de 6 à 7 parties d'eau. Il vaut mieux ne jamais boire sans manger, surtout dans les pays chauds, et seulement se rincer la bouche.

231. MARCHES. Eviter les grandes chaleurs en été, faire au moins deux grandes haltes, si l'on marche toute la journée, dans des lieux ombragés, mais pas trop frais, voisins des bois et des rivières. Pendant les froids rigoureux, empêcher les hommes de rester en arrière pour se coucher, d'approcher trop vite du feu, s'ils paraissent engourdis en arrivant au gîte; s'ils ont des parties gelées (254) employer les frictions avec la neige, l'eau glacée, le drap. A la fin d'une marche, surtout s'il fait chaud, empêcher les hommes en sueur de quitter leurs vêtemens; faire laver souvent le visage, les yeux surtout et les pieds : envelopper de toile les parties de ces derniers qui viendraient à s'écorcher.

232. VÊTEMENS. N'avoir que l'ordonnance plus une ceinture de flanelle. Se couvrir les yeux au bivouac dans les pays chauds et ne pas prendre de tenue d'été de crainte des refroidissemens.

233. 2me Partie. MALADIES (les moyens indiqués sont les plus faciles à employer en campagne).

ANGINE. *Symptômes :* la luette enflammée, ainsi que les glandes; celles-ci gonflées, sensibles au toucher; difficulté d'avaler et souvent fièvre. *Traitement :* placer 3 sangsues sur le cou à l'endroit douloureux, laisser couler le sang ; observer la diète, boire de l'eau d'orge tiède miellée, ou de fleurs de mauve, de guimauve, etc. Soir et matin, prendre un bain de pied sinapisé ou salé, de 12 à 15 '; procurer quelques selles avec lavemens d'eau froide avec 1/4 de vinaigre ou bien salée; si le premier ne fait pas d'effet, en prendre de suite un second. Appliquer par jour deux cataplasmes émolliens de farine de graine de lin ou de feuilles de guimauve.

234. Asphyxie. 1° *par l'eau* : couper les vêtemens, coucher le noyé sur le côté droit sur un lit bas, un peu moins élevé aux pieds qu'à la tête et dans un endroit chauffé ; soutenir le front et faire pencher la tête ; écarter les mâchoires pour faire sortir l'eau de la bouche et des narines. Chatouiller le nez avec une plume, faire passer sous les narines des allumettes souffrées, de l'ammoniaque. Chauffer la plante des pieds avec des briques chaudes ; frictionner le corps avec de la flanelle chaude et puis un linge trempé dans du vinaigre. Insuffler fortement de l'air dans les poumons en fermant une des narines. Donner un lavement composé de trois parties d'eau et une de vinaigre. Enfin à la dernière extrémité faire brûler de l'amadou, du linge, du papier sur les cuisses, les bras et le creux de l'estomac.

Si les soins opèrent, faire boire de 5 en 5 ′ une cuillerée de deux parties d'eau et une d'eau-de-vie camphrée ou d'eau de cologne. Si des nausées se déclarent, donner deux ou trois grains d'émétique dans un verre d'eau. Il ne faut pas se décourager, car souvent il faut 8 à 10 heures pour rétablir la santé d'un noyé.

235. 2° *Par la chaleur* : Mettre à l'ombre, au frais et agiter l'air devant la bouche. Déshabiller ou au moins détacher et desserrer les vêtemens, coucher sur le dos, la tête un peu plus élevée que le reste du corps. Faire boire de l'eau mêlée à du vinaigre ou de la limonade en parties égales. Frotter avec une brosse en crin, ou échauder la plante des pieds, la paume des mains et l'épine dorsale, employer une plume ou de l'ammoniaque sous le nez. Puis donner un lavement d'eau froide au tiers vinaigrée, et peu après un second d'eau dans laquelle on a fait dissoudre 3 onces de sel marin et 1 once de sulfate de magnésie. Enfin à la dernière extrémité, 10 sangsues aux tempes et insuffler de l'air dans les poumons.

236. 3° *Par le froid* : Oter les vêtemens, mettre dans

un bain froid que l'on réchauffe peu à peu ou frotter le corps avec de la neige, du drap ou une éponge trempée dans de l'eau glacée, puis de l'eau dégourdie et de l'eau tiède ; après le bain ou les frictions d'eau, employer les frictions d'eau-de-vie sur la poitrine et le ventre en les dirigeant vers les extrémités. Employer comme ci-dessus la brosse , la plume, l'ammoniaque et les allumettes souffrées ; insuffler de l'air dans les poumons. Lorsque les membres ne sont plus raides et que le corps se réchauffe un peu, mettre dans un lit sec, non bassiné, et donner deux lavemens comme ci-dessus. Dès qu'on le peut faire boire de l'eau vinaigrée, rougie ou du bouillon coupé.

237. BRULURE. Plonger la partie brulée pendant plusieurs heures dans l'eau fraîche, renouvelée à mesure qu'elle s'échauffe et mélangée de deux cuillerées d'acétate de plomb par pinte d'eau.— S'il y a des ampoules, après cette immersion, les ouvrir par une piqûre, faire écouler la sérosité et mettre des compresses de cérat, graisse ou beurre frais.— Si la peau a été détruite par la brúlure, ajouter à ces moyens le pansement avec de la charpie, chargée de cérat ou d'huile et de jaune d'œuf (en parties égales) ; observer la diète et prendre des boissons adoucissantes.

238. COLIQUES NERVEUSES. Si elles sont produites : 1° par des boissons froides, boire de l'eau de gomme arabique ou sucrée bien chaude ; 2° par des alimens de mauvaise qualité, boire du vin avec modération et de la tisane de chicorée sauvage, de gentiane ou de patience.

239. CONTUSION. Desuite des sangsues à la partie contuse, ou bien la plonger dans l'eau salée ou froide pendant deux à trois heures, puis appliquer un cataplasme émollient de mie de pain ou de farine de graine de lin.

240. DIARRHÉE. Tenir chaudement, envelopper le ventre avec de la flanelle, manger peu et boire de l'eau de riz ou de canelle, ou de la tisanne de chiendent suivant que la cause provient de refroidissement ou d'échauffement.

241. ENTORSE. Plonger de suite le membre dans de l'eau glacée pendant 4 à 5 heures ; l'envelopper d'une compresse tenue humide en l'arrosant d'eau froide salée ou vinaigrée ; ou bien, appliquer 25 sangsues et, après leur chute, des cataplasmes émolliens.

242. FLUXION. Deux ou trois cataplasmes émolliens par jour, soir et matin, un bain de pied très chaud, sina-pisé ou salé, prendre de la tisanne d'orge ou de chiendent. Si la fluxion vient d'une dent gâtée, faire d'abord arra-cher celle-ci.

243. FRACTURES. 1° *Du bras*. Mettre sur la fracture trois compresses doubles larges de 0 m. 12 c. et longues de 0 m. 40 à 0 m. 50 c. (Toutes ces compresses, comme les bandes, ne doivent avoir ni ourlet, ni lisière ; il faut les humecter d'eau salée.) Auparavant, assujettir le mem-bre fracturé et lui donner sa longueur et direction natu-relle. En dessous des trois compresses, en appliquer d'autres pour envelopper sans trop serrer les parties du bras qui restent à découvert ; en placer d'autres de même en dessus des 3 compresses ; prendre 4 attelles larges de 0 m. 05 c. (une attelle est une lame résistante et flexible, longue, étroite, faite en bois, fer blanc, carton, etc.), en placer une en dehors du bras, une en dedans, une de chaque côté ; avant de les appliquer, les envelopper sépa-rément avec un linge mouillé et avoir soin qu'elles ne dépassent ni le coude ni l'épaule. On maintient le tout à l'aide de cinq rubans de fil de 0 m. 25 c. de large, sa-voir : 1° au milieu ; 2° vers les extrémités de l'appareil ; 3° entre les autres : on fait les nœuds en dehors du bras et également serrés. On met l'avant-bras en écharpe.

244. 2° *De l'avant-bras*. Sur le dedans et après la rec-tification du membre, une compresse en douze doubles, une autre de même sur la partie opposée (qui se prolonge dans la direction du dos de la main). Ces deux compresses s'étendent du coude au poignet, ayant 0 m. 40 c. de large sur 0 m. 19 c. de long. Mettre une attelle sur chaque compresse ; envelopper l'avant-bras avec deux compresses

de 0 m. 16 c. de large sur 0 m. 33 c. de long. Assujettir le tout avec une grande bande de 2 m. 40 c. de long qui enveloppe l'avant-bras (mis en écharpe) depuis le poignet jusqu'au coude.

245. 3° *De la cuisse.* Etendre sur le lit ou par terre, six rubans de fil de 0 m. 90 c. de long sur 0 m. 4 c. de large, et à 0 m. 10 c. l'un de l'autre. Dessus ces rubans et en travers, un linge aussi long que le membre, et large de 0 m. 80 c. Pardessus celui-ci et en travers (dans le même sens que les rubans), des bandes de 0 m. 08 c., longues de un mètre environ ; chaque bande recouvrant sa voisine de 0 m. 05 c., et la première touchant le bord du grand linge. Placer le malade de manière que la partie fracturée soit au milieu du grand linge ; appuyer une main sur l'aine du côté malade, tandis qu'un aide fixe la jambe. Une troisième personne place sur la fracture 3 à 4 compresses, imbibées d'eau salée et longues de 0 m. 33 c. sur 0 m. 16 c., humecte les bandes et les roule sur la cuisse à partir du genou, chaque extrémité de bande dépassant l'extrémité opposée et la recouvrant. Placer ensuite 3 attelles de 0 m. 07 c. de large, et de 0 m. 004 m. d'épaisseur, savoir : la première en dehors, de la hanche à la cheville ; on la roule dans le bord extérieur du grand linge jusqu'à ce qu'elle soit bien appliquée comme il a été dit ; 2° en dedans, des parties génitales à la cheville et roulée comme la précédente ; 3° sur le devant, du pli de l'aine au haut de la jambe. Entre les attelles et le membre, on place des étoupes pour que la pression soit uniforme et modérée. Cela fait, on maintient avec les deux mains tout l'appareil, tandis que l'aide noue en dehors les rubans, en commençant par celui qui correspond à la fracture, puis celui qui est immédiatement au dessus, celui au dessous, le second au dessus, le second au dessous, etc., et ainsi de suite. On transporte alors le malade dans une voiture longue et garnie de paille ou de matelas.

246. 4° *De la jambe.* Placer sur le lit ou par terre quatre rubans de fil de 0 m. 04 c. de large, 0 m. 60 c. de long, et à 0 m. 07 c. l'un de l'autre ; dessus et en tra-

vers, un linge de 0 m. 65 c. de large et s'étendant du milieu de la cuisse à 0 m. 02 c. de la cheville. Placer dessus et dans le sens des rubans des bandes de 0 m. 07 c. de large, disposées comme ci-dessus, et pouvant embrasser une fois et demi le membre depuis le genou jusqu'à l'articulation du pied.

Placer le malade la jambe sur le milieu et dans la longueur du linge. Deux aides tiennent l'un le genou, l'autre le pied. La troisième personne place des compresses comme ci-dessus, humecte les bandes, et les place de même en commençant par le bas. On place ensuite trois attelles, savoir : 1º en dedans, dépassant le genou de 0 m. 25 c. et la plante du pied de 0 m. 05 c , et roulée comme il a été dit ; 2º en dehors et placée symétriquement ; toutes deux touchent les chevilles ; 3º devant, non enveloppée de linge et touchant le dessus du genou et le coude-pied ; on place des étoupes comme il a été dit et on noue les rubans comme précédemment, en observant qu'un doit se trouver à 0 m. 10 c. au dessus du genou, les autres sur la jambe. Cela fait, on met le milieu d'une bande sous la plante du pied, on croise les deux extrémités sur le pied et on les attache avec des épingles au grand linge enveloppant les longues attelles, afin d'empêcher le mouvement du pied ; on transporte ensuite le malade.

247. 5º *Des os des doigts.* On place une petite attelle du côté opposé à la blessure pour empêcher la flexion du doigt, on l'assujettit avec une bande sans couvrir la plaie pour pouvoir la panser chaque jour.

248. Toutes les fois qu'une fracture est accompagnée d'une plaie, celle-ci doit être pansée avant la pose de l'appareil (257). Après cette dernière opération, on fait observer la diète, et on ne laisse que prendre du bouillon et de la tisane d'orge, de chiendent, de la limonade ou de l'eau sucrée.

249. FURONCLE. Mettre des cataplasmes émolliens de mie de pain, ou farine de graines de lin, ou guimauve, bouillie dans l'eau, ou mieux, dans une décoction de

mauve ou de son. En cas d'obstacle, employer l'onguent de la mère, le suif chaud, la graisse non salée.

250. GALE. *Symptômes*. Démangeaisons et pustules couronnées d'une petite vessie : le siége est à l'intérieur des bras, des cuisses, sur le ventre et entre les doigts. *Traitement*. Matin et soir se frotter avec deux onces du mélange ainsi composé : 4 onces de sulfure de potasse, 1 litre et demi d'eau et une demie once d'acide sulfurique : ou bien avec une demi once de pommade soufrée ainsi composée : deux onces de soufre sublime lavé, 1 once de sel marin et 8 onces de graisse. — Se tenir dans un local très chaud. Après le traitement lessiver et exposer à la vapeur du soufre les effets qui ont servi aux hommes.

251. HÉMORRAGIE. Laisser couler la valeur d'une forte saignée, mettre sur l'ouverture de la charpie avec une compresse pliée en huit doubles, humectée d'eau salée et maintenue par une bande. Si l'hémorragie est forte, on met dans une des compresses deux morceaux de bois unis, l'un sur la plaie, l'autre du côté opposé, et l'on serre fortement avec une bande ou courroie passant sur les compresses et non sur le bois.

252. INDIGESTION. Employer la tisane de chiendent, la limonade, l'eau sucrée, le thé léger. Prendre quelques lavements à l'eau tiède. Si ces moyens sont insuffisants, provoquer le vomissement soit en mettant le doigt dans la gorge soit à l'aide de l'émétique (3 grains dans 3 onces d'eau tiède en deux fois); dès que les vomissements se déclarent, les faciliter en buvant de l'eau chaude; si la première prise d'émétique suffit pour causer cinq à six vomissements, ne pas en prendre une seconde. Enfin, pendant un jour ou deux, prendre de la tisane de chicorée sauvage, gentiane ou patience.

253. IVRESSE. Si elle ne se dissipe pas naturellement au bout de 10, 12 ou 15 heures, faire prendre de l'émétique, 1/4 d'heure après de l'eau chaude, chatouiller le gosier pour provoquer les vomissements. Ceux-ci déclarés, faire boire, de dix en dix minutes, un demi-verre

d'eau avec une cuillerée de vinaigre ou du jus de citron ;
administrer un lavement d'eau tiède contenant en disso-
lution 3 grains d'émétique, puis un second si le premier
ne produit pas d'effet ; frotter le corps avec des linges
trempés dans le vinaigre. Si, malgré tout, l'assoupisse-
ment persiste et que le malade soit robuste, saigner au
pied ou mettre 12 sangsues au cou.

254. PARTIES GELÉES. *Symptômes*. Absence de sensibilité, de chaleur, de battement des artères, immobilité,
engorgement, couleur livide, taches noires ou violettes.
— *Traitement*. Mettre dans un lieu d'une température
presqu'aussi basse que celle de l'air. Plonger la partie
dans l'eau froide, ou la couvrir de neige qu'on renouvelle
à mesure et sans interruption jusqu'à ce que les taches,
la couleur livide et l'engorgement aient disparu.

Lorsque la partie devient molle, chaude, rouge et sensible, employer seulement sur elles les frictions avec la
flanelle chaude et des compresses trempées dans l'eau-de-
vie. Faire prendre du vin sucré ou du bouillon.

255. PLAIES. 1° *Contuses*. Laver de suite avec de
l'eau froide ou salée, puis recouvrir avec de la charpie
et une compresse maintenue par une bande ; avant de
placer la charpie, enduire les bords de la plaie avec du
cérat.

256. 2° *Nettes* (provenant d'instrument tranchant).
Si les bords de la plaie n'ont pas été meurtris, on les
réunit. Ainsi cette opération ne doit point être faite,
1° pour les plaies d'armes à feu, dont les bords sont toujours contus et meurtris ; 2° pour les plaies qui ont été
négligées, exposées à l'air et qui sont suppurantes.

Il faut que la plaie soit encore saignante, ou s'il y a de
l'inflammation, que la matière soit presque blanche et
les deux lèvres couvertes de petits boutons charnus. Pour
la réunion, il faut enlever de la plaie le sang caillé, la
terre qui se serait introduite, enfin tout ce qui peut empêcher le contact immédiat des chairs ; mettre la peau
dans le plus grand état de relâchement par une flexion
convenable du membre ; couper des bandelettes de linge
enduit de diachylum gommé, de longueur et largeur con-

venable (pour une plaie de 0 m. 05 c. de long et peu de profondeur, il suffit de deux bandelettes de 0 m. 01 c. de largeur sur 0 m. 16 c. de long), faire amollir au feu les bandelettes puis les coller ainsi : la moitié de la bandelette étant collée sur un des côtés de la plaie, rapprocher et joindre les lèvres de celle-ci, coller de suite le restant de la bandelette sur l'autre côté, de manière que cette dernière soit transversale. On commence par poser la bandelette qui doit porter sur la partie la plus large, et on laisse des intervalles entre les bandelettes pour l'écoulement du pus. Enfin on recouvre le tout de charpie, compresse et bandes.

257. 3° *Suppurantes.* Raser la partie qui l'entoure, placer sur la plaie de la charpie sèche, et dessus une compresse double maintenue par un bandage. Défendre tout mouvement au blessé au moins pour la partie malade ; faire observer la diète, si on craint la fièvre, et boire de la tisane d'orge, de chiendent, de graine de lin, etc. Ne lever ce premier appareil qu'au bout de 3 jours. Humecter la charpie que le sang ou le pus aurait collée, enlever toute la charpie ; puis, avec un linge fin, enlever les matières adhérentes aux bords, nettoyer l'intérieur avec des boulettes de charpie qu'on y introduit doucement ; cela fait, mettre du cérat autour des lèvres, couvrir de charpie et panser tous les jours, une ou deux fois, suivant l'abondance de la suppuration (248).

CASTRAMÉTATION.

258. Les camps et bivouacs ont leur front égal à l'étendue de la ligne de bataille, condition à laquelle les cantonnements ne sont pas astreints.

On *bivouaque* près de l'ennemi, soit pour exécuter des mouvements que l'on veut cacher, soit pour combattre, soit pour être prêt à prendre les armes en un instant et résister à une attaque inopinée.

On *campe* lorsqu'on doit séjourner dans une position de manière à pouvoir rassembler promptement ses troupes.

On *cantonne* quand on veut faire reposer ses troupes
et qu'on n'a pas à craindre d'être surpris par une attaque
imprévue.

259. BIVOUAC. On reste en plein air, sur un terrain
sec, abrité, à portée des ressources en vivres et fourrages,
et on cherche à avoir en avant de son front un vallon,
un ruisseau ou tout autre obstacle qui sépare de l'ennemi.
En pays riche et peuplé, souvent on ne fait bivouaquer
que l'avant-garde, et les troupes sont placées en cantonnements resserrés de telle sorte qu'elles puissent être ras-
semblées promptement pendant que l'avant-garde soutient le premier choc de l'ennemi. En tous cas, le bivouac
est gardé comme un camp. L'infanterie forme les faisceaux sur la ligne de bataille, se partage par compagnies
ou sections et, à 20 ou 25 pas en arrière, allume ses
feux. La cavalerie se forme en arrière du terrain qu'elle
occupe en bataille par un mouvement d'à droite ou à
gauche, par peloton ou division. On assigne à chaque
corps les bois à couper, et si cela se peut, les soldats sont
autorisés à se former des abris de branchages ou autres ;
on allume de suite les marmites et on se tient prêt à
prendre les armes.

260. Ces principes sont communs à toutes les armées,
cependant les bivouacs français sont les plus concentrés
et il en résulte moins de confusion en cas d'alerte de
nuit. En général, les Allemands et Prussiens bivouaquent
par groupes de 5 ou 8, les Russes par 4, les Hollandais
par 5, et les Anglais par 6.

261. CAMPEMENT. Il s'effectue sous des tentes ou des
baraques. Les tentes ont plusieurs inconvénients : ainsi
elles ne garantissent ni de grands vents, ni des grandes
pluies; il faut 4 à 5 chevaux par compagnie pour leur
transport (la tente, nouveau modèle pour 15 hommes,
ne pèse pas moins de 30 k. avec ses piquets et outils);
elles se voient de très loin et l'ennemi, en les voyant
ployer, est averti qu'un mouvement va se faire (264). En
France, on suit l'ordre de la bataille pour camper, règle

que les Prussiens et surtout les Russes n'observent pas toujours.

262. Quand on doit occuper quelque temps une position ou stationner dans un pays où l'on ne peut cantonner faute d'habitation (3), on utilise les matériaux qu'on a sous la main et on fait des baraques soit en planches, soit en clayonnage, torchis et même maçonnerie. Si le terrain est sec et en pente, il est avantageux d'enterrer les baraques de 1 m. 50 c. : on les recouvre de chaume, gazon, paille, genets, etc. Il ne faut jamais les appuyer à des arbres à moins qu'ils ne donnent que peu d'ombre. Quand les baraques se font avec des planches ou tous autres matériaux exigeant l'emploi d'ouvriers d'art, ceux-ci sont réunis sous la direction et la surveillance des officiers du génie. Mais dans tout autre cas, le génie fait construire une baraque-modèle d'après laquelle les autres sont élevées par les troupes, sous la direction des officiers d'état-major qui veillent à l'observation des alignements et dimensions (84, 86 et sui .).

En tous cas, un ordre du jour désigne dans combien de temps les constructions auront lieu, comment les travaux seront dirigés et le lieu où les matériaux seront pris : il faut autant que possible et surtout pour les parcs d'artillerie, éviter les endroits humides et les terrains accidentés ; le camp (dont la profondeur totale est d'environ 300 à 350 m.) doit être disposé de sorte que la place des parcs soit dans un lieu spacieux, d'un abord facile et à plus de 100 m., et moins de 600 des maisons (264).

263. Une fois le camp tracé, l'artillerie ou le génie distribue des outils aux hommes de corvée commandés dans les régiments, et sous la direction des officiers d'état-major, ceux-ci aplanissent le terrain du camp dans toutes ses inégalités, font des tranchées dans les haies et broussailles environnantes, ouvrent un grand nombre de débouchés menant aux chemins avoisinants, aux fontaines et abreuvoirs, ainsi qu'aux lieux habités les plus voisins.

264. Les ustensiles délivrés aux troupes comprennent

par tente nouveau modèle ou deux ancien modèle, ou
baraque de 16 hommes, savoir :

Une marmite avec son couvercle et son étui; 2 gamelles,
2 grands bidons, 8 outils avec leurs étuis et courroies
(2 pelles, 2 pioches, 2 haches, 2 serpes,) une marmite de
remplacement et 3 bidons par compagnie, de plus pour
la cavalerie, deux faux avec pierres et coffrins, 2 mar-
teaux, 2 petites enclumes, 1 piquet ferré par cheval, 4 cordes à piquets de 0 m. 02 de diamètre à raison de 5 m.
pour 6 chevaux, et 6 bidons par escadron.

Si l'on manque de marmite, on fait cuire la viande
avec des bâtons et jamais on ne doit y employer soit le
sabre, soit la baguette. Il est du bois, tel que le laurier
qu'il ne faut jamais employer à cet usage sous peine d'accidents souvent fort graves. Si l'on part avant que la soupe
soit mangeable, on renverse les marmites, mais on emporte soigneusement la viande et les vases.

Un moyen, facile à employer pour avoir du feu, consiste à envelopper de l'amadou allumé dans un papier roulé
lâche, entortiller celui-ci de paille et agiter vivement
par un mouvement de va-et-vient.

265. Quand on lève un camp ou qu'on le quitte, il faut
veiller avec soin à ce que personne n'y mette le feu aux
baraques, ne fût-ce que pour empêcher que l'incendie ne
signale le départ à l'ennemi (304).

266. CANTONNEMENT. Si on est assez loin de l'ennemi
pour ne pas avoir une attaque imprévue à craindre, on place
un bataillon de 800 hommes par village de 120 à 150 maisons ou 2 escadrons, s'il y a dans le nombre des maisons
d'exploitation, fermes, auberges, etc. La cavalerie se place
de préférence dans les pays à fourrage et les localités où
les chevaux au moins seront à couvert. Mais si l'on craint
une surprise, ou si l'on veut se poster rapidement en
avant on se resserre et on met jusqu'à un régiment et
même une brigade par village; il suffit alors que chevaux et hommes soient à l'abri des intempéries. On a soin
de mettre à l'avance sur les portes le n° du bataillon et
le nombre d'hommes que la maison doit recevoir.

267. En tous cas il faut observer cette règle qu'un corps de 25 à 30,000 hommes puisse se réunir en un jour et par suite ne pas occuper plus de 8 à 10 lieues de front : ainsi on cantonne sur plusieurs lignes et la cavalerie est mise en seconde et même 3e ligne. De plus on cherche à avoir les flancs et le front couverts par des obstacles naturels; on se garde militairement et on conserve avec soin des débouchés surtout sur le front et les derrières, ceux-ci plus nombreux. Les troupes se rassemblent par régiment si elles sont en cantonnements larges, sinon par brigades. Ce point de rassemblement est important à choisir, car il est aussi le champ de bataille. Il faut donc bien connaître non seulement sa distance de l'ennemi, mais encore le temps nécessaire pour y parvenir, les chemins à suivre et la force des troupes opposées. Enfin on désigne pour les alertes, surtout celles de nuit, les points de rassemblement plus en arrière et l'on a soin qu'il y ait dans chaque localité pour conduire les troupes, un certain nombre d'officiers connaissant parfaitement les chemins que doit suivre chaque fraction, sans cela le désordre et la confusion sont inévitables.

Dès l'installation, il faut que le chef prenne auprès des autorités locales le nom des ouvriers qui peuvent être utiles, les réunisse en atelier avec un planton à la porte et fasse sur le champ réparer tous les effets de la troupe de quelque nature qu'ils soient.

AVANT-POSTES.

268. Autant que possible, on les appuie à des obstacles naturels, cours d'eaux, ravins, bois, hauteurs, etc.

Ils se composent de postes ou grand'gardes, petits postes, sentinelles ou vedettes. Toutefois, pour un corps peu nombreux, ils se réduisent à quelques postes pour garder les points importants vers l'ennemi. Un simple détachement a rarement de ces sortes de postes extérieurs. Tantôt ces postes sont les anneaux d'une chaîne non interrompue, tantôt ils sont isolés; tantôt on les relève toutes les 24 heures, tantôt on les laisse pendant plusieurs jours : cela dépend du but proposé, ainsi que leur composition qui varie de 80 hommes à un bataillon suivant que le poste doit se borner à observer ou tenir bon en cas d'attaque ennemie. (269, 272, 290)

Les avant-postes se composent d'infanterie seule, d'infanterie et cavalerie et même artillerie, mais la nature du service et de la constitution de la cavalerie interdisent de l'y employer seule, bien qu'on le fasse en de rares occasions. Leur emplacement est dicté par le but proposé avec cette condition de conserver sa communication avec le corps principal, tout en se dérobant à la vue de l'ennemi, auquel il faut pouvoir résister jusqu'à l'arrivée de renforts à moins d'ordres contraires.

269. POSTES ISOLÉS. Il faut se retrancher, employer tous les moyens de défense à portée, et calculer l'étendue du poste d'après le nombre d'hommes, en réservant de 1/3 à 1/4 pour la réserve. (*Voyez la fortification, les combats en rase campagne et notamment l'article :* MAISONS.) S'il y a en avant un point à surveiller, on y place un petit poste de 5 à 10 hommes qui ne doit pas être à plus de 250 à 300 m. de distance. Ordinairement quelques cavaliers sont joints au poste pour les rapports à porter rapidement au corps principal. Lorsqu'on est dans un pays découvert et qu'il faut envoyer des patrouilles au loin, on joint un ou deux pelotons de cavalerie, si la grandeur du poste le permet : de cette manière, le poste, obligé de battre en retraite, est protégé par les charges de cavalerie. Il n'y a qu'un seul cas où on y ajoute de l'artillerie ; c'est lorque l'ennemi ne pouvant déboucher que par une seule direction, on peut enfiler celle-ci ; alors on place deux bouches à feu au point favorable.

270. Lorsqu'un détachement arrive dans un poste isolé, son chef a deux manières différentes d'y entrer et de l'occuper suivant qu'il l'occupe pour la première fois ou qu'il relève un autre détachement. Dans le premier cas, il arrête sa troupe en bataille à 20 ou 30 pas du poste et en fait reconnaître les abords : si c'est une maison, il en-

voie un caporal et deux hommes en visiter toutes les parties pour s'asssurer de l'absence de l'ennemi. Cela fait, il
installe sa troupe, place sa garde à l'entrée, ses sentinelles, visite lui-même le poste, détermine les travaux à
exécuter pour sa défense, en ayant soin de n'y employer
que le tiers de sa troupe, place le second tiers comme piquet, le troisième servant de garde ; enfin, il fait poster
un homme sur le point le plus élevé et celui d'où la vue
s'étend le plus au loin. En rase campagne, si les bras ou
les outils manquent pour élever une redoute, il faut de
suite faire des abatis des abris pour la troupe, et allumer
les feux dans un fond. Dans le second cas, il prend une
connaissance détaillée de l'objet du poste, de l'éloigne-
ment de l'ennemi et des partis qui se sont présentés ou
peuvent se présenter aux environs, installe sa troupe,
visite le poste et ses environs, reconnaît les points faibles, ordonne les travaux de défense à ajouter, enfin
prend toutes les mesures pour éviter toute hésitation en
cas d'attaque inopinée. Si quelque soldat est aperçu portant du vin provenant de quelque cave, on place à celle-
ci des sentinelles, afin d'en faire la distribution en bon
ordre, d'en ménager la ressource et surtout d'empêcher
l'ivresse.

271. Si le commandant a ordre de se retirer en cas
d'attaque, il attend que celle-ci soit bien prononcée et
se retire lentement, en bon ordre, faisant fréquemment
volte-face pour retarder l'ennemi.

272. CHAINE DE POSTES. Dès qu'un corps s'arrête
pour stationner, il doit se rappeler que ce moment est
critique, puisque c'est le moment le plus favorable pour
l'attaque ennemie. Il doit donc de suite envoyer des détachements en avant pour s'assurer de l'absence de l'ennemi et pendant ce temps reconnaître l'emplacement des
avant-postes dont on appuie l'extrémité à des obstacles
naturels (287). Si parallèlement à la ligne se développe
un ravin ou un ruisseau, celui-ci ne doit jamais être entre les sentinelles et les postes, mais bien au-dessus ou au-
delà (275). Les formes du terrain, la force du corps, la

proximité de l'ennemi, le but proposé, etc., déterminent la distance à laisser entre le corps et la ligne des avant-postes, mais il y a autant de danger à la placer trop loin que trop près, cette distance est comprise entre 2 et 4000 m., bien que la cavalerie place des postes plus loin; jamais l'artillerie n'est employée à ce service, à moins de circonstances extraordinaires.

Souvent l'avant-garde sert d'avant-postes, alors elle se place à 2 ou 3 lieues en avant et étend le réseau de ses postes. Il est rare qu'à ce service on emploie plus de 1/10 de la force totale; ce n'est pas la force numérique, c'est la surveillance active de tous les moments qui déjoue et empêche les surprises. Les avant-postes doivent éviter d'engager de combats et lorsque les deux armées sont rapprochées, les chefs de poste doivent empêcher les sentinelles de communiquer, car souvent celles des deux partis causent ou boivent ensemble.

La chaîne est formée de grand'gardes, petits postes, sentinelles et vedettes.

273. Une *grand'garde* ne doit jamais avoir plus de 150 hommes commandés par un officier; sa force se règle sur le nombre de postes, sentinelles et patrouilles qu'elle doit fournir. On lui adjoint quelques officiers pour les rondes et patrouilles et le commandement des postes avancés.

Les grand'gardes d'infanterie se placent à la lisière d'un bois, à l'entrée d'un village, dans un verger, à la tête d'un pont, à un carrefour, etc., elles ont 2 ou 3 cavaliers pour les avis à transmettre et changent rarement de position. Celles de cavalerie se placent derrière un bouquet de bois, un monticule, un pli de terrain, une haie, un mur, une maison isolée, etc., de manière à voir sans être vu, *car c'est là tout le secret de la petite guerre.* La nuit elles se rapprochent du corps qu'elles couvrent.

Le poste de nuit, selon le pays, est à 4, 5 ou 600 pas en arrière du poste du jour, on s'y rend par un détour, si l'on est proche de l'ennemi, afin de lui en dérober l'emplacement exact. Les vedettes sont alors placées au bas, au revers des montagnes.

Dès l'arrivée sur l'emplacement qu'il doit occuper, le commandant de la grand'garde fait rester sa troupe sous les armes, reconnaît le terrain environnant et désigne les postes à établir. Ceux-ci se composent de 1/3 à 1/2 au plus de la force totale de la grand'garde. En pays inconnu, on se fait amener un homme des environs, que l'on questionne sur les chemins, villages, fermes, maisons des environs, les étangs, marais, ponts, digues, fossés, bois, etc., qui avoisinent ou accidentent les chemins, etc. On fait sonder les gués, ruisseaux, marais, etc., on dégarnit de ses planches tout pont de bois pour empêcher l'ennemi d'y passer la nuit et même le jour; on les place en deçà pour pouvoir s'en servir soi-même; on obstrue les routes par lesquelles l'ennemi peut venir par des abatis, herses, etc.

274. Les *petits postes* sont placés aux nœuds des grand'routes, en avant des villages, bois, à l'angle d'un marais, sur un mamelon, etc., et dans l'infanterie de 4 à 600 m. en avant des grand'gardes, de manière à ce que les communications entr'eux restent faciles et sans interruption. Leur force est variable suivant les points à garder et les sentinelles à fournir et à raison de 4 hommes par sentinelle. La chaîne des sentinelles ne doit être interrompue sur aucun point de la ligne, elles se placent de 100 à 200 m. des petits postes et à égale distance les unes des autres, de manière à bien se voir et à ne pas former d'angle aigu, se rapprochant autant que possible de la ligne droite ou du moins circulaire. Dans la cavalerie, les petits postes (plus fréquemment relevés) placent leur vedettes jusqu'à 6 et 800 m. en avant.

Si un cours d'eau s'étend devant le front des petits postes, la cavalerie se place sur la berge intérieure, l'infanterie occupe les moulins, ponts et gués, du côté extérieur (272).

275. Les sentinelles se placent derrière un arbre, une haie, un buisson, l'angle d'un bois, un mur, une palis-

sade Sur les hauteurs le jour, les petits postes se placent la nuit dans un fond et les sentinelles mi-côte, parce qu'alors pour eux les silhouettes se dessinent nettement sur le ciel.

276. Un *chef de poste* doit ne dormir ni jour ni nuit, visiter fréquemment ses sentinelles, ses postes, en rectifier l'emplacement, empêcher qu'un seul homme s'écarte n'importe pour quel motif : au besoin, on défend d'allumer des feux, et en rase campagne, les soldats ne doivent pas se construire d'abri ; si pourtant le temps est trop mauvais, on permet d'employer des claies de branchages ou de paille, ou même seulement des feuillées qui abritent au moins la tête, pour se garantir du vent et de la pluie. (280) On adresse au moins trois rapports dans les vingt-quatre heures ; le matin, à midi et le soir. Le jour, s'il ne fait pas de brouillard, la moitié des hommes peut dormir, sinon on veille en silence autour du feu, comme la nuit ; à la moindre alerte on prend les armes, des patrouilles se portent de suite vers le point d'où vient l'alarme et on attend leur retour. Dans les mêmes circonstances, les cavaliers montent à cheval ; ils doivent le jour conserver au moins la moitié des chevaux bridés, pendant que les autres mangent ou se reposent. Deux heures avant le jour, les petits postes prennent les armes, les découvertes partent, et à leur retour, on reprend l'emplacement du jour. (287)

277. Il faut empêcher les paysans de roder autour des postes et arrêter tous ceux qui s'obstinent à le faire et cherche à examiner, car ce sont souvent des espions. On s'informe des paysans et des voyageurs de ce qu'ils peuvent savoir sur l'ennemi ou seulement des chemins qu'ils ont parcouru pour venir. (344)

278. Si une sentinelle voit l'ennemi s'approcher, elle fait le signal convenu : si elle voit qu'un poste voisin est attaqué elle fait feu pour prévenir et se replie ; si, à la chute du jour, l'ennemi rapproche ses sentinelles de leurs postes, si les patrouilles deviennent plus multipliées, il faut s'attendre à un prochain mouvement et à en préve-

nir. — Si on voit un officier ennemi avec escorte s'approcher pour reconnaître, on en prévient le général d'avant-postes et on tient bon en attendant ses ordres. (330)

Une *védette* ne doit pas se replier comme une sentinelle, mais bien tirailler, rester sur le flanc de l'ennemi qui s'avance et se retirer par un détour. Trop vivement poursuivi, tout cavalier qui sent son cheval moins vigoureux que celui de son ennemi, doit menacer froidement du bout de son pistolet celui qui le poursuit et il est rare qu'une semblable menace manque son effet.

279. Un petit poste attaqué sérieusement, ne doit se retirer qu'obliquement (après avoir rallié ses sentinelles et védettes, ou s'être assuré qu'elles ont commencé leur mouvement), se replie lentement, menace le flanc de l'ennemi sans pourtant s'exposer à être coupé et enveloppé. Il est important de ne pas confondre avec une attaque sérieuse une reconnaissance qui n'a d'autre but que de chercher à faire déployer le corps pour s'assurer de sa force. Le commandant de la grande garde, prévenu de l'approche de l'ennemi, envoie une patrouille vers le point indiqué, et avertit l'officier général qui commande les avant-postes. Si le mouvement se prononce, il prend toutes ses dispositions pour le combat ou la retraite, s'il pense qu'un combat le compromettrait inutilement, sinon il agit comme il est dit pour le petit poste et oppose à l'ennemi le plus grand front possible.

280. Tout chef de poste, qui voit arriver un détachement, se fait amener l'officier qui le commande, avant de laisser passer sa troupe et le retient près de lui jusqu'à ce que les grand'gardes aient été dépassées. Si un détachement est absent depuis plusieurs jours et qu'on ait des soupçons sur lui, lorsqu'il rentre, on l'examine attentivement et au besoin on le fait défiler homme par homme. (276)

281. En Allemagne, le service d'avant-postes est fait par une brigade ou une division relevée d'un à deux mois, et sa force s'élève quelquefois à un tiers du corps princi-

pal. Celui-ci une fois établi, la division ou brigade de service se place à égale distance du corps et de la ligne qu'occupent les védettes, emploie aux grand'gardes le tiers de son monde et répartit le reste en postes de soutien qui ont de l'artillerie : les avant-postes sont placés de 6 à 12 kilomètres du corps principal.

282. RONDES ET PATROUILLES. Pour produire de bons résultats, elles doivent être employées simultanément. Toute *ronde* qui aperçoit une patrouille doit chercher à l'esquiver sans être aperçue et prévenir le poste le plus voisin, car ce peut-être l'ennemi. Si une sentinelle ou védette est en défaut, on fait avertir le poste auquel elle appartient.

283. Les *patrouilles* se composent ordinairement de 4 à 8 hommes. En pays coupé, ou la nuit en pays découvert, l'infanterie fait ce service à cause de la facilité qu'elle a de se dérober derrière le moindre obstacle et même en se couchant à plat-ventre dans les céréales le long d'un chemin que suit l'ennemi. Dans un terrain couvert, la cavalerie n'est employée qu'à éclairer au loin une grand'-route pendant la nuit. Le jour, on use de plus de précautions encore que la nuit, car alors les patrouilles peuvent être vues de loin par l'ennemi ou les habitans dont il faut se défier. Les armes doivent être en bon état, les hommes silencieux, attentifs à ne pas entrechoquer les diverses parties de l'armement, et surtout à ne pas fumer. Le jour l'arme se porte sous le bras comme les chasseurs ; la nuit la capote se met pardessus les bufleries. On se glisse ainsi à 3 ou 400 pas en avant des védettes, le long des ruisseaux, chemins creux etc. Le jour les hommes doivent constamment voir le chef et marcher de 150 à 300 pas l'un de l'autre ; la nuit ils marchent de 25 à 30 pas pour pouvoir s'entendre.

284. Composée de 3 hommes, la patrouille marche sur une file, le chef à la gauche ; de 4 hommes elle marche en losange, le chef du côté opposé à l'ennemi ; de 5 hommes, en losange, le chef au centre ; de 6 à 8 hommes, en losange, le chef au centre avec 1 à 3 hommes :

de 12 à 20, on place 2 ou 3 hommes en avant-garde, autant en arrière et deux flanqueurs de chaque côté; le reste de la troupe marche sur deux files avec le chef. Au-dessus de 20 hommes la patrouille prend le nom de détachement et suit des règles particulières.

285. Le jour, si on découvre l'ennemi sans être vu, il faut gagner sur-le-champ un point favorable pour l'observer et se retirer ensuite avec sûreté. Si l'on tombe inopinément sur un gros détachement, il faut se débander à la voix du chef et se réunir rapidement sur un point indiqué hors des atteintes de l'ennemi.

286. La nuit, on s'arrête souvent pour écouter, un homme se couche parterre et écoute l'oreille contre le sol : au moindre bruit, le chef fait le signal convenu, et s'il n'a d'autre but que de s'informer de l'approche de l'ennemi, rassemble ses hommes et prend des chemins détournés, en laissant pendant quelques minutes un homme à chaque embranchement ; ce soldat écoute quelques instans puis rejoint rapidement. Si l'on est obligé de prendre des informations, d'écouter des rapports, il faut les contrôler l'un par l'autre. Si une sentinelle ou un poste a disparu, on fouille tout le terrain qu'elle ou il surveillait, on prévient le poste et on reste sur les lieux jusqu'à ce que la sentinelle ou le poste ait été remplacé.

287. Ces dernières patrouilles défensives s'appellent souvent *reconnaissances ou découvertes*; elles sont alors de 8 à 12 hommes à moins de circonstances particulières qui en font augmenter la force et donner le commandement à un officier. Elles observent les mêmes règles pour leur marches et ont de plus des règles particulières. Ainsi, s'il s'agit, par exemple, de reconnaître un point que l'on veut attaquer, on choisit des hommes intelligens auxquels on donne l'ordre d'observer le terrain sous tous ses aspects afin de pouvoir, au moment de l'attaque, guider les colonnes avec un peu d'adresse, et, par l'obscurité et le mauvais temps, on peut aisément pénétrer au-de là de la 1re ligne d'avant-poste. Il faut avoir soin de se munir d'un bon guide que l'on donne à surveiller

à un soldat et de papier, crayon et lunette (1). On doit éviter les ravins, ponts défilés etc. qu'on ne traverse du reste qu'après les avoir fait reconnaître ainsi que les chemins y aboutissans. S'il s'agit de fouiller un pays montueux, boisé, de reconnaître une digue, un chemin défilé, on se fait précéder par 1/4 à 1/2 de la patrouille par groupes de 2 hommes se suivant de manière à bien se voir et tout observer. S'il se montre un bois, des flanqueurs en suivent la lizière et rejoignent au-de là. S'il faut traverser un grand bois, on s'informe d'abord des chemins, on rapproche les flanqueurs de sorte qu'ils soient toujours en vue ; ceux en avant fouillent les buissons, broussailles et fourrés avoisinant le chemin. Qu'une hauteur soit en avant, aussitôt un homme s'y porte avec précaution, tandis que les autres s'arrêtent; il regarde de tous côtés et l'on reprend la marche dès qu'il a fait signe d'avancer : s'il voit l'ennemi, il fait le signal convenu, si un bois ou une habitation se trouve à plus de 4 à 500 mètres de la direction suivie, on passe à côté sans le fouiller ; à une moindre distance, on n'y entre qu'en cas de nécessité absolue. Si l'on doit traverser un village ou hameau, on doit le fouiller de la manière suivante : 1° Le jour, on reste à deux portées du fusil pendant que 2 à 3 hommes s'en approchent, arrètent le 1er individu rencontré, s'informent de la présence de l'ennemi. Si la réponse est favorable, un ou deux hommes entrent, s'en assurent, vont de suite chez le curé ou le maire et l'amènent au chef qui entend leurs rapports. Si l'on voit dans les jardins, les cours, aux fenêtres etc. des effets d'habillement, d'équipement, des bagages, etc., il ne faut pas entrer, l'ennemi est là ! 2° La nuit, on agit de même ; si on est à cheval 2 ou 3 hommes mettent pied à terre, se glissent le long d'une haie pour gagner l'endroit. Si beaucoup de lumières vont et viennent, si l'on entend un bruit continuel d'hommes, de voitures ou de chevaux, n'entrez pas, l'en-

_____

(1) Voir ci-après aux reconnaissances.

nemi est là ! Si cependant il faut entrer, on fouille de
nouveau le village et on place deux sentinelles du côté
par lequel l'ennemi peut venir. Si celui-ci est en force
dans le village et qu'il faille se retirer on le fait en bon
ordre et en tiraillant. Sinon, on attaque franchement, et,
après avoir réussi, on continue son mouvement de ronde.
Aucun homme ne doit s'arrêter en traversant un village
et l'on fait la halte au-de là, en y faisant au besoin porter
les vivres et fourrage nécessaires ; on se garde militairement. Souvent on se fait passer pour l'avant-garde d'un
détachement qui va arriver dans quelques heures et on
demande pour lui le logement, les vivres et les fourrages.
Si une opération de ce genre doit être difficile, il faut
éviter que les hommes emportent de l'argent et le leur
faire déposer à la caisse du régiment. Il faut examiner le
terrain parcouru sous ses divers aspects afin de se retrou-
ver; ainsi on se retourne fréquemment pour regarder en
arrière, et un buisson, un arbre, une borne servent de
repaire.

289. Une patrouille qui, de nuit, rencontre l'ennemi
et à laquelle on crie : *qui vive*, répondra : *déserteur* et
continuera d'avancer si elle est soutenue, plus faible ou
servant de flanqueurs. L'ennemi alors s'approche sans
défiance pour l'interroger et soit qu'on l'attaque brusquement alors, soit que l'on gagne assez de temps pour
donner au corps de soutien le moment d'être à portée,
on se dégage souvent par cette ruse.

DÉTACHEMENS.

290. Au delà de 20 hommes, une patrouille s'appelle
détachement : celui-ci peut comprendre jusqu'à 4 à
5,000 hommes, mais le plus généralement leur force
ne dépasse pas 1,500 à 2,000 hommes. Ils ont comme les
fortes patrouilles proprement dites, une avant-garde et
une arrière-garde qui, loin de l'ennemi, marchent à une
demi-heure de distance du détachement. On compte
qu'une troupe exercée peut faire en deux heures à deux
heures et demie, un myriamètre, y compris les haltes.
La cavalerie ne met guère qu'une heure pour le même
chemin, en alternant au pas et au trot (ces données sont

exclusivement applicables à un terrain horizontal ; car les difficultés du terrain les augmentent nécessairement.)

291. En tous cas, les flanqueurs dépendent de la fraction qui menace le plus l'ennemi ; ainsi, de l'avant-garde, si l'ennemi est devant ; du corps de détachement, s'il est sur un flanc, et de l'arrière-garde, s'il est derrière. Près de l'ennemi, les distances qui séparent les diverses fractions dépendent d'une foule de circonstances ; une seule règle est invariable : c'est que le corps principal doit voir ou du moins entendre les signaux de toutes ses parties. Ainsi, si nous supposons un détachement de 500 à 1000 hommes (ce qui est le plus habituel), il y aura une demi-heure de distance, comme il a été dit plus haut. (287.)

292. Le rôle des *flanqueurs* ou *éclaireurs* est important ; marchant par groupe de 2 à 5, sans jamais se perdre de vue, ils se couvrent de tous les accidens du terrain et les explorent, notamment les bois, fossés, ravins, chemins creux, broussailles, vignes, houblonnières, champs couverts de hautes moissons, maisons isolées, vergers, etc. Qu'une troupe soit aperçue, ils restent en observation ; un d'eux va prévenir le chef qui vient examiner lui-même ; ils ne doivent faire feu qu'en tombant dans une embuscade, ou dans le cas, fort rare du reste, où l'ennemi s'avance trop rapidement pour permettre un autre avertissement. De plus ceux qui précèdent l'avant-garde, rencontrant une hauteur, s'en approchent prudemment pour éventer les embuscades, gravissent la côte et laissent des sentinelles sur la crête jusqu'à ce que l'avant-garde les ait dépassées. La nuit, tous redoublent d'attention, surtout pour arrêter ceux qui chercheraient à les dépasser. Alors ils suivent de préférence les chemins, ne ripostent jamais au feu de l'ennemi, gardent le silence et envoient prévenir. Si un flanqueur disparaît, on s'arrête ; s'il ne reparaît pas bientôt, on envoie après lui pour savoir ce qu'il est devenu. La pipe, les cris, le moindre bruit enfin doivent leur être sévèrement interdits. S'ils doivent s'avertir, c'est à voix basse : le chef du détachement doit être prévenu de tout ce qui paraît mériter attention

293. La conduite d'une *avant-garde* exige un grand soin pour le choix du commandant qui doit joindre à la valeur, au sang-froid et à l'expérience, une bonne vue et s'il est possible la langue du pays. On lui donne un guide que deux soldats gardent à vue (336). Le chef de l'avant-garde reste avec sa troupe, observe attentivement ce qui se passe et se rend auprès des éclaireurs dès que ceux ci lui font un rapport qu'il importe de vérifier (292). Il envoie au commandant toutes les personnes que l'on rencontre et si elles vont vers l'ennemi, on les fait rester en arrière avec un ou deux cavaliers qui rejoignent aussitôt après le temps fixé. Si des hommes armés paraissent, l'avant-garde s'arrête, le chef va reconnaître et s'il pense que cela devienne sérieux, il rassemble ses éclaireurs et envoie prévenir le commandant du détachement. En tous cas, il ne faut jamais se replier qu'à la dernière extrémité, afin de donner au détachement le temps de faire ses dispositions. Si on donne de nuit dans un parti, il faut le charger vigoureusement puis profiter de la surprise de ce premier choc pour se retirer.

294. Les bois, chemins creux, ravins doivent être traversés en bon ordre et rapidement. Un village se traverse sans bruit et on prend position en avant jusqu'à l'arrivée du détachement. Si on le peut, on tourne le village, en laissant des petits postes aux issues pour empêcher les habitans de venir compter le corps. Avant de traverser un vallon resserré, un pont, un gué, etc., les éclaireurs montent sur les berges et on s'établit militairement à la sortie (292). En cas d'attaque du détachement ou de l'arrière-garde, le chef de l'avant-garde, sur l'avis du commandant du détachement, replie ses éclaireurs et rallie le corps.

295. Quant à l'*arrière-garde*, son rôle ne commence réellement que dans la retraite. Elle se partage en deux; une partie suit la direction de la colonne, l'autre forme un double demi-cercle de tirailleurs, s'appuyant à deux petits pelotons, placés sur les ailes. Ils doivent veiller à ce que l'arrière-garde ne soit pas débordée. Dans le cas

où il y a de l'artillerie, elle manœuvre à la prolonge
en suivant la route; une troupe de soutien est chargée
spécialement de la défendre en cas d'attaque. Si les trois
armes sont réunies, elles se partagent la défense. La cavalerie tiraille sous la protection de pelotons de l'arme ou
d'infanterie, qui profitent de tous les obstacles pour arrêter l'ennemi, tandis que l'artillerie continue sa marche,
ne s'arrête que pour tirer à mitraille de front ou d'é-
charpe. Si l'on croit pouvoir risquer un retour offensif,
il faut donner un coup de collier prompt et décisif, sans
quoi l'on se compromet inutilement. En tous cas, l'arrière-garde doit ménager son feu jusqu'au dernier moment.

296. En passant un défilé, les tirailleurs couronnent
les hauteurs pour couvrir les flancs et voir au loin l'ennemi, les premières troupes passées se forment en bataille,
face en arrière jusqu'à ce que les derniers tirailleurs aient
passé, ou détruit aussitôt les ponts, digues. On coule les
bacs, bateaux, etc., et toutes les fois qu'on le peut on
tend une embuscade. Il faut *dans une retraite* du sang-
froid et de l'ordre; car si les troupes, peu confiantes,
sont en désordre ou chancèlent et que l'ennemi soit impétueux, on est perdu. Sur les routes dont les côtés sont
bordés de canaux, larges fossés, etc., le feu de chaussée
peut être très utile. On profite de tous les obstacles et on
en crée si on en a le temps; on fait des coupures dans les
chemins dont les côtés ne sont pas facilement praticables,
(2 4) on coupe des arbres en les jetant sur la route, de
manière qu'ils tiennent encore un peu au tronc; on creuse
sur les routes des trous que l'on remplit d'eau en dé-
tournant un ruisseau. Dans les défilés et villages, on barricade le passage avec une voiture chargée dont on ôte une
roue; une palissade, etc.; on remplit les premières maisons de fascines, on y met le feu lorsque l'ennemi va y
entrer, on tire des ob. s sur l'incendie pour empêcher de
l'éteindre (406 et suiv.) On embarrasse les ponts, si on doit
plus tard en avoir besoin, on détruit les gués par une
digue, un fossé, des piquets, des herses, des chaussetrapes, des arbres chargés de pierres fixées aux branches;

on détruit les talus des rives, etc. Enfin on tache de gagner la nuit , parce qu'alors l'ennemi ose moins s'aventurer.

297. Corps du Détachement. Habituellement l'infanterie marche par section ou peleton et jamais de flanc, à moins d'impossibilité ; la cavalerie par quatre ou peloton et jamais par deux , à moins d'absolue nécessité. En plaine , l'artillerie est à la tête et dans les intervalles de l'infanterie ; en pays montueux , elle suit la cavalerie : celle-ci, en pays coupé , marche 1/2 en tête et 1/2 en queue de la colonne. Les troupes d'élite se mettent du côté menacé ; s'il y a des travailleurs , ils marchent après l'avant-garde pour exécuter à temps les travaux nécessaires. L'arrière-garde en a aussi pour détruire les ponts et gués en cas de retraite (122, 296). Pour passer un défilé , on s'assure que l'avant-garde s'est emparée des débouchés et des hauteurs (296), on passe rapidement, on se forme en bataille à la sortie et on se remet en marche dès que l'arrière-garde s'est à son tour postée pour surveiller l'issue. Si on doit faire une longue halte, on choisit une position, on place des postes et sentinelles , l'avant-garde et l'arrière-garde restent à leurs distances, tandis que le quart du détachement reste de piquet, l'arme au pied ou à cheval. Si la halte est courte, la moitié du détachement est de piquet.

298. Si l'on est prévenu de l'approche de l'ennemi, on ralentit le pas, regagne les distances et se prépare au combat ; si l'ennemi ne vous offre pas une force très supérieure , on continue la marche en faisant rapprocher l'avant-garde et l'arrière-garde et on tient à distance les tirailleurs ennemis. En cas d'attaque et si l'on a assez d'infanterie à opposer à la cavalerie , on forme un carré plein, l'artillerie aux angles, protégée par l'avant-garde et l'arrière-garde. Les flanqueurs , rentrés dans le carré, en sortent dès que la cavalerie a été repoussée et l'on reprend la marche. Dans le cas où l'ennemi serait à cheval sur la route, une attaque audacieuse et impétueuse ouvrira presque toujours le passage, si elle ne repousse pas entièrement l'ennemi. Si l'attaque échoue, il faut se reti-

rer en bon ordre , car *on ne doit jamais capituler en rase campagne.*

299. Battue, l'infanterie autrichienne jette ses armes, chaque soldat se réclame du titre de polonais et vous suit loyalement ; l'infanterie prussienne jette ses armes, mais les ramasse de suite, si on ne les enlève pas, et qu'un secours lui arrive ; l'infanterie russe se fait tuer, elle se couche à plat ventre pour laisser passer la cavalerie qui la charge, se relève et la fusille par derrière : il faut se hâter de la désarmer.

RECONNAISSANCES ET INDICES.

300. Quand les reconnaissances spéciales se font près de l'ennemi, l'officier qui en est chargé est accompagné d'une escorte ; ces reconnaissances sont nécessaires, car les cartes sont presque toujours insuffisantes pour connaître la topographie d'un pays. Bien que chaque reconnaissance ait un but différent, cependant on peut dire qu'elles se renferment toutes à peu près dans le même canevas et diffèrent en ce sens qu'elles en expliquent chacun une partie différente. Ainsi, on considère d'abord l'ensemble topographique du terrain, s'il est montueux, à quelle chaîne il se rattache (voir la première partie), puis son aspect, ses productions, ses habitans et surtout son climat.

301. Un point essentiel à remarquer aussi, c'est que souvent les moulins à eau sont importans à garder, car ils rendent souvent les rivières et ruisseaux guéables et on peut utiliser leur position. Les moulins à vent offrent aussi parfois une position avantageuse. Il ne faut chercher ni à faire des prisonniers ni autre capture, mais bien à ne pas être vu et à rapporter le rapport le plus précis et le plus complet. Il faut autant que possible avoir un ordre écrit, si on peut l'avoir sur papier fin, on le place par-dessus la bourre du pistolet, et en faisant feu, l'ordre est détruit sans que l'ennemi s'en aperçoive ; avant le départ, on compare sa carte avec celle du général et on règle sa montre sur la sienne.

302. L'escorte se dispose comme pour les découvertes (287), mais comme il s'agit de voir sans être vu et de s'approcher le plus qu'on peut, on la laisse fréquemment à 30 ou 40 pas en arrière, derrière un abri, et avec 2 ou 3 hommes sûrs on s'avance ; ceux-ci veillent à la sûreté de l'officier et, en cas de danger, préviennent l'escorte. Jamais on ne peut trop garder le secret pendant sa marche; on exécute celle-ci de nuit par des chemins détournés, de manière à arriver sur le point favorable à la pointe du jour: on marche avec précaution et fait attention, si l'on est monté, aux oreilles de son cheval qui donnent de précieux avertissements. Il faut se procurer des guides sûrs ; faire emporter aux hommes des vivres et de l'avoine, éviter les lieux habités, les patrouilles, tourner les postes et faire les haltes dans les bois où l'on se cache pendant le jour. Si l'on est obligé de questionner des habitants, il faut faire en sorte qu'ils ne devinent pas le but de votre mission. Parvenu à un point d'où l'on peut découvrir les grand'gardes ennemies, on examine si elles ont changé d'emplacement, comment elles sont composées, postées, retranchées, liées entr'elles, vigilantes ; si on peut découvrir les bivouacs, on compte les feux, leur emplacement, etc. Un bon moyen consiste à ôter son uniforme et à observer en faisant semblant de travailler à la terre comme un paysan. Si on veut reconnaître un bivouac ou camp, il faut savoir quelles règles l'ennemi suit d'habitude, se garder des illusions d'optique ; ainsi, une masse est cachée par sa première subdivision et rien n'est difficile comme de juger une troupe en échiquier ou par échelons.

303. Si l'ennemi est en position, comptez les drapeaux et intervalles; s'il est en marche, faites de même en vous plaçant sur son flanc, tâchez de remarquer et noter les divers uniformes, car par là on connaît à quelles troupes, à quels chefs on a affaire, attendu qu'il est impossible de cacher la réputation bonne ou mauvaise des uns et des autres. Les *rapports* qui suivent les reconnaissances doivent être concis, lisibles et surtout le plus

13

exacts possible sur l'orthographe des noms de villes, villages, etc., crainte de méprises funestes. Un bon moyen de reconnaitre au loin le terrain et d'apprécier les hauteurs, bas-fonds, etc., consiste à observer les ondulations et accidents de la marche des tirailleurs ennemis.

304. Indices. Les principaux sont la poussière, les feux, l'aspect des chemins, les aboiements des chiens, le vol des oiseaux, la rentrée des détachements, etc.
Si l'on voit sans interruption le reflet des armes briller et venir à vous, la colonne s'avance dans votre direction. Si les baïonnettes seules jettent des reflets, la colonne est par le flanc; s'ils viennent de gauche à droite, la colonne va dans ce sens et vice versà.

305. S il y a de la poussière, observez qu'elle forme un nuage épais et peu élevé pour l'infanterie, moins épais et plus élevé pour la cavalerie, très élevé et très épais pour les parcs et équipages.

306. Si les troupes n'étoient leurs armes, si l'on rassemble des bestiaux autour des cantonnemens, si l'on y distribue des souliers, c'est l'indice d'un mouvement.

307. La nuit, si des troupes font un mouvement, on l'entend au babil des soldats, au bruit des voitures, de l'artillerie, des chevaux, des coups de fouet, etc.; si le bruit s'éloigne, la troupe décampe; si non, elle arrive. Si l'on entend frapper des piquets, c'est qu'il y a de la cavalerie.

308. Si l'ennemi attaque le matin, c'est un mouvement général; au milieu du jour ou le soir c'est une reconnaissance dont la vigueur et la vivacité font apprécier l'importance.

309. Si, après celle-ci, l'ennemi reste sur le terrain qu'il a ainsi envahi, il faut s'attendre à un mouvement en avant le lendemain· s'il se replie et se retire, il peut arriver que son but est de cacher un mouvement rétrograde, ou d'attirer l'attention sur ce point, ou d'endormir la vigilance pour attaquer le lendemain à la pointe du jour.

310. Des bateaux, amenés de loin ou réunis sur une

rive, indiquent un passage ; brûlés, c'est une retraite ; des poutres réunies sur les rives indiquent aussi des projets de passage. Des perches goudronnées, enduites de paille et placées de distance en distance, indiquent le signal préparé pour un mouvement général.

311. Si l'artillerie, les hôpitaux et petits dépôts se portent en arrière, attendez-vous à un mouvement rétrograde ou tout au moins un notable changement de front.

Si les feux paraissent plus nombreux, mais plus petits et placés bien en vue, s'ils s'allument l'un après l'autre, s'ils sont mal entretenus, c'est signe de faiblesse et souvent de retraite ;

Si, dans une attaque, l'ennemi se retire trop précipitamment sans cause connue, prenez-garde à une embuscade.

312. Les traces que gardent les routes indiquent la composition des colonnes et, jusqu'à un certain point, leur force et le temps écoulé depuis leur passage. Il faut aussi examiner les champs riverains pour s'assurer si de la cavalerie ne côtoyait pas les colonnes. Derrière un village, ou ravin, etc. les pas, les cendres des feux éteints, les débris de toute nature laissés par une troupe, fournissent souvent de précieux renseignemens.

313. Presque toutes les puissances ont adopté le schako bas et la capote grise ; toutefois le fond de couleur de l'habillement est encore le suivant : Russie, le vert ; Angleterre, le rouge ; Autriche, le blanc ; Bavière, le bleu de ciel ; Prusse, Espagne, Wurtemberg, petits états allemands, le gros bleu. Les pantalons et buffleteries diffèrent aussi suivant les peuples et les armes.

314. Les Russes sont les troupes les plus difficiles à deviner à cause de leurs innombrables cosaques. Toutefois, si les patrouilles suivent souvent et régulièrement la même direction, surtout après quelqu'inaction, il faut s'attendre à un mouvement en avant. Celui qui pourait se glisser entre ces cosaques et les cantonnemens, surprendrait infailliblement ceux-ci qui, d'habitude, sont négligemment gardés.

Les Prussiens font le service si régulièrement que les indices sont à peu près nuls ; leurs patrouilles sont toujours de même force, de même nombre quels que soient leurs projets. Ce n'est que par leurs déserteurs qu'on peut se procurer de bons renseignemens.

Les Autrichiens sont à peu près comme les Prussiens ; toutefois, ils ont l'habitude d'avancer l'heure de manger la soupe lorsqu'ils veulent faire un mouvement et la connaissance de ce fait leur a été souvent fatale. Chez eux, le calme annonce l'attaque Les avant-postes diminués, retirés, les troupes resserrées et moins visibles, les patrouilles moins fréquentes sont des indices certains qu'ils veulent inspirer une fausse sécurité. Au contraire, les patrouilles nombreuses, fréquentes, qui viennent harceler les avant-postes, sont un indice de retraite.

315. Quand on a pour but de reconnaître *une position*, il faut s'assurer qu'elle n'est dominée d'aucun point sur le front ou les flancs ; les points aussi élevés doivent en être hors de portée de canon. Rappelez-vous qu'il faut 120 m. de front par 200 hommes, y compris les intervalles, et 600 m. de profondeur pour deux lignes. Sur cette étendue, le terrain doit être libre ou facile à rendre tel. Il ne faut pas compter comme ressource les cours d'eau qui sont en avant et dont l'ennemi peut interdire l'usage. On voit si le front est couvert et les flancs bien appuyés, et surtout s'il n'y a pas en arrière des marais ou des terrains à défilés qui deviennent dangereux en cas de retraite. Les autres qualités que réclament les positions un peu étendues, dites *offensives et défensives*, étant du ressort de la stratégie, nous n'en parlerons pas.

316. Si l'on reconnaît une rivière, il faut examiner avec attention les gués et leur nature, le point rentrant favorable à l'établissement d'un pont, les haies et obstacles de chaque rive et leur commandant respectif ; le voisinage des affluens et gros ruisseaux, les débouchés de chaque côté, les moyens que l'ennemi a de franchir le cours d'eau et les avantages de la rive qu'il occupe : comment s'y opposer et disposer les troupes à cet effet pour surveiller la rive, etc.

317. Le meilleur moyen de découvrir un gué rapidement est celui qu'emploient les cosaques; ils s'éparpillent le long de la rive, entrent à cheval dans l'eau en sondant avec leurs longues lances; dès qu'un seul a passé, tous les autres accourent et le suivent.

318. Si l'eau coule rapidement entre deux bancs de sable, il s'y trouve probablement un gué; mais peu sûr et peu commode. Un lit très large, des ponts élevés et longs attestent qu'une rivière est sujette à des crues.

319. Si du bord on aperçoit sur l'eau une ligne inclinée au courant et déterminée par la différence de couleur des eaux de chaque côté, et souvent par un reflet de lumière, il y a ordinairement un gué au-dessus de cette ligne. Si celle-ci règne sans interruption, on peut traverser sans danger : s'il y a une interruption, c'est l'indice d'un creux souvent dangereux et rapide qui détruit le gué.

(Pour les autres détails relatifs aux reconnaissances , voir la première partie de l'ouvrage).

PARTISANS.

320. Il y a une grande différence entre un *parti* et un *corps de partisans* Un parti est une fraction constituée des corps de l'armée; un corps de partisans, au contraire, a une organisation particulière; ainsi, ce dernier a souvent un uniforme particulier, il s'organise et se recrute directement par le chef qui le commande. C'est exactement un corsaire de terre. Ils sont moins en usage actuellement qu'autrefois, et la mission qui leur était confiée est en général donnée à des détachements (290 et suiv.) qui, devant s'éloigner de l'armée et agir isolément, prennent le nom de *partis*. Les règles générales qui régissent la guerre des partisans sont applicables aux partis.

321. Pour que ce genre d'opération puisse amener d'heureux et féconds résultats, il faut que le *caractère du chef* réunisse de nombreuses qualités. Bravoure, activité, fermeté, esprit de ruse, mémoire, imagination féconde, science parfaite de la petite guerre et du pays, connaissance de la langue, coup d'œil sûr, force physique

qui résiste à toutes les fatigues ; voilà les principales qualités qu'il doit posséder. En outre, il faut que sa conduite soit toujours sans reproche, que les fatigues de ses soldats soient les siennes, que sa sollicitude s'occupe à prévenir tout ce qui pourrait porter atteinte à leur bien-être et à leur santé ; il doit être un père pour eux, car ce sont eux qui font ses succès et sa gloire (223, 224 jusqu'à 257).

322. Quelle que soit la composition d'un corps de partisans ou parti, cavalerie seule, infanterie et cavalerie même avec artillerie, il ne doit jamais attaquer qu'en cas de nécessité et dans les circonstances les plus favorables. Quelle que soit la force ennemie, si l'attaque entre dans les vues du chef et doit surprendre son adversaire, il faut agir avec vigueur et sans hésiter un seul instant.

323. Bien que la force d'un pareil corps dépende à la fois de son objet et du caractère du chef, on peut dire qu'elle est comprise entre 100 à 1800 ou à 2000 hommes au plus. Tous les soldats sont choisis un par un parmi les plus braves et les hommes de bonne volonté. Il est utile aussi de bronzer les canons de fusils pour en diminuer les reflets et l'entretien : avant de partir, on se fait délivrer un ordre du chef d'état-major de l'armée, qui autorise le parti à faire isolément la petite guerre : on se munit aussi de passeports en blanc pour le cas où l'on serait obligé de se partager, afin que chacun soit en règle : il est bon de faire cet état nominatif au moins pour les chefs. Ces pièces sont importantes, car sans elles on est exposé à être traité et fusillé comme vagabond et bandit, si l'on est pris.

324. Un partisan a toute liberté d'action ; il inquiète les mouvemens, les flancs, les derrières de l'ennemi, surprend ses postes, ses détachemens, enlève ou détruit ses convois, ses dépôts, son matériel, etc. Quand il a une mission spéciale, tous ses mouvemens doivent concourir à son accomplissement. La position d'un pareil corps est dangereuse par suite de la proximité de l'ennemi ; il faut donc changer souvent de position, cacher sa force, se faire des amis partout où on le peut, se ménager des appuis et

moyens de retraite, surtout ne jamais montrer ni crainte ni faiblesse ; plus l'ennemi est proche, plus il faut montrer d'audace et de sang-froid. L'art si difficile du partisan peut se résumer en peu de mots ; *ne se laisser joindre nulle part et se faire craindre sur tous les points.* Bien que les prises appartiennent aux partisans, ils ne peuvent en disposer qu'après un partage fait à l'état-major général.

325. La guerre de partisans consiste presqu'entièrement en *embuscades* et *surprises :* dans le premier cas, on attend l'ennemi ; dans le second, on va le chercher : on comprend combien le secret est essentiel et le choix de la troupe important ; encore celle-ci ne doit-elle savoir ce qu'elle va faire qu'à la dernière halte. Il faut aussi se procurer tous les renseignemens possibles par les guides, déserteurs, espions etc. (336 et suiv.)

326. EMBUSCADE. Elle se tend pour faire des prisonniers, enlever un courrier, un officier de marque escorté, une patrouille, attaquer un convoi, un fourrrage, châtier une troupe qui s'aventure habituellement dans les mêmes lieux, arrêter une poursuite trop vive, etc.

327. Pour se rendre à l'embuscade, il faut faire grande attention à ne pas laisser de traces de pas, et au besoin y faire arriver les hommes un à un. Dans une plaine découverte, on se cache derrière un pli de terrain, dans des fossés, des blés parvenus à toute leur hauteur : mais les lieux les plus propices sont les pays montueux, coupés, boisés, surtout quand ils n'ont qu'une seule route, les ravins, haies épaisses et élevées, les clôtures de jardins, de parcs ayant de larges issues, les digues et chaussées qui s'élèvent à 2 ou 3 m. au-dessus du niveau de la campagne. L'infanterie est l'arme la plus utile sur tous les terrains ; on ne lui donne que très-rarement de l'artillerie, et la cavalerie ne lui est adjointe que dans un cas important où il faut profiter sur le champ des résultats de l'attaque. (290 et suiv.)

328. Pour se rendre au point favorable, il faut prendre toutes les précautions nécessaires pour que les gens du

pays n'aient connaissance ni de l'embuscade, ni de la marche, laquelle doit avoir lieu par des chemins détournés. Bien que *Decker* prétende que près d'un village on peut réussir avec une force de 1/3 seulement de celle d'un ennemi qui se répandrait dans les maisons sans prendre de précautions, il faut généralement être à peu près de même force que le corps à attaquer et même plus fort, si l'ennemi marche avec prudence : une fois embusqué on doit employer tous les moyens pour ne pas être éventé, en arrêtant et retenant tous ceux qui passent à portée; il faut lever l'embuscade dès qu'on s'aperçoit ou qu'on apprend que l'ennemi vous a vu ou a pris une autre route. .

329. S'il s'agit d'un courrier, d'un officier général escorté, d'une patrouille, d'un convoi, il faut se placer à portée d'un point difficile à franchir, d'un défilé. Si c'est un corps de troupes, on se cache derrière un bouquet de bois, un pli de terrain, un village près duquel on peut se développer, tandis que la cavalerie se place plus loin à cause de ses chevaux. La troupe reste en silence, sans former les faisceaux, allumer du feu, dormir, fumer ou causer : la cavalerie met pied à terre; si un cheval hennit, on lui coule une balle de plomb dans l'oreille. On convient d'un signal avec les sentinelles que l'on place aux environs sur des arbres touffus, le sommet d'une maison, ou bien accroupies dans un fossé ou un champ. Il faut toujours partager la troupe en 3 sections placées à une certaine distance l'une de l'autre. S'il faut enlever un courrier ou un officier, on attend que celui-ci soit tombé dans l'embuscade, alors la 1re section s'élance sur les derrières de l'escorte en tirant quelques coups ; à ce signal, la 2e se précipite en avant et barre la route, plaçant ainsi l'escorte entre deux feux, tandis que la 3e section s'avance comme réserve. Si l'ennemi résiste, pas de poudre, l'arme blanche ! on s'empare du courrier ou de l'officier en leur enlevant sur le champ leurs papiers avant qu'ils aient pu les détruire, sans manquer toutefois aux égards dus aux grades et aux personnes.

330. S'il s'agit d'un convoi, on ne tend l'embuscade

que parce qu'on est plus faible que l'escorte et pour attaquer la queue. Lorsque le convoi est engagé dans un défilé, la 1re section, au moment jugé favorable, se jette à l'entrée du défilé, passe par les armes tout ce qui résiste, met de suite 2 ou 3 voitures en travers pour arrêter la marche et repousser dans le défilé tout ce qui voudrait en sortir pour secourir la queue; la 2e section, pendant ce mouvement marche sur la réserve ou l'arrière-garde pour la repousser; la 3e section secourt les parties qui ont besoin d'aide : une fois l'ennemi dispersé, on dirige rapidement les prisonniers et voitures vers un lieu sûr. (430 et suiv.)

331. Comme il est difficile de réussir à attirer un corps dans une embuscade, si on a affaire à un officier expérimenté, il faut d'abord connaître la force du corps, le chemin qu'il doit suivre et le caractère de son chef. (290 et suiv.) Un tiers de la troupe, ordinairement de cavalerie, va au devant de l'ennemi, escarmouche avec lui, tient bon pour l'exciter à oublier la prudence; enfin agit comme dans une retraite. L'ennemi arrivé dans l'embuscade et lui présentant le flanc, l'embuscade se rue sur la colonne tandis que le 1er tiers, faisant volte-face, le charge vigoureusement.

332. SURPRISE. Elle ne s'entreprend qu'avec une connaissance parfaite du terrain, de la position et de la force de l'ennemi, de l'emplacement de ses postes, enfin de ses mesures de sûreté. (15, 23, 417.)

333. S'il s'agit d'enlever un poste, on s'assure qu'on peut s'approcher jusqu'à 25 ou 30 pas des vedettes sans en être aperçu : alors une patrouille de la force convenable et de l'arme utile, se porte à 3 ou 400 m. de la ligne et s'arrête; 3 à 4 hommes se glissent sans bruit, en se courbant, en rampant, enveloppent la vedette ou sentinelle désignés, se précipitent sur elle au signal de l'un d'eux, la forcent au silence et l'emmènent rapidement (il est fort rare qu'un vedette, et surtout une sentinelle, puisse se tirer d'affaire lorsqu'elle est ainsi assaillie). Puis le détachement s'avance en silence vers le poste, l'enveloppe autour de son feu et passe à l'arme blanche tout ce qui veut ré-

sister ou donner l'alarme, et se retire rapidement avec
ses prisonniers.

334. C'est un peu avant le jour, rarement pendant ce
dernier, et pendant un brouillard ou une pluie que s'exécute toute surprise. Quand on emploie ensemble cavalerie
et infanterie, la cavalerie enveloppe et donne l'alarme,
tandis que l'infanterie agit vigoureusement : l'artillerie
n'y concourt jamais. La force d'une patrouille ou détachement à attaquer ne doit être que de fort peu au-dessus
de celle qui attaque. On cache avec soin tout ce qui pourrait faire reconnaître de loin et on donne un signe de
ralliement au bras, au schako, etc. qu'on enlève dès que
la retraite sonne ou qu'on est repoussé. L'infanterie est
sans sacs : rarement on se forme en plusieurs colones,
parce qu'il est fort rare que toutes arrivent exactement à
la même minute et que souvent l'une est découverte lorsque les autres ne sont pas encore en mesure. Avant le départ on convient des signaux pour l'attaque et la retraite
(419). L'avant-garde ne s'éloigne que fort peu, et chacun marche en silence et sans bruit.

335. S'il s'agit d'enlever une position, l'avant-garde la
tourne, tandis que la colonne agit de front ; si le détachement est partagé en plusieurs colonnes, chacune a
son point d'attaque sur les flancs, les derrières, etc.
L'arrière-garde, sert de réserve et le chef marche avec
elle. Il ne faut pas répondre au feu des avant postes, mais
bien les assaillir rapidement à la baïonnette, les pour-
suivre et tâcher d'entrer avec eux dans la position. Si l'on
y pénètre, le commandant en second rallie son détachement ou du moins les parties qui sont entrées; le chef
entre alors, reçoit les prisonniers, fait occuper la position par l'arrière-garde et envoie à la poursuite de l'ennemi. Si l'on échoue dans l'attaque, il faut se retirer, et
chaque colonne (qui doit avoir au moins deux guides) se
rend au point de ralliement qui lui a été indiqué. (Voir
aux combats.)

336. GUIDES. Un chef de partisans n'a jamais trop de
renseignemens, et les meilleures cartes sont toujours in-

suffisantes : on emploie, pour y remédier, les bibliothèques, journaux, correspondances particulières saisies à la poste, enfin et surtout les guides, espions, prisonniers, etc. Il faut toujours préférer les guides militaires, surtout pour conduire les colonnes d'attaque. (414 et suiv.) C'est pour cela qu'on choisit les hommes qui accompagnent les reconnaissances (287). Ces guides ne dispensent pas de ceux du pays, attendu qu'ils peuvent être employés dans toutes les directions et connaissent le pays dans tous ses détails. Il faut se les faire donner par les autorités locales et choisir de préférence les gardes-champêtres et forestiers, chasseurs, braconniers, charbonniers, sabotiers, pâtres, colporteurs et contrebandiers. Les promesses et au besoin les menaces en font d'excellens guides, qu'il faut renouveler à mesure qu'on quitte le pays qu'ils connaissent.

337. Si les guides doivent conduire de la cavalerie, on les fait monter sur des chevaux de réquisition, et on les fait surveiller par deux cavaliers : on attache la jambe des guides à un des étriers, tandis qu'un brigadier tient la bride du cheval. Avec l'infanterie, ils marchent également entre deux hommes; pour les empêcher de se sauver, on leur fait ôter les bretelles du pantalon, déboucler la ceinture, attacher le bras à la cuisse ou à celui d'un fantassin qui les garde, etc.; enfin, on les menace de mort s'ils égarent la colonne ou tentent de s'échapper. On les met à la tête de la colonne, en leur faisant remarquer que si une décharge inopinée est faite sur le détachement, elle ne peut manquer de les tuer. Enfin, si la figure d'un guide pâlit, on le prévient que s'il trahit, on le fusille immédiatement. Si plusieurs chemins mènent au même point, on questionne chaque guide séparément sur celui qu'il faut prendre : en l'interrogeant, on parle lentement et on observe attentivement le jeu de sa physionomie. Si leurs dires ne sont pas d'accord, on éclaircit ses doutes en les confrontant et faisant naître entr'eux une discussion où l'on surveille chaque geste.

338. Le meilleur moyen de ne pas manquer de guides,

est de ne pas les maltraiter mal à propos et de tenir fidèlement toutes les promesses qu'on leur fait. Il en résulte que les habitants croient facilement qu'on n'exige d'eux que ce dont on ne peut les dispenser.

339. Espions. Leur choix est très délicat, on en trouve depuis le conseil des princes jusqu'aux gens sans aveu. Un partisan ne doit s'occuper à en chercher que dans le pays; pour cela, on s'informe de ceux qui ont des parens, des amis, des relations dans le pays qu'occupe l'ennemi; on les fait venir, et employant à propos les bons traitemens, les cadeaux, l'argent, on arrive souvent à les décider à séduire ceux auxquels ils ont le plus de confiance chez l'ennemi; puis on fait naître l'occasion de les aboucher plutôt que d'employer la correspondance: on les éprouve peu à peu (dans ce but on leur donne souvent de fausses missions), mais jamais il ne faut les laisser même entrevoir dans quel projet tel ou tel renseignement est demandé; on le mêle à d'autres, quelquefois même contradictoires, sans cependant surcharger l'attention des espions ou leur faire des demandes au-dessus de leur portée.

340. Si on le peut, on en emploie plusieurs pour concourir au même but, et chacun reçoit une mission différente, de telle sorte que l'ensemble des rapports remplisse le but cherché. Les meilleurs espions sont les maîtres de poste, postillons, rouliers, colporteurs, etc. L'ennemi devant en employer, il faut arrêter et interroger tous ceux qui paraissent vous examiner (277) ou chercher à vous aborder sous le moindre prétexte. S'ils se coupent, changent de couleur, surtout s'ils sont assez maladroits pour avoir gardé de l'argent sur eux, s'empressent de détruire quelques papiers, etc., ce sont des espions. En Allemagne, les Juifs qui viennent dans le camp pour acheter des peaux de bêtes abattues, vendre de menus objets, etc., sont presque tous des espions.

341. Pour vos relations avec vos espions, tâchez que personne ne les connaisse et ne les soupçonne; pour votre correspondance, employez des ouvrages de même édi-

tion, convenez d'avance de l'ouvrage et du volume ou du moins de leur ordre numérique ; les deux numéros placés en tête désigneront l'ouvrage et le volume à consulter, puis les numéros groupés par 3 désigneront, le premier, la page ; le deuxième, la ligne ; et le troisième le rang qu'occupe le mot que vous employez. Les chiffres employés comme chiffres seront soulignés ou employés entre deux chiffres convenus.

342. Déserteurs. Il est bon de se procurer à l'avance et d'établir, dès qu'on le peut, à l'aide de tous les renseignemens possibles, un tableau de l'armée ennemie, indiquant non seulement l'emplacement des troupes entr'elles (que l'on modifie suivant leurs mouvemens), mais encore leur nombre, composition, uniforme, chefs et caractère de ceux-ci. Dès lors, un déserteur vous indique-t-il un régiment non porté sur le tableau ? il est donc arrivé du renfort, il a rencontré tel ou tel corps, tel ou tel uniforme dans telle ou telle direction, il y a donc un mouvement, etc. Pour arriver à ce but, notez sur un carnet tout ce que vous apprendrez ou verrez sur l'ennemi, régimens, armes, chefs, dispositions de troupes, bivouacs, etc., qui sont devant vous, et ces renseignemens, confus d'abord, ne tarderont pas à vous donner de précieux indices pour démêler la vérité dans la bouche du déserteur le plus stupide et contrôler au besoin vos espions ; les demandes à faire à un déserteur sont : les numéros, nom et force de son régiment, la brigade et division dont il fait partie, le nom des généraux qui les commandent, le corps d'armée dont on fait partie, les nom et grade du général, la place de son quartier-général ; si le régiment, la brigade, la division cantonne, campe ou bivouaque ; comment il est couvert, gardé, retranché ; quels sont les corps d'armée ou divisionnaires placés sur les flancs et à quelles distances : où il a abandonné son régiment, sa brigade ; si le corps a des détachemens, attend des renforts ; s'il y a des ordres ou préparatifs de départ ; quels sont les derniers ordres du jour, les bruits qui circulent ; si les subsistances sont abon-

dantes ; où sont les magasins , dépôts , entrepôts , hôpitaux, ambulances ; s'il y a beaucoup de malades ; si le corps est en marche, quelle direction il suit, si le mouvement est isolé ou combiné , où il doit s'arrêter; la composition de la colonne ; si les chevaux du régiment sont en bon état , s'il y a des remontes , des recrues , beaucoup de chevaux malades ou hors de service, abondance de fourrages, le lieu d'où on les tire ; l'emplacement des parcs d'artillerie , les divers calibres , les dépôts d'artillerie , le nombre de bouches à feu attachées à la division , leurs calibres et natures ; la manière dont les coffrets et caissons sont remplis ; les équipages de pont , l'état des chevaux d'attelage ; la place du parc du génie, l'existence des caissons d'outils, d'équipages de pont , de chevalets ou autres , etc., etc.

348. Il faut répéter inopinément et à plusieurs reprises la plupart de ces réponses pour voir si le déserteur se coupe , afin de contrôler ainsi sa première déposition ; toutes les réponses doivent être écrites, cachetées et envoyées par une ordonnance de choix avec le prisonnier au chef commandant la partie d'avant-postes ou le détachement dont on fait partie. On y joint ses propres observations sur le degré de confiance qu'on peut avoir dans le déserteur.

344. Voyageurs. Bien qu'ils ne puissent souvent donner aucun renseignement utile , il faut les interroger, car quelquefois leurs réponses peuvent servir à démasquer un espion. Ceux qui hésitent ou se coupent, sont amenés à dire la vérité et souvent se décèlent comme envoyés par l'ennemi, en employant la sévérité et la menace. Les principales demandes à leur adresser sont : leurs nom , passeport, point de départ, destination ; s'ils ont rencontré des troupes en marche, leur espèce et leur nombre, le temps qu'ils ont mis à longer cette colonne ; la quantité de troupes qu'il pouvait y avoir dans les grandes villes qu'ils ont traversées ; l'état de ces troupes , le nombre de leurs malades, si elles attendaient des recrues ou renforts ; s'il y avait des troupes dans les villages

qu'ils ont traversés; si les avant-postes ennemis sont serrés, soutenus par de l'infanterie ou de l'artillerie, et à quelle distance ; l'état des chemins et ponts , si on les répare, si l'ennemi se fortifie ou l'a déjà fait; si les subsistances sont rares et chères dans le pays; si celui-ci en souffre, a conservé son bétail, si l'ennemi en ramasse; les bruits publics, les nouvelles des gazettes ennemies , la date du dernier journal qu'on a lu, etc., etc.

345. PRISONNIERS. Après une embuscade (326 et suiv.), profitez de la première surprise pour demander ce qu'il importe de savoir et avant qu'ils aient eu le temps de composer leurs réponses; il faut retenir les premières; on promet au besoin la liberté s'ils disent vrai. On leur fait les mêmes questions qu'aux déserteurs. On leur demande de plus si des uniformes nouveaux ont paru aux bivouacs, car d'habitude, ils dénotent l'arrivée d'une troupe avec état-major ou de son logement. (306, 310, 311, 342.)

COMBATS EN RASE CAMPAGNE.

1° *Postes Ouverts.*

346. BOIS ET FORÊTS. 1° *Attaque.* Il faut savoir si on peut les tourner, s'il y a des abatis, fossés ou retranchemens intérieurs; quels sont les points faibles, ceux qui seront le mieux défendus, observer le terrain, les dispositions de l'ennemi; s'emparer des hauteurs qui dominent des angles saillans négligés, des passages restés ouverts, du flanc découvert ou protégé seulement par des tirailleurs sans soutien Le point d'attaque choisi, il faut simuler de fausses attaques sur d'autres points, s'approcher du véritable en évitant d'être aperçu (332), puis l'attaquer franchement et rapidement; redoubler de vivacité si l'ennemi cède du terrain, pour qu'il ne puisse se reconnaître. Dès qu'une attaque a pénétré, elle forme une chaîne de tirailleurs couvrant la marche du corps principal et des réserves. L'artillerie favorise les attaques par son feu, car elle ouvre le chemin, repousse les défenseurs des abatis de la lisière du bois et les ébranle sur les points d'attaque.

347. 2° *Défense* : Il est bon de remarquer qu'il n'est presque pas de bois impraticables et qu'ils ne peuvent que ralentir les manœuvres. Tout bois de peu d'étendue n'est tenable que soutenu à proximité par un corps. Avant d'occuper une forêt, il faut la reconnaître, car c'est un poste dangereux : si on l'occupe, rien ne doit être négligé depuis le ruisseau, ravin, marais, etc., jusqu'aux maisons, châteaux, escarpemens, etc., qui s'y trouvent enclavés. Il faut occuper la lisière de manière à entamer l'ennemi qui s'avance sans se découvrir soi-même; garder avec soin les angles saillans et rentrans, bas-fonds, ravins dont l'ennemi peut profiter pour se couvrir, les hauteurs dominantes, embranchemens de chemins; enfin tous les points que l'ennemi pourrait utiliser. Ces points ainsi occupés, la communication entr'eux s'établit facilement à l'aide de petits postes sur la lisière. On se retranche intérieurement avec des épaulemens, abatis, tranchées, etc. Le corps, composé généralement d'infanterie, se divise en trois, savoir : 1° les tirailleurs en lisière; 2° les postes qui doivent les soutenir et renforcer; 3° la réserve qui s'établit au point le plus favorable pour renforcer et au besoin pour repousser l'ennemi qui pénétrerait. L'artillerie ne peut être utilisée que pour battre d'écharpe lorsqu'il y a des chemins solides; alors on la couvre d'un épaulement. Dans la retraite, elle se place en arrière des débouchés; dans ce dernier cas, la cavalerie est fort utile; on peut aussi l'employer à charger le flanc des attaques.

348. DÉFILÉS. 1° *Attaque* : Il faut s'approcher à un peu plus que la portée de fusil, en disposant sa troupe de manière à produire le meilleur effet, s'emparer des postes dominans, porter l'artillerie aux points d'où elle battra d'écharpe et de front, mettre la réserve à couvert du feu de l'ennemi, mais de manière à pouvoir à temps arrêter tout mouvement offensif de l'ennemi. Si ce dernier est retranché, il faut l'ébranler par un feu supérieur et l'attaquer à la baïonnette dès qu'il hésite; si le terrain ne s'y prête pas, l'inquiéter par des démonstrations, faire mine de le tourner, de vouloir le forcer sur un autre point.

Dans les hautes montagnes, l'attaque de vive force offre de grandes difficultés ; car presque toujours les flancs sont impraticables ; alors, à moins d'absolue nécessité, on les tourne pour forcer l'ennemi à les quitter (10).

349. 2° *Défense :* Il faut connaître l'entrée, la sortie, la largeur et les approches. Les ponts, digues et marais peu étendus, villages qu'on ne peut tourner, forment ce qu'on appelle de petits défilés, c'est-à-dire, qui n'excèdent pas en longueur la portée du canon (124). Les chemins qui se prolongent dans d'étroites vallées, entre des berges à peu près impraticables ; qui passent entre deux montagnes, à travers de longs marais et inondations, entre des fossés et des haies impénétrables, au milieu de forêts épaisses, forment les grands défilés, et leur longueur est quelquefois d'un ou plusieurs jours de marche. Ceux-ci sont d'une défense plus facile parce que leurs flancs sont plus sûrs, moins exposés au feu de l'artillerie et plus difficiles à tourner. Dans les petits corps, comme dans la guerre de partisans, on peut prendre position en avant d'un défilé sans danger, attendu que la retraite peut s'opérer en bon ordre. Pour la défense du défilé, il y a trois manières de se poster : 1° *en avant*, si c'est pour le garder et rallier ou attendre des détachemens ; 2° *en arrière*, si c'est pour l'interdire à l'ennemi et parce qu'il y a avantage à le battre quand il débouche ; 3° *dans l'intérieur*, si le défilé est long et ne peut être tourné que par un très long détour.

(1) 400. L'infanterie et l'artillerie sont les seules armes utiles pour l'attaque et la défense ; la cavalerie ne pourrait servir qu'à charger l'ennemi lorsqu'il débouche. Si la défense doit être opiniâtre, il faut construire à la hâte (40 et suiv.) des retranchemens, en s'appuyant aux obstacles impraticables qui forment le défilé ; si celui-ci excède en longueur la portée du canon, il est facile d'en défen-

(1) Par suite d'une erreur, la série offre une lacune de 50 numéros ; mais, comme elle est sans inconvénient, on l'a laissée subsister.

14

dre le débouché, car alors les feux convergent sur un point où l'on ne peut présenter que la tête de colonne.

401. 1° MAISONS. *Attaque* : il est à peu près impossible de prévoir et d'indiquer tous les cas particuliers : l'objet essentiel est de tuer le feu ennemi; on se conduit d'ailleurs comme il sera dit *aux postes fermés*. On bouche les créneaux du rez-de-chaussée avec des sacs à terre posés par des hommes qui se glissent le long des murs : pour faire brèche on emploie une poutre qu'on suspend par son milieu à 3 poutrelles réunies par la tête, et écartées par les pieds, des leviers, une bombe, etc., on jette des fossés, des grenades par les créneaux, etc., on y introduit le fusil; si on pénètre dans le rez-de-chaussée, on fait une sommation aux défenseurs; s'ils refusent on les enfume avec un feu de paille ou de bourrée, ou on les prévient qu'on va mettre le feu à la maison et la faire sauter, ce qu'en cas de nouveau refus de se rendre, on exécute à l'aide d'un ou deux barils de poudre. Dans une attaque semblable, de même que dans la défense, il faut bien se rappeler *qu'une seule négligence coûte souvent la vie et l'honneur*.

402. 2° *Défense :* On met dans les jardins, des planches, madriers, grosses poutres, etc. On dispose un réduit dans la partie la plus favorable de la maison; on barricade toutes les portes de manière à ne laisser passage que pour un seul homme à la fois. S'il n'y a pas de fenêtres, on perce des créneaux, ce qui est assez long et ébranle les murailles. Ces divers travaux s'exécutent de la manière suivante. Si on a le choix, il faut préférer les murs en briques; car le boulet n'y fait que son trou et ne lance pas d'éclats dangereux. Il est avantageux que les murs aient de 65 c. à 85 c. ; le percement des créneaux les ébranle moins et n'est pas sensiblement plus long. Pour la défense, on compte 1 homme par 1 m. 33 c. du rez-de-chaussée, ou par 2 m. du premier étage. Les étages plus élevés donnent des feux trop fichans; aussi habituellement on démolit jusqu'à 1 m. 50 c. environ du plancher du second étage. Le premier soin est d'isoler la maison et de raser ou aplanir tous les obstacles de sorte

que l'ennemi ne puisse s'abriter pour vous assaillir ; on
peut aussi détériorer les chemins par lesquels il peut venir,
y répandre des décombres, y couper les arbres et haies
à 50 c. du sol jusqu'à 200 m., etc. Il faut soigneusement
faire enlever ou détruire les amas de menu bois ainsi que
les meules de paille, de foin, etc. Il est utile de condam-
ner toutes les portes, sauf une seule, la moins exposée,
pour le cas de retraite ; à cet effet, on entasse derrière
du fumier soutenu par des planches avec arcs-boutans, on
place des madriers dans lesquels on peut percer des créneaux, etc. Au dehors, on creuse un fossé de 2 m. 50 c.
de largeur et de profondeur, mais d'un mètre plus long
que la porte et en forme de pyramide renversée. On en
disperse les terres, en ayant soin de laisser 0 m. 33 c. de
terre entre le seuil et le bord à cause des fondations. On
creuse un fossé semblable devant la porte de sortie, en se
munissant de planches pour le franchir au besoin. En
arrière de cette dernière, on plante des arbres jusqu'aux
branches, en les taillant comme pour les abatis (77), de
manière que l'ennemi, s'il pénètre, ne puisse entrer qu'en
se divisant. Chaque porte intérieure est assignée à deux
braves vigoureux, chargés de tuer à la baïonnette tout
ennemi qui voudrait la franchir. Au-dessus des portes
extérieures et souvent aux angles des maisons on construit une tribune en charpente avec créneaux et machicoulis pour défendre le pied du mur ; il suffit de lui donner 0 m. 65 c. de saillie et 1 m. 50 c. de haut. Quand
on construit un tambour devant une porte, il faut néanmoins creuser le fossé dans les dimensions ci-dessus indiquées en avant et surtout le pourtour du tambour, qui
consiste en un palissadement fait avec des bois de 16 c.
d'équarrissage au moins, percé de créneaux et de la forme
nécessaire pour un bon flanquement. On lui donne de
préférence la forme d'un carré ou d'un redan. On le recouvre de solives inclinées et appuyées à la maison : il
est utile de recouvrir celles-ci de fascines et d'une couche
de terre battue d'environ 0 m. 65 c. d'épaisseur (84). Les
portes barricadées sont percées de créneaux à 2 m. 33 c.
du sol et ordinairement d'un second rang inférieur à 0 m.

33 c. du seuil ; ceux-ci se disposent en échiquier : on leur donne 0 m. 05 c. de largeur, et si on les évase, on le fait du dedans au dehors ; le contraire a lieu dans les murs en pierre, sans quoi la balle, frappant sur la paroi, glisserait dans l'intérieur et viendrait blesser les défenseurs. Ces derniers créneaux sont à 0 m. 65 c. l'un de l'autre, même à 0 m. 40 c. près des angles autant que la solidité des murs le permet. Ils sont percés à la même hauteur que dans les portes, et pour atteindre les plus élevés, on dispose intérieurement une banquette au moyen de planches et de chevalets. Les fenêtres se barricadent avec des madriers et se crénèlent comme les portes. Pour utiliser les créneaux inférieurs, on creuse intérieurement un petit fossé de 1 m. de profondeur et autant de largeur ; le soldat s'appuie sur le bord et tire dans cette position. Quelle que soit la nature du sol, roche ou voûte de cave, il faut creuser ce fossé, vu son utilité (269).

403. On fait étançonner les poutres et solives afin de prévoir les éboulements que l'artillerie ennemie peut occasionner ; *on ne saurait trop étançonner.* On prépare des arbres pour les jeter dans les brèches que le canon ferait au mur, et au besoin on s'en sert pour faire un retranchement en arrière. On enlève les escaliers et on embarrasse avec des troncs, placés comme en arrière de la porte de sortie, (402) tous les locaux qu'on ne peut défendre. Enfin, on pratiquera une sorte de réduit qui servira de salle d'arme et de magasin, ainsi que d'escaliers : car dans cette pièce seront les échelles qui mènent au premier étage par une trappe. Si l'on a du canon, on le place extérieurement derrière un tambour. (77) Il faut éviter de le placer intérieurement à cause de l'éboulement que pourrait causer l'explosion, et pour cela il faut que la chambre ait au moins 4 m. de haut. Les fenêtres du premier étage sont barricadées avec des planches de bois dur, des sacs à terre, etc., et percées de créneaux ; en arrière, on fait une ouverture au plancher de 1 m. 60 c. de largeur, et dépassant de 0 m. 65 c. chaque côté ; sur cette ouverture, on place un

madrier volant, pour le feu des défenseurs, perpendiculairement au mur. De chaque côté de la fenêtre, on perce un trou carré de 0 m. 20 c. de côté au ras du plancher, afin de pouvoir avec une fourche de 2 m. 64 c. à 3 m. 30 c., renverser les échelles des assaillants. Une ou deux des fenêtres ne seront point barricadées à demeure, afin de pouvoir servir d'issue pour la retraite, car il faut prévoir cette nécessité. On ne percera dans les murs qu'un rang de créneaux. Les planchers seront percés de trous de 0 m. 08 c. de diamètre pour la fusillade, et au-dessus des portes du rez-de-chaussée on fera la même ouverture que devant les fenêtres du premier étage. De cette manière, on pourra atteindre l'ennemi avec des armes de longueur (fusil armé de baïonnette, fourche, etc.), avec des balles, l'accabler de pierres, d'eau bouillante, de cendres chaudes, éteindre le feu qu'il pourrait allumer, etc. Les toits seront démolis et les murs détruits jusqu'à 1 m. 50 c. du plancher du second étage, qu'on recouvrira de 0 m. 33 c. de fumier : on conservera avec soin les gros matériaux de démolition pour la défense.

404. On réduit les murs de clôture à 2 m. de hauteur, ou on les y élève fictivement en creusant intérieurement le sol de la cour. On place une banquette de 0 m. 50 c. de haut pour la fusillade par dessus le mur, et on perce un rang de créneaux à 0 m. 15 c. au-dessus de la banquette. On a soin de fortifier la maison vers la cour comme vers l'extérieur. Si on le peut, on terrasse les murs, ainsi que les haies et fortes charmilles que l'on coupe à la hauteur voulue, etc.

405. Les *travaux* doivent être exécutés dans l'ordre suivant, en cas d'insuffisance de bras : le rez-de-chaussée, l'étage le plus élevé, ceux intermédiaires, les tambours, les machicoulis, les fossés isolés devant les portes et fenêtres, le fossé général en réunissant ces derniers, les cours, les jardins, etc.; enfin, les abords. Il faut donc dès l'arrivée, rassembler tous les outils et matériaux qu'on peut réunir. On distribue sa troupe entre chaque

étage avec des chefs qui restent et couchent avec elle, et on affiche dans chaque étage, la manière de le défendre et la place de chacun.

406. VILLAGES. 1° *Attaque* : il faut être supérieur eu nombre, et n'attaquer de vive force (424) qu'en cas de nécessité, car on est exposé à de grandes pertes. Il faut choisir pour cette opération un chemin qui permet d'approcher à couvert, une hauteur d'où l'on puisse écraser la défense par un feu meurtrier, un angle saillant, etc., enfin les points où l'on ne trouve ni mur, ni palissade, ni haie formant enceinte. Il faut au moins deux fausses attaques pour forcer l'ennemi à diviser sa troupe et son attention.

407. Les assaillants se partagent en 3 parties inégales, savoir : 1/6 pour les attaques, 3/6 pour les postes de soutien, 2/6 pour les réserves que protège en outre la cavalerie, employée aussi à couvrir les flancs. L'artillerie démonte les pièces, inquiète la garnison par des obus, abat les clôtures, les palissades, etc. Voici comment l'attaque s'exécute : si on ne veut que chasser l'ennemi, on met le feu avec des obus; sinon on tire à boulet, même quand on ne doit faire que traverser le village; dès que le feu commence à produire son effet, on s'avance en tirailleurs et sans s'amuser à tirer, sur les points désignés; arrivé là, on franchit les obstacles et on pousse l'ennemi vigoureusement sans lui donner le temps de se reconnaître. Les postes de soutien déployés suivent à 100 ou 150 pas, selon le terrain, pénètrent par les ouvertures pratiquées par les tirailleurs, attaquent, culbutent les masses et les poursuivent vivement. Si ce mouvement réussit, les réserves se portent rapidement au centre du village en suivant les rues principales, culbutent la réserve ennemie et s'emparent des points principaux, tandis que les tirailleurs et postes de soutien se portent au dehors pour occuper l'enceinte extérieure.

408. Si la première attaque échoue, on la renouvelle avec des troupes fraîches tirées de la réserve qui suit de

près le mouvement des postes de soutien. Si l'on est encore repoussé, la réserve s'avance et dégage les assaillants dont elle protège la retraite.

409. 2° *Défense*. Les villages irréguliers dont les maisons sont dispersées, et qui se rencontrent surtout dans les pays de montagnes ou de marécages, ne sont pas susceptibles de défense. Nous ne parlerons donc que des villages réguliers, c'est-à-dire dont les maisons bâties suivant un certain ordre, forment des rues, et se lient entr'elles par des jardins clos de murs, haies et même palissades. Un village ne doit être occupé qu'autant que les localités en favorisent la défense, et pour garder une communication, un point important dans un pays conquis et dont la population menace de se soulever. Pourtant, à moins d'absolue nécessité, il ne faut pas occuper ceux dont les avenues sont en chemins creux et couverts. Les plus favorables sont donc ceux dont les approches ne peuvent avoir lieu qu'à découvert, qui sont à portée de l'armée, qui favorisent la défense d'un défilé, qui sont en arrière de la chaîne d'avant-postes, etc.

410. La première chose à faire est de reconnaître le poste et ses environs, d'en augmenter de suite la force par des épaulements, fossés, palissades, créneaux, etc., qui mettent à l'abri d'un enlèvement d'emblée. On place de l'artillerie sur les flancs et aux débouchés principaux. Toutes les parties sont liées entr'elles par des communications de sorte qu'aucune n'étant isolée, les défenseurs aient leur retraite assurée. On choisit un réduit, c'est le bâtiment ou le lieu le plus propre à prolonger au besoin la défense. La force de la troupe dépend évidemment du but proposé, et du point à défendre. Elle se divise en 3, savoir : 1° pour couvrir le village ; on la place en première ligne en dehors des maisons, il suffit d'un rang de fusiliers derrière les haies, murs, palissades, etc. On les rapproche davantage sur les points les plus exposés que sur les autres ; les rues, passages, etc., sont occupés par des pelotons en ligne,

et des tirailleurs sont placés dans les maisons isolées d'où leur feu peut protéger les défenseurs : 2° en postes de soutien pour relever et renforcer les tirailleurs; 3" en réserve, elle se place au centre, autant que possible sur une place d'où l'on puisse soit repousser aisément l'ennemi, soit couvrir au besoin la retraite. L'artillerie se place sur les points probables d'attaque, ou à la sortie de la rue principale, ou aux endroits ouverts pour lui conserver la liberté de ses mouvements; on couvre les pièces par un épaulement. La cavalerie placée en arrière et sur les flancs du village, empêche qu'il ne soit tourné.

411. En cas d'incendie, *même sans attaque*, la troupe court de suite à ses postes de défense, tandis que les habitants et la réserve s'occupent à l'éteindre; ainsi, lorsqu'on n'a pas le temps de faire enlever les chaumes, on force les habitants à les couvrir de terre humide et d'avoir devant chaque porte une grande cuve pleine d'eau.

412. Pour assurer les communications en cas d'échec, les premiers détachements qui rétrogradent occupent la nouvelle position sur laquelle on veut se retirer. Si l'on est forcé d'évacuer, on met le feu au village.

413. Ces règles sont applicables aux bourgs et villes ouvertes.

414. 2° POSTES FERMÉS. On appelle ainsi tout bourg, petite ville ou château, ayant une enceinte en terre ou maçonnerie, flanquée de tours ou vieux bastions, crénelée ou non, avec ou sans fossés. Ces postes n'ayant la plupart que des fortifications depuis longtemps abandon-nées, sans pont-levis ni dehors, peuvent être enlevés d'un coup de main et sont d'une grande utilité; avec une faible garnison, ils protègent les lignes d'étapes, abritent les convois et petits détachements, maintiennent la soumission, facilitent l'exploitation des ressources des pays conquis, appuient une position à l'entrée d'un défilé, etc. Il faut autant que possible que le chef qui doit les attaquer aille lui-même, armé d'une lunette, rôder

dans les environs sous l'apparence d'une simple védette, ou mieux encore avec un déguisement de paysan.

415. Il y a trois moyens de les attaquer; savoir :

416. 1º PAR STRATAGÈME; on emploie pour s'en emparer sans coup férir toute espèce de ruse de guerre; on ne saurait y apporter trop de secret, et leur choix dépend des lieux, du temps, des troupes ennemies, etc. ; on ne peut donc donner à cet égard aucune règle. Toutefois, il est des moyens que l'honneur réprouve, tels sont l'empoisonnement des eaux, des subsistances, la communication de maladies pestilentielles, etc.

417. 2º PAR SURPRISE : On appelle ainsi un coup de main qu'exécute inopinément une faible troupe, s'emparant d'un poste sans laisser à ses défenseurs le temps d'employer tous leurs moyens de défense. Cette opération ne peut réussir qu'en se procurant les renseignements indiqués aux reconnaissances, et notamment ceux relatifs à la composition de la garnison, au caractère de son chef, et à leurs relations avec les habitants. Il faut choisir une nuit obscure, un temps de pluie ou de brouillard, et s'arranger de manière à tomber sur le poste un peu avant le jour, afin de pouvoir terminer son installation avant la nuit.

418. Le corps doit être composé de soldats d'élite et de moitié plus fort que l'ennemi : les soldats sont sans sacs ; on se munit de deux rations de vin ou d'eau-de-vie que l'on distribue, l'une au moment du départ et l'autre à la grande halte. On emmène assez de guides et d'interprètes pour en avoir deux par attaque; au besoin, on emmène des ouvriers en fer, bois et maçonnerie, de préférence militaires, pour enfoncer les portes, les briser, élargir les brèches, etc. On emporte une bombe chargée si on doit faire sauter une porte, des échelles, s'il y a de murs à escalader (1), des fascines et des claies, s'il y a un fossé

---

(1) Les échelles doubles, sur lesquelles deux hommes peuvent monter de front, sont avantageuses, car ils s'animent mutuellement en voulant se devancer.

plein d'eau ou boueux; enfin les outils qui peuvent être nécessaires. Avant de partir, il faut laisser au poste les hommes faibles, insubordonnés, enrhumés, les chevaux blancs, peureux, qui henissent (319), etc. Pour sortir, chacun a un signe peu apparent (pour empêcher la sortie des espions ou déserteurs) tel que la coiffure inclinée d'une certaine manière, quelques boutons non boutonnés, les cordons de la coiffure non attachés, etc. Les conducteurs de chevaux n'ont pas de fouet, les mulets pas de sonnettes, etc.

419. Avant tout, il faut garder le secret et ne pas de suite se porter directement sur le poste à attaquer; on fait 4 à 5 kil. dans une direction tout opposée ; puis on revient par un détour après une courte halte où le commandant a communiqué son projet aux principaux officiers, fait prendre un signe et donné un mot de ralliement à tous les hommes pour éviter les méprises : on emploie toutes les mesures de sûreté usitées pour les marches de nuit. Il faut arriver trois heures avant le jour, afin de pouvoir commencer l'attaque 2 heures avant lui. Arrivé à 2 ou 3 kil. du poste, on s'arrête, on envoie de petites patrouilles pour voir s'il n'y a pas de nouveaux obstacles et si la garnison repose. Pendant ce temps, on divise la troupe de sorte qu'il y ait au moins deux attaques, dont une véritable : celle-ci doit être au moins aussi forte que la 1/2 de la garnison et les fausses de 1/4 à 1/6. La cavalerie et l'artillerie restent avec la réserve. On convient d'un signe de ralliement et de quelque batteries, sonneries ou coups de sifflet pour indiquer notamment : 1° *De ne pas faire de prisonniers;* 2° *d'en faire;* 3° *de se retirer par le chemin le plus court;* 4° *par celui que l'on a suivi en venant.* Enfin, chaque chef d'attaque reçoit ses instructions et les communique, en cas d'accident, à son second.

420. Dès que les patrouilles sont de retour et ont fait leur rapport, chaque attaque se dirige sans bruit vers le point qui lui a été assigné avec ses guides, interprètes, ouvriers et outils. La réserve se place au point convena-

ble pour le soutien des attaques et au besoin de la retraite. Chaque attaque est précédée de 4 à 5 éclaireurs à 30 ou 40 pas en avant avec un guide. Chacune se divise en 3, savoir : 1° *en armes* précédant les travailleurs sur deux files ; 2° *avec l'arme en bandouillère* et portant les échelles et fascines ; 3° *en armes* et fermant la marche. Il faut arriver simultanément sur tous les points d'attaque : ceux-ci, dans les enceintes modernes, sont les saillans, tandis que dans les postes fermés d'un simple mur avec ou sans fossé, ce sont les rentrans : les points les plus éloignés des habitations ou casernes sont les plus avantageux.

421. Parvenu au fossé, on y descend en ordre et sans bruit ; ceux qui ont des échelles, les passent dans le bras gauche, les tiennent droites pour sauter dans le fossé sans accident, s'il est sec : s'il est plein d'eau, on forme une chaussée de 4 m. de large avec les fascines ; il faut y apporter beaucoup d'attention ; si le fond est vaseux, il faut d'abord placer des claies. S'il s'agit d'enfoncer la porte, 3 ou 4 hommes seuls descendent dans le fossé et vont attacher la bombe ; après l'explosion, les ouvriers accourent, et soutenus par des tirailleurs déblaient le passage à l'aide de haches et pinces : la troupe les suit, s'empare de la porte et pénètre dans le poste. (423)

422. S'il faut tenter l'escalade, dès qu'il y a une douzaine d'hommes dans le fossé, on dresse les échelles à 0.m. 66 c. l'une de l'autre pour pouvoir faire descendre les blessés par les intervalles : on fait laisser 3 à 4 échelons entre chaque soldat qui monte. Une escouade monte, se forme en bataille face à l'ennemi et en silence. Si une sentinelle crie : qui vive ? deux ou 3 hommes courent à elle, l'enlèvent, la bâillonnent ou la tuent à l'arme blanche. Pendant ce temps, les hommes de la première section suivent les premiers sur le rempart, les officiers montent les derniers. La deuxième section suit dans le même ordre dès que la première est dans l'intérieur du poste. La troisième ne descend dans le fossé que lorsque les deux autres sont sur le rempart, afin de protéger la retraite en cas de revers.

423. Si une fausse attaque pénètre la première, le chef s'y porte de suite avec la moitié de la véritable attaque et en prend le commandement. De suite on dégage le point qu'assaillit l'attaque voisine en s'y portant sans bruit, si tout est tranquille, et tambour battant si la garnison se remue. Une fois réunies, les deux attaques vont à la porte par laquelle la réserve doit entrer, en enlève la garde, brise la porte et les barrières. On envoie prévenir la réserve, on laisse une garde suffisante à la porte et des deux attaques, la plus forte va cerner la caserne et l'autre le logement du commandant ennemi, dont on force la garde tandis que quelques hommes déterminés s'emparent de sa personne. La réserve prend possession de la porte, envoie les renforts nécessaires et recueille les prisonniers. Il est fort rare qu'une attaque par surprise échoue lorsque deux attaques ont pénétré; car la garnison, n'ayant nul ensemble dans ses dispositions, est bientôt forcée de cesser sa défense. Si après 2 ou 3 heures d'efforts, les attaques ont échoué, il faut se retirer; on ordonne à l'attaque qui serait entrée de battre en retraite et de se joindre à la réserve; la cavalerie et l'artillerie soutiennent le mouvement rétrograde si l'on est poursuivi.

424. 3°. De VIVE FORCE : pour ces sortes de combats vifs et de peu de durée, que l'on n'emploie que faute de mieux, il faut les mêmes renseignements que dans l'attaque par surprise et de plus être en artillerie et en troupe d'une force double de celle du poste à attaquer. La marche est la même que pour les surprises : de même, à la dernière halte, à 2 ou 3 kil. du poste, on divise la troupe, on donne verbalement des instructions aux officiers commandant les attaques et on compose la véritable d'infanterie (et parfois avec artillerie) d'une force égale à celle de la garnison; le reste de la troupe est réparti en réserve, comprenant des troupes de toutes armes et fausses attaques, composées d'infanterie et artillerie et quelquefois de cavalerie seule.

425. Les trois sections de chaque attaque doivent se

prêter un mutuel secours afin de n'être pas écrasées isolément. Au signal du chef, les colonnes s'avancent en se
dérobant le plus qu'on le peut aux feux de l'artillerie et
de la mousqueterie, tandis que la réserve se porte au
point dominant d'où son artillerie produira le plus d'effets. Pour éviter les trous de loup, piquets, chausse-tra-
pes, on marche à files ouvertes ; on arrache ou on coupe
les abattis, palissades, etc. Pour combler un fossé ou sa
cunette, on forme la chaîne ; les fascines et sacs à terre
passent de main en main à quelques hommes de la tête,
chargés de former le passage. Pour forcer une porte ou
barrière, les travailleurs avec leurs outils, ou l'artillerie
s'avancent suivis au pas redoublé par l'attaque en colonne
serrée. Dès que le canon ou les travailleurs ont renversé
l'obstacle, on se précipite au pas de charge et à la baïonnette dans le poste en culbutant tout ce qui résiste. Pour
l'escalade, on suit à peu près le même ordre en se dirigeant vers le point où l'on a les moins à redouter le feu ennemi, ou celui où l'escarpe est la moins haute. S'il faut
donner l'assaut, après une brèche faite à l'enceinte, l'attaque s'avance déployée et la brèche étant rendue praticable, on se forme rapidement en colonne, on franchit
le fossé et la brèche tête baissée, tandis que l'artillerie,
par son feu, repousse les troupes qui accourent pour la
défense ou éteint le feu de l'artillerie ennemie. Si un
premier assaut est repoussé, on se rallie, derrière la réserve qui s'avance et on en tente un second. Dès que la
tête de colonne a gagné la crête du parapet, la troisième
section de l'attaque accourt l'appuyer, et tandis qu'on
pousse en avant, des petits postes sont dirigés sur tous
les points où l'ennemi a des établissements (423). Pendant ce temps, les fausses attaques, c'est-à-dire celles qui
n'ont pas réussi, redoublent d'efforts pour diviser l'attention. Si une fausse attaque entre la première, elle accourt
vers sa voisine comme dans l'attaque par surprise. Une
fois entré dans le poste, nul obstacle ne doit ralentir le
succès. S'il y a un retranchement intérieur, il faut l'enlever à la baïonnette. Si les réserves se tiennent sur une
place, un carrefour et qu'on soit, pour le moment, sans

artillerie, on les fusille vivement de l'intérieur des maisons voisines. Si on ne peut tourner les rues ou les maisons dans lesquelles l'ennemi s'est barricadé ou porté, on y jette des obus, on y met le feu. Un bon moyen consiste à faire monter sur le faîte des maisons en terrasse des soldats qui tirent de haut en bas sur les défenseurs et les expulsent ainsi de maison en maison. Enfin, si l'ennemi retranché dans un château ou une église (402) est maître des seules rues par lesquelles on puisse l'aborder et les foudroie, on se glisse le long des maisons sur deux files, la file droite tirant sur tout ce qui se montre aux ouvertures des maisons de gauche et la file de gauche sur tout ce qui paraît aux maisons de droite, et on s'élance rapidement : tant que l'ennemi n'a pas capitulé, il faut continuer le feu. Bien qu'on doive des égards à la valeur malheureuse, les conditions doivent être d'autant plus désavantageuses que la résistance a été opiniâtre. Si toutes les attaques sont repoussées, la réserve fait un mouvement en avant et on se replie soit ensemble soit successivement.

426. 4° MIXTE. Comme les trois attaques précédentes ne peuvent guère réussir seules, on les combine ensemble, sans y apporter d'hésitation ni d'interruption.

427. DÉFENSE. Il faut la plus grande vigilance pour échapper aux partis ennemis qui souvent se glissent sur les communications pour détruire les dépôts et convois. Bien que ce soit le meilleur moyen, néanmoins il faut fermer les brèches et ouvertures par des murs, palissades, barrières, etc., créneler quelques parties de l'enceinte, couvrir les portes par des tambours (77), des flèches, etc. Chaque partie de la garnison a son poste assigné en cas d'alerte ; la réserve est désignée ainsi que son emplacement, et l'on tient strictement à l'exactitude du service. Le chef doit convaincre sa troupe qu'il est de leur devoir, de leur honneur de ne rendre le poste qu'à la dernière extrémité et après l'avoir fait chèrement acheter à l'ennemi. Quelle que soit l'attaque, la défense est à peu près la même dans tous les cas. Dès que l'on sait que

l'ennemi s'approche pour attaquer, on répartit la garnison à ses divers postes, on envoie des découvertes (287) de cavalerie pour avoir quelques renseignemens sur la force et la composition de l'assaillant. En pays ami, on utilise les habitans soit comme gardes nationaux, soit comme travailleurs; en pays ennemi, on prend des mesures pour les empêcher de nuire.

428. Si des travailleurs ou du canon précèdent les colonnes ennemies, c'est qu'on veut enfoncer une porte, on la barricade et on se dispose à bien recevoir l'ennemi s'il réussit. Si les dispositions tendent à l'escalade, on attend que la colonne soit à une centaine de mètres seulement de l'enceinte, et par une vigoureuse sortie d'infanterie et de cavalerie, on la repousse jusqu'à portée de canon, tandis que des travailleurs rétablissent les défenses renversées par les assaillants. Pour s'opposer à l'escalade, on réunit au point menacé lances, fourches, poutres, grosses pierres, etc., pour renverser tous ceux qui gravissent l'escarpe. Pour s'opposer à une brèche, on attend que l'ennemi soit à bonne portée, on ouvre un feu nourri de mousqueterie et d'artillerie, on se porte dans les maisons avoisinant la brèche, en arrière de laquelle on élève à la hâte un retranchement avec des palissades, des charriots pleins de fumier et dont on ôte les roues, des tonneaux pleins de terre, etc.; avant que la brèche ne soit praticable, un détachement, d'une force proportionnée à son étendue, est désigné spécialement pour la défendre, ce qui doit se faire par des charges vigoureuses à la baïonnette. Si l'ennemi prend pied, il faut que les maisons garnies de tirailleurs et des petits postes dans les carrefours l'arrêtent encore. Enfin, après s'être défendu pied à pied, on se renferme dans le château ou l'église préparée pour servir de réduit, ainsi qu'il a été dit pour les maisons isolées et on tâche de s'y maintenir jusqu'à la fin du jour ou au moins jusqu'à ce que le canon y ait fait brèche. Il est important d'y avoir d'avance déposé pour quelques jours de vivres, car un jour, une heure de plus gagnés peuvent amener votre salut ou causer celui de

l'armée. Ainsi, à défaut de biscuit, ayez du riz, des légumes secs, du vin, de la farine, etc.

429. Ce n'est qu'à la dernière extrémité et lorsque la faiblesse, l'épuisement, le manque de munitions ne permettent plus de prolonger d'un seul moment la défense qu'il est permis de capituler. Il faut demander, *d'abord et avant tout*, la facilité de rejoindre le corps le plus près avec armes et bagages. La capitulation doit être écrite avec clarté et précision, elle ne doit contenir aucun article particulier au commandant qui doit en tout et partout partager le sort de sa troupe; un article doit aussi garantir les bagages des officiers, sous-officiers et soldats.

430. CONVOIS.

Ils se divisent en convois de bêtes de somme, voitures, bateaux et prisonniers: l'escorte se compose de troupes choisies d'infanterie et cavalerie et même artillerie, s'ils sont importans. La proportion des armes dépend aussi du pays à traverser ; ainsi, en pays coupé, la cavalerie ne doit pas excéder le quart et en pays de montagnes 1/8 ou 1/6.

431. 1° BÊTES DE SOMME ET VOITURES. 1° *Conduite et défense:* L'officier chargé particulièrement de la conduite du convoi est sous les ordres du commandant de l'escorte, lequel est responsable de l'ordre et de la police. Tout convoi de plus de 1000 voitures, rentre dans les attributions de la grande guerre ; nous n'en parlerons point. On doit placer : 1° les bêtes de somme, attendu qu'elles ne pourraient regagner le temps qu'elles perdraient ; 2° les voitures, selon leur chargement, savoir : argent, armes, munitions de guerre, etc., afin de pouvoir sauver les plus précieuses, l'attaque ayant presque toujours lieu à la queue. Toutefois il faut mettre en avant, quelques voitures chargées d'objets peu endommageables pour faire un rempart aux autres ; 3° Cinq à six voitures de rechange par 100, chargées des outils, cordages, madriers, roues, etc., dont on peut avoir besoin en route.

Il est utile aussi d'avoir des chevaux de relai pour remplacer ceux qui deviendraient malades ou seraient tués.

432. L'officier chargé spécialement du convoi, ou à défaut le commandant de l'escorte, inspecte les voitures. Pour cela, on s'assure de l'exactitude de l'inventaire en vérifiant, autant que possible, les quantités, qualités, dispositions et chargemens. Quant aux transports, il faut avec une pointe, dite à tracer, sonder les assemblages en bois, partout où l'eau peut séjourner, vérifier si les chaînes d'enrayage sont saines et de longueur suffisante, s'il ne manque ni clavettes, ni rondelles, ni écrous, etc., frapper sur les rails des roues pour voir s'ils ne sont pas fendus, surtout vers les extrémités, sur les jantes, aux assemblages; sur les cordons et cercles, pour voir s'il n'y a ni cassure ni disjonction; sonder les assemblages ; si la pointe pénètre surtout au moyeu, enlever un peu de bois avec le ciseau et faire changer la roue, si le bois n'est pas sain; voir si celles-ci carrossent bien, etc.; les voitures réparées et mises en état, il faut les numéroter suivant l'ordre de marche, se munir de graisse (441) à raison d'au moins 0 k. 060 par roue; appareiller les attelages selon la taille et la force, sans cependant mettre ensemble deux chevaux fougueux; placer les plus forts aux timons et les plus faibles au milieu, examiner le harnachement, la ferrure, les fers de rechange (2 par cheval), l'embouchure, la longueur des traits, etc., ainsi que le sac des hommes, qui doit être complet. (144 et suiv.)

433. La veille du départ, le convoi est réuni et parqué au dehors comme s'il était en route. Il est utile d'apprendre aux conducteurs les diverses manières de parquer, savoir: *en écuries*, le convoi est placé sur plusieurs lignes parallèles, avec des intervalles suffisans pour la circulation et la facilité d'atteler; *en carré*, les transports se placent sur une ou deux files, savoir: les voitures, essieu contre essieu et le timon vers l'intérieur, les chariots en file, chaque timon sous le chariot précédent ou relevé; on arrondit les angles, et de huit

15

en huit voitures. on laisse un passage de 2 à 3 mètres, derrière lequel on place un chariot en traverse; *en cercle*, ce serait la meilleure manière si elle n'était si difficile à exécuter devant l'ennemi et sous son feu. Voici comment on l'exécute : on fait entrer le convoi dans un champ sur le bord de la route, et accélérant l'allure, les voitures décrivent un cercle; dès que la première est revenue joindre le convoi vers sa moitié, la tête ayant suivi le mouvement circulaire, elle marche vingt pas et s'arrête, la seconde continue d'avancer comme si elle voulait doubler la première à droite et s'arrête dès que le devant de la voiture est contre le derrière de la première, ce mouvement s'effectue en faisant rentrer seulement l'attelage en dedans et prolongeant le long de la première voiture, de sorte que l'arrière de la seconde voiture est encore sur la direction de la file; la troisième voiture exécute son mouvement comme la seconde et ainsi de suite, en ménageant un intervalle de neuf en neuf voitures, intervalle vis-à-vis lequel la dixième voiture vient se placer ; pendant ce temps, la seconde moitié du convoi suit la courbe et le cercle se trouve fermé; les dernières voitures qui ne pourraient y entrer sont placées devant les plus précieuses, formant là un double rempart.

434. Si la route a au moins la largeur de 3 voitures pendant plus de deux heures de marche, on marche sur deux files, les numéros pairs à droite, ceux impairs à gauche. Dans un danger pressant on diminue les charges et on accélère la marche. Un chariot à 4 chevaux placés deux à deux, ou une charrette à 2 chevaux, occupe 12 m. de long, y compris l'intervalle entre deux voitures; un chariot à 6 chevaux ou une charrette à 3, occupe 16 m.; à 8 chevaux 2 à 2 ou 4 en file, 20 m., etc. Une voiture chargée parcourt 4000 m. par heure en plaine et 3000 en pays montueux. Cependant, pour avoir une mesure exacte, on compte à sa montre le temps que le convoi met à se mettre en marche (213); pour le départ, la troupe se rend au parc une demi-heure avant l'heure

fixée pour atteler et charger le fourrage au besoin (il ne faut pas en apporter pour plus de 3 jours) ainsi que l'avoine. Sous aucun prétexte, on ne doit placer sur les voitures aucun objet étranger, même les sacs des hommes, à moins d'absolue nécessité.

435. Frédéric veut que l'on ait des éclaireurs jusqu'à une lieue en avant et sur les flancs; mais en pays montueux, ce service, que la cavalerie peut seule faire à une semblable distance, serait par trop dangereux : l'ennemi pourrait trop facilement se glisser entre les flanqueurs et l'escorte. Il faut donc marcher comme un détachement et de plus avoir en avant et en arrière quelques cavaliers ainsi qu'en envoyer jusqu'à 3 à 4 kilomètres sur tous les chemins aboutissans à la route sur les flancs. L'avant-garde d'un convoi de 100 voitures doit partir au moins deux heures à l'avance pour bien aplanir les obstacles et éclairer le terrain. Cependant il est souvent imprudent de la tenir à plus de 1000 m. du convoi, si l'on est en terrain accidenté et proche de l'ennemi.

436. On divise la troupe en 3 pour former (290 et suiv.) l'avant-garde, l'escorte, la réserve et l'arrière-garde, savoir : 1/3 pour les parties détachées, 1/3 pour la réserve placée au centre du côté opposé à l'ennemi et prête à faire feu, 1/3 pour l'escorte qui se fractionne en subdivisions répartie une à la tête, une à la queue et une autre entre chaque division de voitures; ces subdivisions détachent des hommes sur les flancs des voitures, pour surveiller les conducteurs et les empêcher de s'arrêter, de quitter leurs chevaux, de couper les traits, etc. Si l'on ne peut fournir un homme par voiture, on y supplée par des piquets de 4 à 5 cavaliers qui vont et viennent le long de la colonne. En tête du convoi, marchent des sapeurs ou ouvriers, on fait une halte à 3 ou 4 kilomètres du point de départ, pour s'assurer de l'ordre et de la place de chacun; on fait également une halte de 10 m. toutes les heures. On en profite pour faire reprendre les distances sans trotter, ressangler les chevaux, replacer les couvertes, rétablir le chargement, etc.; si

les marches sont longues, on fait à moitié chemin une halte d'une heure ; on parque les voitures sur deux files se faisant face, on ne dételé pas , on donne du fourrage aux chevaux, on les fait boire par 1/3 ou 1/2 et on leur donne un peu d'avoine. L'escorte s'établit militairement et l'artillerie se met en batterie sur les approches. Toute halte doit se faire autant que possible dans un lieu découvert, loin de tout défilé, etc.

437. Toute voiture brisée ou dégradée est de suite sortie de la file, et si on ne peut la réparer de suite, on en répartit la charge sur les autres ou sur une des voitures vides. Si l'on manque de transport, on met les autorités voisines en réquisitions; si ce moyen échoue, si l'ennemi est assez loin pour ne pouvoir venir s'en emparer, on dépose le chargement entre les mains du maire le plus voisin, après avoir dressé procès-verbal, signé de la partie prenante. Il ne faut jamais rompre les files, ni s'arrêter en arrière d'un défilé. Pour traverser un village, un gué, un pont, un défilé, etc., la réserve, s'il n'y a pas de dangers pour les derrières, passe la première en entier, sinon il n'en passe que la moitié, l'autre se met en bataille en arrière du défilé jusqu'à l'arrivée de l'arrière-garde qui la relève et ne quitte la position que lorsque le convoi est tout entier au-delà du défilé. Il faut éviter tous les lieux habités et tourner les villes et villages, si cela n'allonge pas trop le chemin, sinon on les fait fouiller, tandis que les voitures se serrent; si quelque maison ou grande ferme est fermée et donne des doutes, on la fait ouvrir et on la fouille de la cave aux greniers, afin de ne pas laisser une embuscade derrière soi; puis on traverse en faisant serrer sans trotter; on fait fermer les forges, on empêche de traverser les rues avec du feu, on prend les précautions les plus minutieuses à cet égard pour éviter un accident. Si l'on s'aperçoit qu'une voiture tamise de la poudre, on fait arroser les rues, on la met à la queue, si on le peut, ou on la fait marcher à 40 ou 50 m. des autres.

438. Comme il peut se rencontrer des mauvais pas, il

faut s'en informer à l'avance, afin de partir de sorte à les franchir à l'heure la plus convenable, et surtout il faut prendre les chemins les plus frayés, bien que parfois ils soient les plus longs, ce sont toujours les meilleurs. En tous cas, un guide est souvent utile (293); si le pas est trop mauvais, on emploie des travailleurs de la troupe et même des paysans pour faire de suite les réparations nécessaires, de manière à ne pas arrêter la marche, ou pour pousser au besoin à la roue. On laisse alors quelques pas entre les voitures, on veille à ce que les chevaux tirent ensemble et également ; s'il le faut, on double les attelages. Si le passage est long, on divise le convoi en sections de 25 à 30 voitures, composées soit d'une série continue, soit, si l'on est sur deux files, des numéros impairs ou des numéros pairs ; alors les sections paires s'arrêtent, font reposer et manger leurs chevaux, les sections impaires passent de suite le défilé et s'arrêtent au-delà, savoir : la première contre la sortie, la troisième après et en avant la première, etc. Ces sections font reposer et manger leurs chevaux ; puis, lorsque toutes les sections impaires ont passé, les sections paires exécutent le même mouvement ; lorsque la deuxième section apparaît à la sortie du défilé, la première se remet en marche pour reprendre son rang, de manière que la deuxième ne s'arrête pas et ainsi de suite, afin de ne pas perdre du temps.

439. Il faut reconnaître avec soin tous les gués (14) et si la profondeur est de plus de 0 m. 80 c., il faut faire passer en bateau au moins les munitions. En passant, on empêche les chevaux de boire et on marche rapidement sans essayer de trotter. Sur un pont peu solide, on passe les voitures à distance, les conducteurs à pied et soutenant les chevaux par la bride. Il faut, si on le peut, étayer ces ponts et les renforcer. Sur la glace (175), il faut marcher d'un pas égal, à grandes distances, les chevaux menés en main. Quand la rivière est rapide et que l'escorte passe à gué, il est bon d'employer quelques précautions pour éviter les accidens. Ainsi, on jalonne le

gué par deux rangs de piquets auxquels on fait une marque de manière à être de suite averti d'une crue subite. Les hommes passent par peloton en se donnant la main , avec intervalle entre les pelotons , l'arme sur l'épaule du côté d'amont , la giberne sur le sac; on place en amont une file de cavaliers pour rompre le courant et une en aval pour retenir ceux qui seraient entraînés ; enfin, on peut encore, si le gué est étroit et les rives basses, tendre deux cordages solidement attachés sur les rives et que les hommes tiennent d'une main en passant en files.

440. Dans les montées, il faut mettre pied à terre , distancer les voitures, de temps en temps caler les roues et arrêter pour reposer les chevaux; si la pente est rapide , monter en deux fois, doubler les attelages, casser la glace et la couvrir de sable ou de terre; ne jamais atteler plus de 10 chevaux en file à la même voiture (car, quel qu'en soit le nombre, il est prouvé qu'il n'y en a presque jamais plus de 9 qui tirent ensemble). Dans les descentes, les conducteurs du timon restent seuls à cheval , les autres tiennent les chevaux en main et les empêchent de tirer. Au besoin , et surtout s'il y a du verglas, il faut envoyer et placer un homme à chaque roue, prêt à caler si un cheval s'abat. Si la descente est longue, il faut veiller à ce que la roue ne prenne pas feu et changer parfois la chaîne de rai , en évitant de la placer entre ceux mis contre les écrous des boulons de bande aux voitures d'artillerie.

Si la route passe entre des hauteurs et une rivière non navigable, la réserve et l'escorte, sauf les hommes chargés de surveiller les voitures , suivent la crête des hauteurs pour empêcher l'ennemi de s'en emparer et se tenir hors de la portée de son feu , s'il occupe l'autre rive.

441. Pas de marches de nuit autant que possible, il vaut mieux faire celles de jour plus longues. En cas de nécessité , il faut éviter le bruit , envelopper de paille les roues, chaînes, rechanges, etc.; si l'on passe près de l'ennemi, entortiller même les pieds des chevaux avec du

foin, des linges, etc. En tous cas, veiller à ce que les conducteurs ne s'endorment pas, ne mettent pas pied à terre, de temps en temps soulever les traits, surtout après le temps d'arrêt, pour voir si les chevaux ne sont pas empêtrés, les traits détachés. Dans les passages difficiles, loin de l'ennemi, on allume des torches qu'on porte avec précaution à distance et sous le vent des voitures. Pour parquer de même que pour les haltes, on choisit un terrain défavorable à l'attaque. Toutefois, on ne fait cette opération, qui est assez longue, que pour passer la nuit ou lorsqu'on y est obligé par l'ennemi. Lorsqu'on est sans crainte, on parque en écuries, sinon on parque en carré ou en cercle sur deux files. Parfois on forme deux parcs entre lesquels campe la cavalerie ; l'artillerie se place aux angles. On place des postes extérieurs, infanterie et cavalerie, tirés de l'avant-garde et de l'arrière-garde ; la réserve et l'escorte fournissent ceux intérieurs. Tous les cinq jours de marche, on fait graisser toutes les voitures, on place la graisse principalement sur la partie de la fusée voisine de l'épaulement. On emploie de préférence la vieille graisse de porc dite vieux-oing, ou à défaut la graisse de porc fraîche que l'on pile ou tout autre que l'on ramollit en la faisant fondre avec de l'huile.

442. En marche, on ne parque (433) qu'à la dernière extrémité, le moyen le plus prompt est de faire serrer les voitures sur deux files, les arrêter, les chevaux tournés vers l'intérieur et fermer par deux voitures à la tête et autant à la queue. Il y a dans cette disposition un double inconvénient : 1° le carré est trop long ; 2° les retours offensifs ne peuvent que difficilement s'exécuter vigoureusement et à l'improviste. Si l'on craint d'être attaqué par des forces supérieures, on tâche de gagner un village, une grande ferme, une position voisine où l'on puisse renfermer le convoi, s'y barricader et s'y défendre jusqu'à ce que l'ennemi renonce à l'attaque, soit par lassitude, soit par l'arrivée d'un secours. Si le temps manque, on double les files, on parque sur le point le plus élevé ou dans une plaine, on place les voitures les

plus précieuses et les chevaux au centre, entourés de voitures de moindre valeur; enfin on utilise les murs, fossés, escarpemens, pour couvrir un ou plusieurs côtés du parc. Si le village que l'on veut gagner n'offre pas d'emplacement assez vaste pour parquer, si les habitans sont hostiles, il vaut mieux bivouaquer. Si le convoi était engagé dans un défilé, l'ennemi en menace la queue, on met en travers les dernières voitures, on les dételle et on en emporte une roue.

443. Pour la défense d'un parc, on place dans l'intérieur les troupes les moins aguerries pour tirer par dessus les voitures et par leurs intervalles; au centre est une réserve qui charge à la baïonnette tout ennemi pénétrant par une trouée; ou même fait des sorties pour repousser l'ennemi ou le chasser des points d'où son feu incommode trop l'intérieur du parc. A la dernière extrémité et devant des forces très supérieures, on dételle les voitures, on y met le feu, et sauvant les attelages, on se fait jour avec l'escorte.

444. 2° *Attaque*. Il faut avant tout se procurer les plus grands renseignemens sur la marche et la composition du convoi. Avec de l'artillerie, dont l'utilité est fort grande en pareil cas, on peut attaquer un convoi avec un détachement même moins nombreux que l'escorte. Cependant, et surtout si l'on veut l'enlever sans le détruire, il faut autant d'infanterie que cette dernière et le double de cavalerie. En tous cas, les obus sont fort utiles par le désordre qu'ils causent; il faut aussi après une semblable opération, succès ou revers, il faut se hâter de quitter les lieux de l'engagement, car l'ennemi pourrait accourir vous y chercher.

445. Si l'on doit agir en plaine, on divise le détachement en quatre parties, la plus forte agit sur le centre, deux autres aux extrémités, et la troisième forme la réserve. Si l'on est peu nombreux, on réduit les trois attaques à deux seulement et on les fait réussir souvent à l'aide d'une embuscade. Les momens les plus avantageux sont : 1° la première heure de marche pendant laquelle

le convoi est occupé à se mettre en marche; 2 une grande halte, lorsque les chevaux sont à l'abreuvoir et que les troupes s'abandonnent au repos; 3° la fin de la journée, à l'instant où les voitures se forment en parcs et où les soldats et voituriers sont dispersés pour fourrager; 4° le passage d'un défilé, etc. L'attaque doit se faire brusquement: en plaine, l'attaque de la tête et celle de la queue tombent avec leur cavalerie sur les défenseurs de ces parties, les dispersent, les contiennent par des détachemens, se rabattent sur les voitures, mettent les premières en travers pour arrêter la marche, coupent les traits et au besoin les jarrets des chevaux, font main basse sur tout ce qui résiste et envoient promptement à la réserve les hommes et chevaux pris. L'attaque du centre ayant pour but de couper le convoi, tombe vigoureusement sur la partie de l'escorte le plus proche du point désigné, la repousse, la contient et jette le désordre dans les convois.

446. Le rôle de la réserve se borne à soutenir l'attaque qui faiblirait, à repousser les secours, à couper la retraite aux fuyards et à recevoir les prisonniers.

Si le convoi commence à s'engager dans un défilé, on l'y laisse entrer en partie et on charge le point le plus éloigné de l'extrémité que renforce la réserve.

447. L'attaque d'un convoi parqué (433) est toujours très meurtrière et ne doit pas être tentée à la légère. On l'entoure, on le harcelle, et si l'escorte, peu intimidée, paraît disposée au combat, on se forme en colonne et sous la protection de l'artillerie on attaque les angles. Si on parvient à pénétrer, on passe par les armes tout ce qui résiste; la cavalerie poursuit les fuyards, tandis que l'infanterie désarme les prisonniers. Il faut sur le champ interroger ceux-ci pour connaître les voitures précieuses que l'on dirige de suite vers un lieu sûr. Si l'on ne peut tout emmener parce que l'ennemi est proche, on rassemble les voitures à abandonner, on en brise les roues, ou bien on y met le feu.

448. 2° BATEAUX. 1° *Conduite et défense.* Le con-

voi est suivi de 2 ou 3 bateaux vides pour servir à passer
d'une rive à l'autre. Il faut, autant que possible, vérifier
le chargement, avoir soin que les bateaux soient un peu
plus chargés à l'arrière qu'à l'avant, que les pompes
fonctionnent bien et qu'on ait conservé des vides pour
pouvoir vider au besoin l'eau avec des écoppes.

449. Dans les bateaux, les soldats doivent rester im-
mobiles, il faut entrer par l'avant, remplir d'abord
les côtés à partir de l'arrière et s'asseoir la giberne rame-
née par devant, le fusil entre les jambes. Lorsqu'elle
doit passer, la cavalerie entre dans le bateau à pied, s'as-
sied également en tenant par la longe les chevaux mis
à la nage. Dans la conduite, faites attention qu'il y a un
écueil là où l'eau bouillonne au-dessus du niveau général, et un remous là où elle tourne et s'abaisse; il faut
s'en éloigner, surtout de ces derniers.

450. Chaque bateau reçoit un poste un peu plus nombreux que son équipage, afin de maintenir celui-ci. Ces
divers postes et quelques autres sur les bateaux vides
comprennent la moitié de l'infanterie dont le reste suit la
rive menacée, ainsi que la cavalerie et l'artillerie, sauf
un petit détachement placé sur l'autre rive. Dès qu'on
signale l'ennemi, l'infanterie placée dans les bateaux vides débarque, le convoi pousse contre la rive opposée et
attend l'issue de l'action; si l'escorte est battue, on s'éloigne à force de bras, sinon on coule les bateaux.

451. 2° *Attaque.* Les différentes parties de l'escorte
étant rarement en mesure de se secourir promptement,
l'assaillant a plus beau jeu qu'avec un convoi de voitures.
Une digue, un mamelon, un bois, voisins du passage,
suffisent pour cacher une embuscade (326 et suiv.) qui
met rapidement le désordre dans le convoi et neutralise
l'effet d'une partie de l'escorte. Il faut surtout choisir le
voisinage d'un pont qui permet de passer rapidement
d'une rive à l'autre; si les deux rives sont occupées, on
le fractionne en conséquence, on disperse la partie ennemie la plus gênante et on jette rapidement une partie du
détachement sur la rive opposée pour renforcer l'attaque
et s'emparer des bateaux.

452. 3° Prisonniers. 1° *Conduite et défense.* Il ne faut jamais marcher par le flanc; mais bien en colonne par peloton ou section à demi-distance; les subdivisions sont égalisées et commandées par un caporal ou brigadier de l'arme des prisonniers et qui en parle la langue. On sépare les officiers et même les sous-officiers dont on forme un peloton séparé à l'extrémité opposée à l'ennemi, ou en tête, s'il menace le flanc. S'il y a plus de 600 prisonniers, on en forme des bataillons de 3 à 400 hommes. Avant le départ, il faut en passer l'inspection, faire charger les armes devant les prisonniers et leur déclarer que quiconque quittera son rang sans ordre recevra un coup de fusil. L'escorte se compose ou d'une seule arme ou de plusieurs: elle prend les mêmes mesures extérieures que pour les convois de voitures. Le corps d'escorte se divise en plusieurs pelotons ou sections placés à la tête, à la queue et au centre (436); on détache quelques hommes, surtout des cavaliers pour surveiller les flancs et former la haie le long de la colonne. Dans cet ordre, on fait des haltes de 5 à 10' à chaque heure de marche, à cause des blessés. A moins d'impossibilité, on tourne les bourgs et villages et on redouble de surveillance pour empêcher de quitter les rangs. Quand on fait une ou plusieurs grandes haltes, elles ont lieu hors des villages, en lieu découvert et près de l'eau; on place des sentinelles et postes pour entourer les prisonniers, auxquels les habitans peuvent, seulement alors, apporter des vivres et des boissons, sans entamer avec eux de conversation suivie, tandis que 1/2 de l'escorte reste sous les armes.

453. Si l'on passe la nuit dans un village, on occupe une maison, église, château, couvent, etc., facile à garder; on établit des postes et l'on fait des patrouilles extérieures et intérieures. De plus, proche la porte d'entrée qu'occupe le poste principal, se tient un piquet prêt à prendre les armes.

454. Dans une attaque, on agit comme pour la défense des autres convois, seulement on tâche de tenir les prisonniers hors de portée de l'ennemi; si toute l'escorte,

doit combattre, on fait coucher les prisonniers à plat
ventre et on leur défend de bouger sous peine de mort :
quelques hommes sont laissés pour les garder et on leur
donne à haute voix l'ordre de tirer sur quiconque bou-
gera, on fait aussi garder le silence le plus absolu ; cela
fait, l'escorte marche à l'ennemi. Si l'on est repoussé, on
en prévient la garde des prisonniers et on assure la retraite.

2° *Attaque* : C'est la plus facile de toutes, car il ne
faut que de la vigueur. A force égale, on attaque partout;
plus faible, on laisse engager le convoi dans un défilé,
et on se rue sur la tête avec les 2/3 de son monde, on
poursuit l'escorte tandis que la réserve facilite l'évasion
des prisonniers. Mais surtout que l'attaque soit impétueuse ou les prisonniers ne bougeront pas.

FOURRAGES.

455. C'est l'opération par laquelle on se procure les vivres que l'administration régulière ne peut fournir. On
en distingue deux sortes, savoir :

456. 1° AU VERT : 1° *Conduite et défense*. Il est exclusivement destiné à la subsistance des chevaux ; il faut
d'abord faire lever le terrain à fourrager, joindre à ce levé
un rapport sur les quantité et qualité des denrées de
toute nature qui s'y trouvent (137), et le nombre d'hec-
tares que couvre chacune. D'après ce travail, on répartit
le terrain entre les corps. Pour apprécier le produit en
herbe, on fauche deux ou trois trousses et on voit l'étendue nécessaire pour chacune. Comme un cheval consomme 20 kil. par jour de ce fourrage (137) et peut en
porter 100 à 150 selon la distance, on envoie 1/5 des
chevaux, s'il suffit de l'approvisionnement d'un jour,
1/3 pour celui de deux jours etc. On fait ordinairement
les fourrages pour 2 jours, mais jamais pour 4; la raison
est facile à concevoir. Il faut faire deux fourrages plutôt
qu'un trop étendu, pour les trois raisons suivantes : 1° l'attaque aurait trop de prise ; 2° la surveillance serait trop
difficile (de là le gaspillage et le désordre) ; 3° Il faudrait

trop de temps (il faut une heure à 50 h. pour faucher et ramasser le fourrage d'environ 5,000 m. c. (un arpent.) On calcule qu'il ne faut pas aller à plus de 2 myriamètres du camp, car à cette distance il faut déjà 9 à 10 heures de temps.

457. On doit aussi commencer par le terrain le plus proche de l'ennemi et finir par celui qui est en arrière des avant-postes, en avant du front de baudière. On assigne aux chevaux de l'infanterie le fourrage le moins substantiel et dans les points assez éloignés de l'ennemi pour que les fourrageurs ne soient pas inquiétés. On réserve les meilleurs fourrages dans l'ordre suivant pour les chevaux de l'Etat-major, la cavalerie et l'artillerie, savoir : blé, avoine, orge, seigle, maïs, vesces, foins, etc.

458. Le fourrage est commandé par un officier placé sous les ordres du chef de l'escorte, à laquelle on attache de la gendarmerie pour surveiller les fourrageurs. L'escorte se compose de cavalerie en plaine, de cavalerie et surtout d'infanterie en pays montueux ou coupé ; on y ajoute quelquefois de l'artillerie. L'escorte forme une chaîne d'avant-postes (268 et suiv.) en avant et sur les flancs, avec une réserve au centre. Il est peu prudent de se contenter d'occuper les débouchés par lesquels l'ennemi peut venir attaquer. Si on ne craint pas de donner l'éveil à l'ennemi, l'escorte part quelques heures à l'avance ; en tous cas, le fourrage ne commence qu'après que les postes ont été formés. À mesure que les trousses sont finies, on réunit les travailleurs par petits détachements qui retournent au camp sous la conduite de sous-officiers ou d'un officier. L'escorte se retire lorsque l'opération est à peu près terminée.

459. En cas d'attaque supérieure, le chef envoie l'ordre de faire monter à cheval les fourrageurs de la cavalerie qui vont alors renfoncer la réserve, tandis que les autres regagnent le camp ; il faut surtout éviter tout combat inutile.

460. 2° *Attaque* : Il suffit de percer brusquement le

cordon d'avant-postes et d'en menacer la retraite, car
alors les fourrageurs abandonnent leurs trousses et prennent généralement la fuite. Un bon moyen consiste à jeter sur les derrières quelques braves qui, tirant des coups
de pistolet, jettent l'alarme parmi les fourrageurs, font
échapper les chevaux non montés, et traversant au galop
et avec des cris les travailleurs, entraînent à leur suite les
chevaux effrayés et les ramènent ainsi.

461. 2° Au sec : 1° *Conduite et défense* : Il faut d'a-
bord connaître le produit annuel des terres, en déduire
la consommation depuis la dernière récolte et l'on a à peu
près ce qui doit exister en vivres et fourrages dans les
villes et villages à exécuter; il faut de plus en laisser une
partie aux habitants pour leur usage, à moins d'absolue
nécessité. On peut faire cette opération pour plusieurs
jours. On estime à peu près qu'en pays cultivé et riche
cinq habitants peuvent nourrir un soldat; il en faut 10
à 12 pour ce résultat en pays de montagnes : à moins
que deux villages soient assez voisins pour que la ligne
à couvrir par l'escorte ne soit pas trop étendue, il ne faut
agir que sur un seul à la fois. L'ordre donné au chef indique les quantités à enlever dans chaque localité; on
recommande aux officiers de veiller à ce que rien ne soit
pris aux habitants et on charge la gendarmerie d'arrêter
les maraudeurs. Si l'on emmène des voitures pour emporter le fourrage, qu'elles soient pourvues de sacs,
cordes et que le chargement en soit fait également et pas
trop fort (217). L'escorte part une heure avant la colonne
et établit ses postes et sentinelles. La colonne forme les
faisceaux à 6 ou 800 m. du village; quelques hommes
gardent les chevaux; on a soin d'empêcher que les habitants ne puissent ni la voir ni la compter. Si les habitants refusent de s'exécuter de bonne grâce, si les maisons
sont abandonnées, alors les fourrageurs entrent par groupes sous la conduite d'officiers et sous-officiers. Le piquet, chargé de la police, place aux issues des sentinelles
avec la consigne de ne laisser sortir que les hommes por-
teurs de fourrages ou vivres, et escortés par un sous-

officier, fait faire des patrouilles qui empêchent le désordre et le pillage. Au temps fixé et annoncé, on fait battre ou sonner le rappel; on s'assure que tout le monde est sorti; les avant-postes se joignent à la réserve et l'escorte sert d'arrière-garde.

Si l'ennemi menace le village, le commandant de la corvée doit le défendre jusqu'à la dernière extrémité, afin que l'escorte ait le temps d'accourir. Pour enlever le fourrage, on met en réquisition des voitures de paysans; on calcule qu'une voiture à 4 chevaux peut emporter 40 rations de fourrage sec pour les chevaux et 20 de vert, représentant un poids total de 800 k. Un cheval ne peut en porter que le 10e (80 k.).

462. 2° *Attaque* : Un fourrage est censé détruit lorsque l'ennemi n'a pu l'enlever. Il faut le harceler, se glisser jusqu'à l'entrée du village, y jeter l'alarme et, si on le peut, faire des prisonniers. Mais si l'on veut s'en emparer, il faut non seulement beaucoup d'infanterie, mais de l'artillerie. On attaque sur le front, sur les flancs et les derrières du cordon, afin de couper la retraite, tandis que l'attaque principale se fait sur le village, qu'on incendie au besoin avec des obus, tandis que la cavalerie sabre les fuyards.

LEVÉE DES CONTRIBUTIONS.

463. On emploie 2 à 300 h. avec une batterie ou 1/2 batterie d'artillerie pour plus d'effet moral. Si l'on doit frapper plusieurs communes, on s'y porte successivement ou simultanément; ce dernier mode est plus expéditif, mais il exige plus de monde. Dans tous les cas, il faut commencer par les points les plus éloignés, à moins que l'opération ne soit plus facile en commençant par le bourg ou la ville principale.

464. Si l'on doit s'éloigner de 4 à 5 journées de marche, on se munit de vivres pour ce temps, et pour le retour on s'en fait fournir par les habitans. Il faut marcher rapidement, avec prudence, arriver de nuit pour s'assurer

de l'absence de l'ennemi (307) et surprendre les habitans. On conçoit combien les guides sont utiles ; toute espèce d'engagement doit être évité. Dès l'arrivée, on prend les observations relatives à la présence ou l'absence de l'ennemi (270), on place des postes à toutes les issues, de sorte que nul ne puisse aller prévenir l'ennemi ou s'échapper avant l'entier paiement. Deux ou trois hommes et un interprète se rendent chez le magistrat ou maire, et par ruse ou menace l'amènent au commandant. Celui-ci ne le renvoie qu'après lui avoir notifié la contribution, le délai, toujours très court, de son paiement, et avoir exigé et reçu des otages que l'on garde jusqu'à fin de paiement. On exige aussi des vivres et fourrages pour le détachement, mais comme s'il était beaucoup plus nombreux. Si le magistrat paraît hésiter, soit à livrer les otages, soit à payer après avoir livré ceux-ci, on le menace d'employer la force. Si, à l'heure fixée, tout n'a pas été livré, on accorde un second délai plus court que le premier ; et si, à son échéance, tout n'est pas encore acquitté, on tâche de surprendre le magistrat et on l'emmène avec les otages. Si au contraire le pays s'exécute de bonne grâce, on maintient la plus sévère discipline, on force chacun à rester à son rang, on fait les haltes hors des lieux habités avec un piquet en armes de 1/4 à 1/3 du détachement. Il ne faut jamais cantonner que si le mauvais temps y force, et, dans ce cas surtout, ne négliger aucune précaution contre l'ennemi.

465. Si la commune où l'on cantonne se révolte, et qu'on soit sûr que ce n'est pas le signal de l'insurrection de toute la contrée, si d'ailleurs on est en mesure de repousser toutes les attaques, on réprime énergiquement le mouvement ; pour cela on fait une sommation, et si le rassemblement n'obéit pas, on le charge à l'arme blanche, et après sa dispersion on double ou on triple la contribution. En tout autre cas, il faut évacuer sans hésiter, et ralliant les postes avancés de l'armée, on se tient prêt à tout événement.

SERVICE DANS LES SIÉGES.

466. 1° *Attaque*. On commence par faire l'investissement de nuit, au moyen d'une marche rapide et secrète, et on se porte sur tous les points par lesquels la place peut recevoir des secours. Ce service, qui n'est pas sans périls, est principalement fait par la cavalerie, afin de pouvoir plus facilement intercepter les communications.

467. Aussitôt après l'arrivée de l'armée assiégeante et tandis qu'elle installe ses camps, dépôts, parcs, etc., le génie et l'artillerie procèdent à la reconnaissance de la place, afin de déterminer le point d'attaque. Puis, il faut repousser tous les postes de la place dans le chemin couvert, si on ne l'a déjà fait. Cette attaque, qui a lieu soit le matin, soit le soir, peut durer plusieurs jours et devenir très sanglante, si les postes ennemis se retranchent derrière un parapet, un bouquet de bois, des broussailles, etc. Ensuite on détermine précisément l'emplacement des parallèles et batteries, et on place des piquets aux différens points du tracé, qu'on parcourt de nuit pour que l'ennemi ne puisse connaître ni les travaux ni le lieu de leur ouverture. La parallèle doit être liée par des boyaux de tranchée, *dits communications*, aux deux ou trois dépôts qui ne se font à l'avance que lorsqu'on peut disposer d'un village, d'un bois, d'un ravin profond, etc.

468. Dans la première nuit on entreprend : 1° les communications aux dépôts; 2° les 3/4 à peu près de la parallèle, car il est rare qu'on puisse la faire en entier.

Il se présente deux cas, selon que la parallèle est à 600 ou à 300 m. de la place, pour le placement des troupes.

469. Dans le premier cas, les bataillons de la garde de la tranchée, dits *de protection*, sont établis à cent pas en avant de la tranchée, ayant devant eux leurs compagnies d'élite qui se couvrent par des sentinelles ; cet emplacement se prend à la nuit close. Les troupes de protection doivent observer le plus grand silence, ne pas avoir de chiens avec elles, ne pas fumer, ne jamais faire feu ; les soldats n'ont ni poudre dans le bassinet, ni cap-

baïonnette, et s'il se présente en force imposante, on se retire sur les dépôts.

470. Si la parallèle n'est qu'à 300 m. de la place, on se contente de placer en avant des travailleurs les compagnies d'élite, et les bataillons se placent en arrière. On a soin, surtout dans ce cas, de bien reconnaître les chemins qui conduisent des dépôts de tranchée sur le terrain.

480. Les travailleurs se rendent dans les dépôts en armes (sans sacs, ni sabre) 2 heures avant la nuit close; là se trouvent des sapeurs du génie pour leur distribuer des outils. Les travailleurs se placent en bataille, mettent le fusil en bandoullière et reçoivent chacun une pelle et une pioche. Avant le départ, on leur recommande d'observer le plus grand silence, de porter toujours la fascine sur l'épaule du côté de la place, de ne pas commencer le travail avant le commandement de *haut-le-bras* (qui se fait à voix basse), parce qu'il faut vérifier d'abord le tracé, enfin on indique de quel côté il faut jeter les terres et on veille à ce que les outils ne se choquent point.

481. Sur les parallèles on détermine les points centraux sur lesquels sont dirigées les files de travailleurs, ayant sur leurs flancs les officiers et sous-officiers, chargés de veiller à ce qu'ils ne se serrent ni trop ni trop peu. Les travailleurs font par file à droite et à gauche et s'arrêtent aux points indiqués. Si l'espace a été bien calculé, les files des divers pelotons de travailleurs doivent se rejoindre, sinon on prend dans les réserves des hommes pour combler les lacunes.

482. Le tracé des cheminemens s'effectue au moyen de sapeurs placés à tous les angles du tracé; ils tiennent un cordeau blanc, gros comme le doigt. On les place une heure avant les travailleurs; quelquefois ils ont des bouts de mèche qu'ils allument à une lanterne sourde et tiennent cachés devant eux; ils ont le dos tourné vers la place et se tiennent couchés jusqu'à l'arrivée des travailleurs; ils tiennent alors le cordeau à hauteur de poitrine d'homme, pour empêcher de dépasser le tracé. Jadis ils partaient avec la tête des travailleurs qui changeaient les fascines d'épaule tout en marchant, afin de les avoir

constamment du côté de la place. Ceux qui vont à la parallèle les portent du côté intérieur des deux files, de sorte qu'après avoir fait à droite et à gauche, la fascine se trouve naturellement sur l'épaule du côté de la place. Les travailleurs, une fois placés, posent les fascines à 0 m. 30 c. des cordeaux pour qu'on puisse passer entre. Ils se couchent à terre et placent leurs fusils devant eux, la platine en dessus, le long des fascines. Ceux-ci servent à peu près à marquer leur tâche, qui est de 1 m. 60 c. de long. Les troupes de protection sont ventre à terre, les sentinelles debout ou mieux à genoux.

483. La tranchée doit être creusée de 1 m. sur 1 m. 30 c. de large et 1 m. 60 c. de long en bon terrain par chaque travailleur. A la pointe du jour, les troupes de protection se retirent dans les tranchées, si celles-ci ont 1 m. 30 c. de large; sinon elles s'éloignent de manière à être à l'abri des feux de la place; les compagnies d'élite restent seules dans la tranchée. Puis les travailleurs de jour viennent du dépôt avec une fascine ordinaire au lieu d'une fascine à tracer. Ils trouvent les outils de ceux qu'ils remplacent posés sur le revers de la tranchée et devant la tâche de chaque homme.

484. Les hommes reçoivent leur paiement le jour de leur travail sur des bons visés par l'officier du génie de tranchée (176).

485. Lorsqu'on débouche d'une parallèle, pour arriver à tracer la suivante, on place souvent, dans des trous de loup (77) près des glacis, des tireurs adroits pour fusiller les canonniers de la place. On leur donne des vivres et on ne les relève que la nuit.

486. Le rôle de l'infanterie comme troupe combattante, sauf les cas de sortie, ne commence réellement qu'au couronnement du chemin couvert, s'il a lieu de vive force ou sinon au moment des assauts.

487. Le couronnement de vive force consiste à faire partir des troupes d'élite, qui se portent au pas de course sur les saillans du chemin couvert, y sautent, en chassent les défenseurs et y restent une demi-heure à genoux le long de la contrescarpe pour être au-dessous du plan de

feu ; les travailleurs pendant ce temps placent à la sape
volante des gabions à 5 ou 6 m. de la crête du chemin
couvert, et on établit de suite des communications. Pour
qu'une pareille attaque puisse réussir, il faut que l'artillerie ait d'abord détruit le palissadement du chemin couvert, et que l'attaque se fasse à la retombée de la nuit.
Cette opération coûte beaucoup de monde à l'assiégeant
parce que les troupes, au moins sur deux rangs dans le
chemin couvert, et les travailleurs, sur un rang, sont exposés aux feux de mousqueterie ; on y perd jusqu'à 6 et
800 hommes ; aussi n'emploie-t-on qu'en cas de nécessité
absolue, ce moyen qui abrége le siége de trois jours seulement.

488. Les assauts n'ont lieu que lorsque la brèche a été
reconnue praticable et sans ressauts ; ils se livrent de
nuit, si l'on doit se contenter d'un logement à la sape volante ; sinon on commence l'attaque à la pointe du jour
pour pouvoir diriger et maintenir les troupes en ordre, et
s'il s'agit de la prise de la place. Toutefois si le bastion
attaqué est retranché, l'attaque se fait de nuit.

489. 2° *Défense*. Dès que l'état de siége est déclaré
la garnison se divise en 3 tiers égaux, savoir : 1° à la
garde des ouvrages attaqués ; 2" au bivouac ; 3° au repos. Dans le premier sont compris les travailleurs et
auxiliaires pour l'artillerie sur les fronts attaqués ; dans
le deuxième comptent les gardes des fronts non attaqués,
les rondes et patrouilles de toute nature. On jette des postes extérieurs pour empêcher la reconnaissance (467), en
fait de nuit des patrouilles et rondes (282 et suiv.) de
15 fantassins ou une trentaine de cavaliers ; enfin lorsque
les travaux sont avancés, on fait de fortes sorties (408)
pour culbuter les travaux.

490. Du reste, dans les siéges, soit pour l'attaque, soit
pour la défense, le rôle de l'infanterie est toujours su-
bordonné aux dispositions du siége et des travaux du
génie, et il n'entre pas dans le cadre de cet ouvrage
d'en détailler les opérations toutes spéciales au génie et
à l'artillerie.

APPENDICE

Concernant les principaux ouvrages à consulter.

En terminant l'Aide-Mémoire, nous avons cru devoir le compléter en indiquant non-seulement les sources où nous avons puisé, mais encore celles qui sont relatives particulièrement aux opérations de la petite guerre. Dans cette liste ne figurent point les écrivains militaires qui ont traité spécialement de la stratégie, ni même de la grande tactique; c'est pour ce motif que nous n'avons cité aucun des grands maîtres de la science militaire, parmi lesquels brillent Napoléon, Jomini, le prince Charles, etc. A l'imitation du commandant Rocquancourt, nous avons ajouté quelques mots sur chacun des ouvrages, et nous espérons que chacun reconnaîtra que nous avons été impartial, même lorsque nous avons critiqué (1).

AGENDA D'ÉTAT-MAJOR. Cet ouvrage, sous un petit volume, renferme une foule de renseignements utiles.

AIDE-MÉMOIRE D'ARTILLERIE (1844, 2e édition). Ce travail, dû à la réunion d'officiers de l'armée, a été approuvé par le comité d'artillerie, et adopté unanimement par l'arme à laquelle il était offert. Ce concours nous dispense de tout éloge.

BISMARCK (Comte de), général wurtembergeois. Nous recommandons à ceux qui savent l'allemand, de lire le *System der Reuterey* (1822) et le *Feld dienst instruction für schützen*. Ces deux ouvrages sont réellement une seconde instruction dérobée (voir Frédéric II), et non moins intéres-

---

(1) Les dates entre parenthèses sont celles de la meilleure édition.

sants à consulter ; il est singulier que ces deux bons ouvrages n'aient pas été encore traduits et répandus en France.

BRACK : *Avant-postes de cavalerie légère* (2e édition, 1844). Excellent petit manuel qu'on ne saurait trop recommander ; il renferme de nombreux et heureux détails qu'on ne trouve le plus souvent qu'épars et tronqués ; l'expérience personnelle de l'auteur et les faits qu'il cite à chaque page donnent un plus grand prix à l'ouvrage.

CARION-NISAS : *Essai sur l'histoire générale de l'art militaire.* Cet ouvrage est imparfait sans doute, mais cependant utile à consulter parce qu'il résume les principales doctrines du maréchal de Saxe et de Lloyd.

CESSAC (Comte de) : *Guide de l'officier particulier en campagne* (1816). C'est le manuel le plus complet qui ait encore paru sur cette matière, et nul ouvrage ne pourrait lui disputer la palme, si l'auteur ou quelque officier instruit et expérimenté pouvait ou voulait le reviser, en y ajoutant quelques détails omis. Il ne faut cesser de lire un pareil ouvrage que lorsqu'on le sait par cœur.

CHAMBRAY (Marquis de) : *Philosophie de la guerre.* Cet ouvrage contemporain est des plus intéressants ; il traite de tous les détails de l'organisation de l'armée, et présente beaucoup de vues nouvelles et heureuses : la concision du style n'en exclut pas la clarté et la logique.

COPPIER : *Nouvelle théorie pratique*, etc. Ce volume, d'un prix assez élevé du reste, n'est guère qu'une compilation de l'ouvrage du comte de Cessac, et de celui de Guibert. Quelques chapitres (tels que celui du capitaine) sont utiles à consulter ; en général, les définitions sont mal posées, et les limites des devoirs de chacun souvent mal comprises et dépassées par l'auteur.

COURS D'ÉQUITATION MILITAIRE *de Saumur* (1838). Cet ouvrage, rédigé par la commission de l'Ecole, réunit l'utile à l'agréable, et sa spécialité ne doit pas empêcher les officiers d'infanterie de le consulter, car il leur serait difficile de trouver un meilleur guide en pareille matière.

Cours théorique et pratique d'hippiatrique à l'usage des propriétaires de chevaux, et de MM. les officiers des troupes à cheval. 3 vol. in-32, 1834.

La 1re partie renferme l'*Anatomie* et la *Physiologie* appliquées à l'équitation. 1 vol. in-32 avec planches.

La 2e, l'*Extérieur du cheval*; Haras; Jurisprudence vétérinaire. 1 vol. in-32 avec planches.

La 3e, l'*Hygiène*.

C'est le meilleur abrégé que nous connaissions.

Decker (colonel prussien) : *Traité de la petite guerre*, traduit par le général Ravichio. Cet ouvrage est utile à lire, peu répandu cependant ; il renferme souvent des préceptes instructifs sous une forme systématique.

Drieu : *Guide du pontonnier* (1820). Cet ouvrage est devenu classique, et, bien que spécial, renferme plus d'un enseignement utile à tout officier détaché et agissant isolément.

Duhesme : *Essai sur l'infanterie légère* (1814). Cet ouvrage remarquable est un de nos classiques, et marche après celui du comte de Cessac, dont il est en quelque sorte un complément d'autant plus précieux qu'à l'appui de chaque précepte, l'auteur, un de nos généraux les plus distingués, formé à l'école de l'empire, cite sans cesse son expérience, et les faits où lui-même fut acteur.

Emy : *Cours élémentaire de fortification*. Le premier volume de cet ouvrage, seul paru, traite de la fortification passagère ; nous lui reprochons de renfermer des détails souvent inutiles et d'être trop savant dans quelques parties. Toutefois il est peu d'ouvrages qui remplissent aussi bien les conditions de leur programme.

Feuquières (Antoine de Pas, marquis de) : *Mémoires*. La meilleure édition est celle en 4 vol. in-12. Ce général est le type du partisan ; il raconte non pas ce qu'il a appris, mais bien ce qu'il a fait ; ses mémoires sont sans contredit, sous le rapport de la franchise, de l'ordre et des détails, un des plus intéressants et des plus instructifs ; on pourrait en dire qu'ils sont frères des commentaires de Montluc (voir plus bas) et père de l'ouvrage du comte de Cessac.

FOLARD (Jean-Charles, chevalier) : *Commentaire sur Polybe* (1753-1757). Peu d'auteurs ont écrit autant que lui, et malheureusement son style est quelquefois diffus ; son principal ouvrage est celui que nous citons et dont les notes renferment de précieux détails. Ceux qui n'auront ni le loisir ni le temps de feuilleter l'original, peuvent recourir à l'ouvrage dit : *Esprit du chevalier Folard*, in-8° attribué au grand Frédéric. Ce volume renferme les principaux passages de Folard, et notamment le chapitre du *Coup d'œil militaire*, qu'on ne saurait trop méditer.

FOY (comte) : *Histoire de la guerre de la Péninsule sous Napoléon* (1827). Ce n'est pas seulement comme livre d'étude d'histoire, mais bien surtout comme modèle de style militaire qu'il faut ouvrir cet immortel ouvrage, malheureusement inachevé, quant au récit des opérations militaires. Heureux qui pourra marcher de loin sur ses traces et rencontrer parfois sous sa plume une de ces pages où l'élégance le dispute à la concision, l'éloquence à la vérité et à la justesse de la pensée.

FRÉDÉRIC II (roi de Prusse) : *Instruction destinée aux troupes légères ; Instruction secrète dérobée*. Ces deux instructions, réimprimées en 1831, ont été en quelque sorte complétées par le comte de la Roche-Aymon : bien que destinées spécialement à la cavalerie, elles sont indispensables à consulter et n'ont pas vieilli d'un seul jour ; les guerres de l'empire en ont prouvé toute l'utilité et l'à-propos. (*Voir* Folard.)

GUIBERT : *Essai général de tactique* (1772). Cet ouvrage,

bien que traitant peu de la petite guerre, ne saurait être
trop recommandé à quiconque veut apprendre avec fruit. Là
se trouvent presque littéralement proposés nos règlements
et manœuvres actuels. Enfin, pour tout dire en un mot,
c'était un des ouvrages, en bien petit nombre, dont Frédéric II recommandait la lecture et l'étude.

IMBERT : *Cours de fortification.* Cet ouvrage est clair,
net et précis ; la 1re partie, qui traite de la fortification passagère, ne laisse presque rien à désirer, sauf la castraméta-
tion qui a changé, et le défilement qui n'est pas clairement
expliqué.

INSTRUCTIONS *sur les campements ; sur l'esprit des manœuvres de l'infanterie ; sur le défilement en campagne ;
sur les routes, chemins de fer et canaux ; sur la reconnaissance des rivières,* adoptées pour l'école d'application d'état-
major. Ces divers opuscules contiennent chacun sur la matière indiquée des renseignements utiles et précieux.

JACQUINOT DE PRESLE : *Cours d'art et d'histoire militaire* (1829). C'est un des plus précis et néanmoins des plus
complets sur cette matière, bien que ce soit plutôt un cours
d'art militaire appuyé sur les faits historiques. Il est à re-
gretter que ce volume ne soit pas plus répandu dans l'infanterie, car il est un des plus instructifs à consulter.

JOURNAL DES SCIENCES MILITAIRES *des armées de terre et
de mer.* Ce recueil, qui paraît depuis dix-sept ans, est répandu en France et à l'étranger ; il renferme tout ce qui a
rapport aux sciences militaires, histoire, tactique, etc. Il est
publié sur les documents fournis par les officiers des armées
françaises et étrangères ; nous ne saurions trop le recommander à MM. les officiers de toutes armes.

LAISNÉ : *Aide-mémoire du génie* (2e édition). Ce gros
volume, qui a obtenu à l'étranger les honneurs de la contre-
façon, est un des meilleurs aides-mémoires parus jusqu'à

ce jour, et a valu à l'auteur un prix d'encouragement, à la demande du comité de l'arme. Son seul défaut est d'être d'un prix trop élevé.

LAVARENNE (Bonjouan de) : *Mémorial de l'officier d'état-major* (1833). Cet ouvrage, bien qu'incomplet et demandant à être revu, est cependant rempli de documents utiles.

LEBAS : *Aide-mémoire portatif* (2ᵉ édition, 1843). Ouvrage renfermant des données utiles sur toutes les parties qu'il embrasse; mais auquel on peut reprocher d'être trop spécial.

LEMIÈRE DE CORVEY : *Des partisans et corps irréguliers.* Cet ouvrage est spécial à l'organisation de la défense d'un pays envahi; il renferme peu de préceptes nouveaux et n'est guère qu'un plan proposé par l'auteur, qui du reste le déclare lui-même.

LLOYD (Henri) : *Mémoires militaires et politiques, ou introduction à l'histoire de la guerre* (1784). Cet ouvrage, trop peu connu, est devenu fort rare malgré tout son prix; il est peu de traités aussi instructifs, et à notre avis, c'est l'introduction ou plutôt la transition nécessaire à l'étude de la stratégie. Malheureusement son style est dogmatique, tranchant, et cette sécheresse rebute souvent au premier abord.

MÉMORIAL *topographique et militaire du dépôt de la guerre.* Ce recueil périodique, interrompu à diverses reprises, renferme des documents de toute nature et du plus haut intérêt; il n'a que le défaut d'être trop volumineux et surtout fort dispendieux.

MONTLUC (Blaise de) : *Commentaires* (vers 1570). On les appelait jadis *la Bible des gens de guerre;* la meilleure édition est celle de la Collection universelle (Paris 1786). Cet ouvrage est d'un style rude, bizarre, énergique, mais rempli d'une foule de détails relatifs à la petite guerre, détails, vieillis la plupart, mais cependant utiles à consulter par tous ceux qui veulent bien connaître et l'art militaire, et l'histoire du milieu du 16e siècle.

OKOUNEFF (aide de camp de l'empereur de Russie) : *Examen des propriétés des trois armes* (1829). Cet ouvrage, écrit en français, est d'un style quelquefois incorrect, mais dont les imperfections disparaissent bien vite devant la logique, la lucidité et les nombreux détails instructifs. Bien qu'il ne traite pas spécialement de la petite guerre, nous croyons devoir en recommander la lecture à tous ceux qui veulent plus tard étudier la stratégie.

PELET (lieutenant général directeur du dépôt de la guerre) : *Mémoires sur la guerre de* 1809 (1824). Cet ouvrage remarquable, qui fait vivement désirer ses successeurs, est empreint d'un vif sentiment de patriotisme éclairé, et porte le cachet d'un talent chaleureux. Nous le recommandons à nos lecteurs, surtout sous le rapport de la description du théâtre de la guerre.

ROCHE-AYMON (lieutenant général, comte de la) : *Manuel du service de la cavalerie légère en campagne.* Nous recommandons vivement la lecture de cet ouvrage comme complément de ceux revisés par le même auteur. (*Voir* Frédéric II.)

ROCQUANCOURT : *Cours d'art et d'histoire militaires* (1839). On peut appliquer à cet écrivain remarquable et brillant le reproche qu'il fait lui-même au colonel Carion-Nisas ; en voyant avec quels détails il traite ses premiers volumes, on se demande où est le cinquième. En effet, le quatrième et dernier passe trop rapidement de la stratégie à la tactique, et les opérations de la petite guerre n'y sont pas assez détaillées. Toutefois, hâtons-nous de le dire, l'ouvrage

est un des plus distingués, et il renferme un appendice précieux par l'analyse des auteurs et écrivains militaires. On ne
saurait trop lire ce cours, qui a placé son auteur très haut
dans l'opinion militaire.

SAXE (Maurice, comte de), maréchal de France : *Mes rê-
veries* (1756). Cet ouvrage est, en quelque sorte, une utopie
militaire. Là se trouvent en germe toutes les améliorations
apportées dans nos armées depuis quatre-vingts ans, et dont
on retrouve les détails dans l'ouvrage de Guibert, qui peut
en être regardé comme le complément. On se surprend
étonné de trouver conseillées et indiquées, dans l'ouvrage
du maréchal, des améliorations qui, de nos jours encore,
ont peine à se faire adopter.

SALNEUVE : *Cours de topographie*. Cet excellent ouvrage
n'a, selon nous, qu'un défaut : il est trop savant, mais il
faut aussi reconnaître que le sujet y portait, et que, du
reste, même après M. Puissant, nul mieux que le capitaine
Salneuve n'a traité un pareil sujet.

SCHNEIDER : *Attributions et devoirs de l'infanterie légère
en campagne* (1823). Cet opuscule, trop laconique, renferme presque en entier les éléments de l'école des tirailleurs,
actuellement adoptée, et ce n'est qu'un résumé qu'on dési-
rerait voir plus détaillé.

SPECTATEUR MILITAIRE (le). C'est sans contredit le journal militaire le plus remarquable qui ait jusqu'à ce jour paru
en France, et même à l'étranger. Il n'en pouvait guère être
autrement avec une réunion de talents aussi remarquables
que ceux de ses fondateurs. Aussi la réputation de ce journal va-t-elle sans cesse en croissant. Il serait dans toutes
les mains, si son prix était plus à la portée de la solde des
officiers.

SUCHET, duc d'Albuféra : *Mémoires sur les campa-*

gnes d'Espagne (1828). Cet ouvrage est intéressant à lire surtout en ce qui concerne la manière dont le maréchal alimenta son armée dans un pays hostile, dont il parvint à se concilier l'affection ; ces mémoires renferment de bons préceptes et d'utiles enseignemens, notamment pour la guerre des siéges.

Turpin de Crissé (Lancelot, comte de), son meilleur écrit est *l'essai sur l'art de la guerre* (1754) ; bien que ne contenant aucune idée nouvelle, il est fort interressant et il nous suffira de dire, pour tout éloge, qu'un an après sa publication, il était déjà traduit en allemand, en anglais et en russe. Après cet ouvrage viennent les *commentaires de César, avec notes critiques* (1785) et 43 planches : ce dernier ouvrage ne saurait non plus être oublié des officiers studieux, car il complète toutes les autres traductions.

Ymbert : *Eloquence militaire ou l'art d'émouvoir le soldat* (1818), unique en son genre, ce livre auqu* ont coopéré plusieurs rédacteurs, est utile à consulter et devrait faire partie de la bibliothèque de tout officier stul dieux.

Wimpffen (baron Louis-François de) : *Le Militaire expérimenté* (1798). Cet ouvrage peu connu et bien que vieilli, est cependant à étudier, car il donne souvent d'utiles conseils et de sages avis : il ressemble beaucoup sous ce rapport à l'ouvrage du lieutenant-général Duhesme.

TABLE ALPHABÉTIQUE DES MATIÈRES.

FIN DE LA TABLE.

Imp. A. François et Comp., rue du Petit-Carreau, 32.

TABLE DES MATIÈRES.

—◄◆►—

PREMIÈRE PARTIE. — *Reconnaissances.*

Points principaux sur lesquels elles doivent porter.

DEUXIÈME PARTIE. — *Fortification passagère.*

SIXIÈME PARTIE. — *Service en campagne.*

www.ingramcontent.com/pod-product-compliance
Lightning Source LLC
Chambersburg PA
CBHW070747270326
41927CB00010B/2091